DEIN COACH ZUM ERFOLG!

So geht's ins ActiveBook:

Du kannst auf alle digitalen Inhalte zu diesem Band online zugreifen. Registriere dich dazu unter **www.stark-verlag.de/mystark** mit deinem **persönlichen Zugangscode**:

gültig bis 31. Juli 2022

Das ActiveBook bietet d

- Viele zusätzliche interaktive Übungsaufgaben zu allen prüfungsrelevanten Kompetenzbereichen
- Sofortiges Feedback und Auswertung der Ergebnisse
- Interaktive Lösungen: in kleinen Schritten zum Ergebnis
- Vorgerechnete Beispiele als weitere Hilfe
- Lernvideos mit Erklärungen zu zentralen Themen
- Online-Glossar zum Nachschlagen wichtiger Definitionen

ActiveBook

DEIN COACH ZUM ERFOLG!

So kannst du interaktiv lernen:

Interaktive Aufgaben

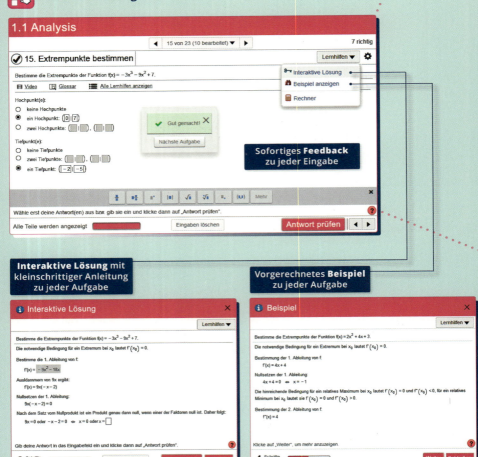

Systemvoraussetzungen:
- Windows 7/8/10 oder Mac OS X ab 10.9
- Mindestens 1024×768 Pixel Bildschirmauflösung
- Chrome, Firefox oder ähnlicher Webbrowser
- Internetzugang

2022

Abitur

Original-Prüfungsaufgaben
mit Lösungen

Hessen

Mathematik GK

STARK

© 2021 Stark Verlag GmbH
17. ergänzte Auflage
www.stark-verlag.de

Das Werk und alle seine Bestandteile sind urheberrechtlich geschützt. Jede vollständige oder teilweise Vervielfältigung, Verbreitung und Veröffentlichung bedarf der ausdrücklichen Genehmigung des Verlages. Dies gilt insbesondere für Vervielfältigungen, Mikroverfilmungen sowie die Speicherung und Verarbeitung in elektronischen Systemen.

Inhalt

Vorwort
Stichwortverzeichnis

Hinweise und Tipps zum Landesabitur 2022

Ablauf der Prüfung I
Inhalte und Schwerpunktthemen III
Leistungsanforderungen und Bewertung VI
Operatoren und Anforderungsbereiche VII
Methodische Hinweise und allgemeine Tipps zur schriftlichen Prüfung XI

Übungsaufgaben für den hilfsmittelfreien Prüfungsteil

Aufgabenserie 1 .... Ü-1
Aufgabenserie 2 .... Ü-5

Landesabitur 2017

A1: Analysis (WTR): $w(t) = \frac{1}{1350} t \cdot (t-45)^2 = \frac{1}{1350} t^3 - \frac{1}{15} t^2 + \frac{3}{2} t$ 2017-1
A1: Analysis (CAS) 2017-7
A2: Analysis (WTR): $h(t) = 6 - 4 \cdot e^{-0,2 \cdot t}$, $g(t) = 2 + \frac{3}{7} t$ 2017-13
B1: Analytische Geometrie (WTR/GTR/CAS) 2017-21
B2: Analytische Geometrie (WTR/GTR/CAS) 2017-27
C: Stochastik (WTR/GTR/CAS) 2017-36

Landesabitur 2018

A1: Analysis (WTR): $N(t) = 150 \cdot e^{0,25t}$ 2018-1
A1: Analysis (GTR/CAS): $f(t) = a \cdot e^{k \cdot t}$ 2018-8
A2: Analysis (WTR/GTR): $f(x) = 0,6x^3 - 1,5x^2 + 0,98x$, $t(x) = -0,17x + 0,28$ 2018-14
A2: Analysis (CAS): $f_1(t) = 1,7627 \cdot e^{0,6074 \cdot t}$, $f_2(t) = 3,615 \cdot e^{0,513 \cdot t}$ 2018-20
B1: Analytische Geometrie (WTR/GTR/CAS) 2018-29
B2: Analytische Geometrie (WTR/GTR/CAS) 2018-36
C: Stochastik (WTR/GTR/CAS) 2018-43

Fortsetzung siehe nächste Seite

Landesabitur 2019

A: Hilfsmittelfreier Teil 2019-1
B1: Analysis (WTR): $f(x) = 0,016x^3 - 0,18x^2 + 0,2x + 5$, $g(x) = (1,5 \cdot x + 4,5) \cdot e^{-0,3x}$ .. 2019-6
B1: Analysis (CAS): $d(x) = -\frac{1}{30} \cdot x \cdot (x-2) \cdot (x-10)$,
$f(x) = -\frac{1}{400} \cdot x^3 - \frac{3}{100} \cdot x^2 + \frac{1}{4} \cdot x + 3$ 2019-13
B2: Analysis (WTR/CAS): $f(t) = 18 \cdot e^{-\frac{1}{200}(t-26)^2} + 10$, $g(t) = -0,02t^2 + 1,2t + 7$ .. 2019-21
C1: Analytische Geometrie (WTR/CAS) 2019-28
C2: Stochastik (WTR/CAS) 2019-37

Landesabitur 2020

A: Hilfsmittelfreier Teil 2020-1
B1: Analysis (WTR): $f(t) = 3,02 \cdot e^{0,019 \cdot t}$, $g(t) = 27,125 - 22,275 \cdot e^{-0,004 \cdot t}$ 2020-5
B1: Analysis (CAS): $f(t) = 3,02 \cdot e^{0,019 \cdot t}$, $g(t) = 27,02 - 24,5 \cdot e^{-0,004 \cdot t}$ 2020-11
B2: Analysis (WTR): $f(t) = 0,25 \cdot t^4 - 2 \cdot t^3 + 4 \cdot t^2$, $g(t) = 4,4 \cdot \sin\left(\frac{2}{5} \cdot \pi \cdot t\right)$ 2020-17
B2: Analysis (CAS): $f_k(t) = 1,12 \cdot t^3 - k \cdot t^2 + 7,54 \cdot t$ 2020-27
C1: Analytische Geometrie (WTR/CAS) 2020-34
C2: Stochastik (WTR/CAS) 2020-44

 ActiveBook: Aufgaben zum Download

Übungsaufgaben im Stil des Landesabiturs
Analysis
Analytische Geometrie
Stochastik

Landesabitur 2017
A2: Analysis (GTR/CAS): $z(t) = \left(\frac{3}{10}t^2 - t + 4\right) \cdot e^{-0,1 \cdot t}$

Landesabitur 2021
www.stark-verlag.de/mystark

Das Corona-Virus hat auch im vergangenen Schuljahr die Prüfungsabläufe beeinflusst. Um Ihnen die Prüfung 2021 schnellstmöglich zur Verfügung stellen zu können, bringen wir sie in digitaler Form heraus. Sobald die Original-Prüfungsaufgaben 2021 zur Veröffentlichung freigegeben sind, können sie als PDF auf der Plattform MyStark heruntergeladen werden.

Ihr Coach zum Erfolg: Mit dem **interaktiven Training zum hilfsmittelfreien Teil des Abiturs** lösen Sie online Aufgaben, die speziell auf diesen Prüfungsteil zugeschnitten sind. Am besten gleich ausprobieren!
Ausführliche Infos inkl. Zugangscode finden Sie auf den Farbseiten vorne in diesem Buch.

 Sitzen alle mathematischen Begriffe? Im interaktiven Training und unter www.stark-verlag.de/mathematik-glossar/ finden Sie ein kostenloses Glossar zum schnellen Nachschlagen aller wichtigen Definitionen mitsamt hilfreicher Abbildungen und Erläuterungen.

Jeweils zu Beginn des neuen Schuljahres erscheinen
die neuen Ausgaben der Abiturprüfungsaufgaben mit Lösungen.

Autoren:

Viola Dengler:
> Übungsaufgaben für den hilfsmittelfreien Prüfungsteil: Serie 1, Aufgabe 3; Serie 2, Aufgabe 3;
> Lösungen zum Landesabitur 2017: C (WTR/GTR/CAS);
> Lösungen zum Landesabitur 2018: A2 (CAS), C (WTR/GTR/CAS);
> Lösungen zum Landesabitur 2019: A (Stochastik 1), B2 (WTR/CAS), C2 (WTR/CAS);
> Lösungen zum Landesabitur 2020: C2 (WTR/CAS);
> Online: Übungsaufgaben Analysis 6; Stochastik 1, 2, 4, 6 – 9; 2017 – A2 (GTR/CAS);
> 2021 – C2.1 (WTR/CAS), C2.2 (WTR/CAS)

Werner Neidhardt:
> Übungsaufgaben für den hilfsmittelfreien Prüfungsteil: Serie 2, Aufgabe 4;
> Lösungen zum Landesabitur 2017: A1 (WTR), A2 (WTR);
> Lösungen zum Landesabitur 2018: A1 (WTR);
> Lösungen zum Landesabitur 2019: A (Analysis 1), B1 (WTR);
> Online: Übungsaufgaben Analysis 1, 2, 8; Lineare Algebra

Ernst Payerl:
> Übungsaufgaben für den hilfsmittelfreien Prüfungsteil: Serie 1, Aufgaben 1, 4; Serie 2, Aufgabe 1;
> Lösungen zum Landesabitur 2017: A1 (CAS);
> Lösungen zum Landesabitur 2018: A1 (GTR/CAS), A2 (WTR/GTR);
> Lösungen zum Landesabitur 2019: A (Analytische Geometrie 1), B1 (GTR);
> Lösungen zum Landesabitur 2020: B1 (WTR), B2 (WTR), B2 (CAS);
> Online: Übungsaufgaben Analysis 5, 7, 10; Analytische Geometrie 3, 5; Stochastik 3;
> 2021 – B1 (WTR), B1 (CAS), B2 (CAS)

Ullrich Rauch:
> Übungsaufgaben für den hilfsmittelfreien Prüfungsteil: Serie 1, Aufgabe 2; Serie 2, Aufgabe 2;
> Lösungen zum Landesabitur 2017: B1 (WTR/GTR/CAS), B2 (WTR/GTR/CAS);
> Lösungen zum Landesabitur 2018: B1 (WTR/GTR/CAS), B2 (WTR/GTR/CAS);
> Lösungen zum Landesabitur 2019: A (Analytische Geometrie 2), C1 (WTR/CAS);
> Lösungen zum Landesabitur 2020: A, B2 (WTR), C1 (WTR/CAS);
> Online: Übungsaufgaben Analysis 3, 4, 9, Analytische Geometrie 1, 2, 6; Stochastik 5;
> 2021 – B2 (WTR), C1 (WTR/CAS)

Vorwort

Liebe Schülerinnen und Schüler,

dieses Übungsbuch ist die ideale Hilfe bei der Vorbereitung auf das **Landesabitur 2022 im Fach Mathematik in Hessen.**

- Sie erhalten im ersten Teil des Buches zahlreiche **Informationen zum Abitur**, deren Kenntnis für die gezielte Vorbereitung auf die Abiturklausur hilfreich und wichtig ist. Dazu gehören u. a. eine komplette Aufstellung der für die Prüfung 2022 relevanten Themen, Hinweise zum genauen Ablauf der Prüfung sowie alles Wissenswerte zur Struktur und zu den Anforderungen der Prüfungsaufgaben.

- Sie finden darüber hinaus viele **praktische Hinweise**, die Ihnen sowohl in der Vorbereitung auf das Abitur als auch während der Prüfung dazu verhelfen, Prüfungsaufgaben gut zu lösen.

- Im Jahr 2022, also im Jahr Ihres Abiturs, wird es in Hessen zum vierten Mal zum Einsatz eines **Pflichtteils ohne Hilfsmittel** kommen. Man darf also in diesem Teil der Prüfung keinen WTR bzw. kein CAS benutzen und auch keine Formelsammlung. Zur Vorbereitung finden Sie in diesem Band zwei Aufgabenserien, die in Format und Inhalt diesem Teil entsprechen.

- Außerdem enthält dieser Band die offiziellen, vom hessischen Kultusministerium gestellten **Original-Abituraufgaben** der Jahre **2017 bis 2020.** Zudem stehen Ihnen die Aufgaben des Jahres 2021 als PDF zum Download zur Verfügung, sobald sie zur Veröffentlichung freigegeben sind. Das Aufgabenformat aus den Jahren 2017 und 2018 wird Ihnen in dem Teil Ihrer Abiturprüfung begegnen, in dem Hilfsmittel erlaubt sind. Die Prüfungen aus den Jahren 2019 bis 2021 haben bereits das Format, das Ihnen vorgelegt werden wird. Zu all diesen Aufgaben sind **vollständige und ausführlich kommentierte Lösungsvorschläge** von unseren Autoren vorhanden. Sie ermöglichen Ihnen, Ihre Lösungen eigenständig zu kontrollieren und die Rechenwege Schritt für Schritt nachzuvollziehen.

- Bei allen Original-Abituraufgaben wurden von unseren Autoren **Hinweise und Tipps** ergänzt, die Ihnen Hilfestellungen für die Lösung der Aufgabe geben. Wenn Sie mit einer Aufgabe nicht zurechtkommen, schauen Sie deshalb nicht gleich in die Lösungen, sondern nutzen Sie schrittweise die Lösungstipps, um selbst die Lösung zu finden.

Sollten nach Erscheinen dieses Bandes noch wichtige Änderungen in der Abitur-Prüfung 2022 vom Kultusministerium bekannt gegeben werden, finden Sie aktuelle Informationen dazu im Internet unter www.stark-verlag.de/mystark.

Die Autoren wünschen Ihnen für die Prüfungsvorbereitung und für das Abitur viel Erfolg!

Stichwortverzeichnis

I. Analysis

Ableitungsfunktion Ü-1, 6; 2019-24
– Graph der ~ 2020-17
Änderungsrate 2020-17

Darstellung
– Säulendiagramm 2018-27 f.
Definitionsbereich 2018-1
Durchschnittsberechnung 2020-17

Extrempunkt Ü-1; 2017-10; 2018-1;
 2019-24; 2020-17, 27

Flächen
– ~berechnung 2018-18
– ~inhalt 2017-13; 2020-27
– ~maßzahl 2019-3
– zwischen Graph und x-Achse Ü-5;
 2018-18
Formansatz 2019-6
Funktion
– Exponential~ 2017-1; 2018-1, 11, 23 ff.;
 2019-24; 2020-5, 11
– ganzrationale ~ Ü-1, 5 f.; 2017-7;
 2019-13; 2020-17, 27
– quadratische ~ 2019-25, 27
– trigonometrische ~ Ü-6; 2020-17
– Wachstums~ 2018-1, 23 ff.; 2020-5, 11
Funktionenschar 2020-17, 27

Graph
– Interpretation 2020-17
– Zuordnung zur Gleichung Ü-1; 2020-1

Hauptsatz der Differenzial- und Integralrechnung 2019-3
Hochpunkt 2018-18; 2019-13, 24

Integral 2017-13; 2019-26 f.; 2020-5, 11
– Interpretation des ~werts 2020-17

Kettenregel 2019-24
kleinste Fehlerquadrate (Methode) 2018-11
Koordinatensystem skalieren 2020-17

lineares Gleichungssystem 2019-25

Mittelwert Bestand 2018-27; 2019-25
mittlere quadratische Abweichung 2018-23
Modellieren 2017-7, 13; 2018-1, 23 ff.;
 2020-5 f., 11 f., 27
momentane Änderungsrate 2020-5

Nullstelle 2017-1; 2020-17

Obersumme 2020-27

Parameter Ü-5; 2018-2, 25; 2020-28

Querschnittsfläche 2019-6

Randkurve 2019-6
Randwerte 2019-6
Regression 2018-12, 23 ff.

Sachzusammenhang 2017-13; 2018-1
Scheitelpunktsform 2019-25
Stammfunktion 2017-1; 2020-17, 28
Steigungswinkel 2018-24 f.; 2019-13
Streckung 2017-13; 2019-27

Tangente 2018-18
Trendlinie / Näherungsfunktion 2018-23 ff.

Untersumme 2020-27

Volumen 2019-14; 2020-27
Vorzeichenwechsel 2018-26

Wachstum
– begrenzt 2018-24
– exponentiell 2018-23; 2020-5, 11
– logistisch 2018-25 f.
– ~sgeschwindigkeit 2017-1; 2018-12;
 2020-5
Wendepunkt Ü-5; 2017-1, 11; 2018-26;
 2020-17
Wendestelle 2019-19

II. Analytische Geometrie

Anwendungszusammenhang
- Flugbahn 2017-21
- Haus 2019-28
- Kirchturm 2017-27

Ebene
- Koordinatengleichung einer ~ 2017-21, 27; 2018-29; 2019-28; 2020-34
- Lage im Koordinatensystem 2020-1
- Parameterdarstellung einer ~ 2018-36; 2019-28; 2020-34
- Punktprobe 2020-34
- Schnittpunkte mit den Koordinatenachsen 2020-1

Fläche
- ~ eines Dreiecks 2017-27; 2020-34
- ~ eines Rechtecks 2019-28
- ~ eines Trapezes 2020-34

Geraden
- Lage im Koordinatensystem 2020-1
- Parameterdarstellung einer ~ Ü-5
Geschwindigkeit 2017-21

Interpretation einer Rechnung 2017-21, 28; 2018-30, 36; 2019-28; 2020-34

Koordinatensystem
- Achsen skalieren 2019-28
- Objekte einzeichnen 2017-27
- Punkte ablesen 2017-27; 2019-28; 2020-34
Kreuzprodukt Ü-1

Lagebeziehung
- zweier Geraden Ü-5
lineares Gleichungssystem
- Interpretation 2018-37; 2019-28
- Lösen 2018-37; 2019-28; 2020-1

Mittelpunkt 2019-2

Neigungswinkel einer Fläche 2018-36; 2019-28

Orthogonalität Ü-1, 5

Parallelogramm 2019-2
Pyramide 2018-29; 2020-34
- Kugel in ~ 2018-29

Schatten 2017-27; 2018-29; 2019-28
Schnittpunkt
- Gerade/Ebene 2017-21; 2020-34
- Gerade/Strecke 2019-2
- zweier Geraden Ü-5; 2017-27
Skalarprodukt Ü-2; 2019-4
Spiegelung 2018-36

Trapez
- Nachweis 2019-36; 2020-34

Volumen
- einer Pyramide 2020-34
- eines Hauses 2019-28

Winkel
- im Dreieck 2020-34
- zwischen Ebenen/Schnittwinkel 2018-29
- zwischen Geraden 2017-21

III. Stochastik

Ablehnungsbereich 2017-41; 2018-50; 2019-44
Annahmebereich 2017-40 f.; 2018-50; 2019-44

Baumdiagramm 2018-48; 2020-45
– inverses ~ 2017-40; 2018-48
Bayes, Satz von ~ 2017-40; 2018-48 f.
Bedingte Wahrscheinlichkeit 2017-40; 2018-48; 2019-42
Binomialkoeffizient Ü-2
Binomialverteilung Ü-2, 6; 2017-39; 2018-47 ff.; 2020-1, 44 f.
– kumulierte ~ 2017-39, 41; 2018-47 ff.; 2019-39 ff., 43

Ereignis Ü-6; 2018-47; 2019-3, 4; 2020-44 f.
Entscheidungsregel 2018-49 f.; 2019-44
Erwartungswert Ü-2, 6; 2019-43, 45; 2020-44

Fehler/Risiko
– 1. Art 2018-49; 2020-45

Gegenereignis 2017-39; 2018-49 f.; 2019-43
Gegenhypothese 2017-41; 2018-49; 2019-44
Gewinn 2018-47 f.

Häufigkeit
– absolute 2019-42
– relative 2019-42

Histogramm 2020-44
Hypothesentest 2017-41; 2018-49; 2019-44; 2020-45

Irrtumswahrscheinlichkeit 2018-50

Laplace-Wahrscheinlichkeit 2018-47

Nullhypothese 2017-41; 2018-49; 2019-44

Produktregel 2018-47

Signifikanzniveau 2018-49 f.
Standardabweichung 2017-41; 2019-43 f.
stochastisch unabhängig 2020-44
Summenregel 2018-47

Urnenversuch 2020-1

Vierfeldertafel 2017-40; 2018-49; 2019-42

Wahrscheinlichkeit Ü-2, 6; 2020-44 f.
– bedingte 2018-48; 2019-42
– ~sverteilung Ü-2
– totale 2018-48

Zufallsexperiment
– mit Zurücklegen Ü-2; 2017-39; 2018-47
– ohne Zurücklegen 2019-3, 45
Zufallsgröße 2017-39; 2018-47 ff.
Zufallsvariable 2018-47 ff.; 2020-44 f.

Hinweise und Tipps zum Landesabitur 2022

Ablauf der Prüfung

Die zentrale schriftliche Abiturprüfung

Seit dem Schuljahr 2006/2007 gibt es in Hessen im Fach Mathematik zentrale schriftliche Abiturprüfungen. Die Aufgaben werden im Auftrag des hessischen Kultusministeriums von einer Fachkommission erstellt. Die Beurteilung der Lösungen der Schüler/innen wird von zwei Fachlehrkräften durchgeführt. Es kann auch im Abitur 2021 möglich sein, dass die Zweitkorrektur durch Lehrkräfte anderer Schulen erfolgt. Die verbindlichen curricularen Vorgaben (Kerncurriculum Mathematik Hessen), nach denen in den drei ersten Schulhalbjahren der Qualifikationsphase der gymnasialen Oberstufe unterrichtet wird, bestimmen Inhalte und Anforderungen der Abituraufgaben. Hinzu kommt, dass die Bildungsstandards Mathematik verstärkt in den hessischen Abschlussarbeiten, also auch beim Landesabitur, in den Materialvorgaben und Fragestellungen der Aufgaben berücksichtigt werden.

Aufbau der Prüfungsaufgaben

Das hessische Landesabitur Mathematik in Hessen besteht seit dem Jahr 2019 aus zwei unterschiedlichen Abschnitten im Bereich der schriftlichen Prüfungen.

Prüfungsteil 1: Vorschlag A
Dies ist der „hilfsmittelfreie" Teil der Prüfung, d. h., die Aufgaben sind ohne Formelsammlung und ohne Taschenrechner zu lösen. Es werden vier Aufgaben gestellt, die mindestens zwei Kurshalbjahre der Q-Phase abdecken. Dabei beinhaltet ein Aufgabenset drei Aufgaben mit dem Niveau I und eine Aufgabe mit dem Niveau II (Niveau I beinhaltet die Anforderungsbereiche I und II und Niveau II den Anforderungsbereich III, siehe die Seiten VII bis IX). Die Bearbeitungszeit für diesen Teil der Prüfung beträgt 45 Minuten.

Prüfungsteil 2: Vorschläge B und C
Der Prüfungsteil 2 besteht aus den Vorschlägen B1 und B2 zur Analysis sowie C1 zur Linearen Algebra/Analytischen Geometrie und C2 zur Stochastik. Für diesen Teil werden zwei Rechnertechnologien angeboten, WTR und CAS. Sie bekommen aber nur die Aufgaben für die Rechnertechnologie, welche in Ihrem Kurs vereinbart und angewendet wurde. Sie müssen aus B und C jeweils einen Vorschlag auswählen. Die Formate dieser Aufgaben entsprechen den bisher verwendeten Fragestellungen.

Bearbeitungszeiten

Die Auswahlzeit wird im Sinne der Angleichung an die Prüfungsrealität in die Bearbeitungszeit integriert. Die Gesamtbearbeitungszeit beträgt im Grundkurs 255 Minuten. Dabei entfallen auf den Vorschlag A (Prüfungsteil 1) 45 Minuten. Für den Prüfungsteil 2 stehen im Grundkurs 210 Minuten zur Verfügung.

I

Ablauf der Prüfung

Die Prüfung im Grundkurs beginnt mit der Ausgabe von Vorschlag A (Prüfungsteil 1), der nach spätestens 45 Minuten an die Aufsicht führende Lehrkraft abzugeben ist. Nach Beendigung von Prüfungsteil 1 werden von der Aufsicht führenden Lehrkraft die Vorschläge für den Prüfungsteil 2 (B1 und B2 sowie C1 und C2) ausgegeben. Nach 60 Minuten müssen die nicht ausgewählten Vorschläge der Aufgabengruppen B und C an die Aufsicht führende Lehrkraft zurückgegeben werden.

Bewertungseinheiten (BE)

Prüfungsteil 1: Hier werden im Grundkurs 20 BE vergeben.
Prüfungsteil 2: Hier werden im Grundkurs 80 BE vergeben.

Zugelassene Hilfsmittel

Die für die schriftliche Abiturprüfung im Fach Mathematik (Prüfungsteil 2) zugelassenen Hilfsmittel sind **Wörterbücher der deutschen Rechtschreibung, die jeweilige Rechnertechnologie** (WTR oder CAS), die im Unterricht verwendete **Formelsammlung** (Tafelwerk) sowie die **Schreib- und Zeichengeräte**, die im Fach Mathematik Anwendung finden. Im Falle außergewöhnlicher n und p (Stochastik) werden die entsprechenden Tabellen zur Binomialverteilung zur Verfügung gestellt. Nicht zugelassen sind schulinterne Druckwerke, mathematische Fachbücher und mathematische Lexika.

Zur Bearbeitung der Aufgaben bekommen Sie Reinschrift- und Konzeptpapier von Ihrer Schule (versehen mit dem Stempel Ihrer Schule) zur Verfügung gestellt. Sämtliche Entwürfe und Aufzeichnungen gehören zur Abiturarbeit und dürfen nur auf diesem Papier angefertigt werden, das nach Beendigung der Bearbeitungszeit wieder komplett abgegeben werden muss.

Rechnertechnologie

Zu Beginn der Jahrgangsstufe 12 geht es um die Wahl der zu verwendenden Rechnertechnologie, also

- Wissenschaftlicher Taschenrechner   WTR
- Taschenrechner mit einem Computeralgebrasystem   CAS

Diese Entscheidung treffen die jeweiligen Schüler/innen eines Kurses in Abstimmung mit ihrem/ihrer Kurslehrer/in. In der Abiturprüfung werden dem Kurs nur die entsprechenden Aufgabenvorschläge vorgelegt.

Taschenrechner der Kategorie WTR müssen über erweiterte Funktionalitäten zur numerischen Berechnung

- der Lösungen von Polynomgleichungen bis dritten Grades,
- der (näherungsweisen) Lösung von Gleichungen,
- der Lösung eindeutig lösbarer linearer Gleichungssysteme mit bis zu drei Unbekannten,
- der Ableitung an einer Stelle,
- von bestimmten Integralen,
- von Gleichungen von Regressionsgeraden,
- von 2×2- und 3×3-Matrizen (Produkt, Inverse),
- von Mittelwert und Standardabweichung bei statistischen Verteilungen,
- von Werten der Binomial- und Normalverteilung (auch inverse Fragestellung)

verfügen.
Darüber hinaus müssen Taschenrechner der Kategorie WTR über Funktionalitäten zur (numerischen) Berechnung von Wahrscheinlichkeiten (Binomialverteilung und Standardnormalverteilung) verfügen.

Wichtiger Hinweis zur Arbeit mit diesem Buch

Ob eine Aufgabe für den WTR oder für ein CAS vorliegt, können Sie der Kennzeichnung der Aufgabe in der Kopfzeile entnehmen. Beachten Sie diese Kennzeichnung bei der Arbeit mit den Aufgaben bei diesem Buch.

Inhalte und Schwerpunktthemen

In der folgenden Übersicht sind die wesentlichen Schwerpunktthemen für die zentrale Abiturprüfung 2022 stichpunktartig aufgeführt:

Analysis II

Unterrichtsinhalte	Stichworte
Einführung in die Integralrechnung	• Bedeutung des Integrals als Bestandsgröße und als orientierter Flächeninhalt: Rekonstruktion des Bestands anhand der Änderungsrate und des Anfangsbestands in Sachzusammenhängen, Veranschaulichen des Bestands als Inhalt der Fläche unter einem Funktionsgraphen, Entwickeln der Grundvorstellung des Integralbegriffs als verallgemeinerte Produktsumme • Flächen unter einem Funktionsgraphen: Approximieren von Flächeninhalten durch Rechtecksummen, Übergang zum bestimmten Integral durch Grenzwertbildung auf Basis des propädeutischen Grenzwertbegriffs • Hauptsatz der Differenzial- und Integralrechnung: geometrisch-anschauliches Begründen des Hauptsatzes als Beziehung zwischen Differenzieren und Integrieren, Stammfunktionen, grafischer Zusammenhang zwischen Funktion und Stammfunktion • Entwickeln der Integrationsregeln mithilfe der Ableitungsregeln: Stammfunktion von $f(x) = x^n$ mit $n \in \mathbb{Z} \setminus \{-1\}$, Faktor- und Summenregel, Integrieren ganzrationaler Funktionen, Integrieren von e^x, $\sin(x)$, $\cos(x)$
Anwendung der Integralrechnung	• Flächeninhaltsberechnung: Berechnen der Inhalte von Flächen, die von einem oder mehreren Funktionsgraphen und/oder Parallelen zu den Koordinatenachsen begrenzt sind (auch in Sachzusammenhängen) • bestimmte Integrale als rekonstruierter Bestand: Anwenden des Integrals für Berechnungen in Sachzusammenhängen

Vertiefung der Differenzial- und Integralrechnung	• verständiges Umgehen mit den in der Einführungsphase erarbeiteten Inhalten: Funktionen und ihre Darstellung, Ableitungsbegriff und Anwendungen, ganzrationale Funktionen, Exponentialfunktionen, trigonometrische Funktionen, Ableitungsregeln
	• Untersuchen und Integrieren von e-Funktionen, die mit ganzrationalen Funktionen verknüpft sind (Addition, Multiplikation und Verkettung), auch in Realsituationen (nur lineare Substitution, Nachweis der Stammfunktion durch Ableiten, Ermitteln der Stammfunktion durch Formansatz mit Koeffizientenvergleich)
	• Grenzwert von Funktionen
Funktionenscharen	• ganzrationale Funktionenscharen: Untersuchen und Integrieren von Funktionenscharen, Bedeutung des Parameters für den Graphen

Lineare Algebra/Analytische Geometrie

Unterrichtsinhalte	Stichworte
Lineare Gleichungssysteme	• Einführung und Lösungsverfahren: Beispiele für LGS (auch über- und unterbestimmte), Darstellen von LGS mithilfe von Koeffizientenmatrizen, systematisches Lösen von LGS mithilfe eines algorithmischen Verfahrens, Lösen mithilfe eines digitalen Werkzeugs, Auswahl eines geeigneten Lösungswegs für ein gegebenes LGS
	• Anwenden von LGS: exemplarisches Behandeln außermathematischer Fragestellungen, die auf LGS führen
	• geometrische Interpretation der Lösungsmengen von LGS (in Verbindung mit dem Themenfeld „Geraden und Ebenen im Raum")
Orientieren und Bewegen im Raum	• räumliche Koordinatensysteme: Darstellen räumlicher Objekte im dreidimensionalen Koordinatensystem (insbesondere Zeichnen von Schrägbildern und Beschreiben von Punkten mithilfe von Koordinaten), auch mithilfe von Geometriesoftware
	• Vektoren: Beschreiben von Verschiebungen im Raum mithilfe von Vektoren, Ortsvektor eines Punktes, Rechnen mit Vektoren (Addition und Vervielfachung von Vektoren), Kollinearität zweier Vektoren, Betrag eines Vektors, Abstand zweier Punkte im Raum
	• Winkel: Definition des Skalarprodukts, Untersuchen der Orthogonalität von Vektoren, Bestimmen des Winkels zwischen zwei Vektoren
	• einfache geometrische Figuren und Körper im Raum: Untersuchen einfacher geometrischer Figuren und Körper (Seitenlängen, Parallelität, Orthogonalität, Winkelgrößen), Begründen der Eigenschaften

IV

Geraden und Ebenen im Raum	• Parameterdarstellungen: Darstellen von Geraden und Ebenen im Raum mit Parameterglei-chungen, Punktprobe • Lagebeziehung von Geraden und Ebenen: Untersuchen der Lagebeziehung zweier Geraden, Berechnen des Schnittpunktes und des Schnittwinkels zweier Geraden, Unter-suchen der Lagebeziehung von Gerade und Ebene mithilfe von Parametergleichungen, Bestimmen von Durchstoßpunkten, Berech-nen des Schnittwinkels zwischen Gerade und Ebene • komplexere Problemstellungen: Untersuchen geometrischer Objekte im Raum (z. B. Pyramide), Beschreiben und Untersuchen geradliniger Bewegungen, Unter-suchen von Schattenwürfen
Vertiefung der Ana-lytischen Geometrie	• Koordinatengleichung einer Ebene: Koordinatengleichung der Ebene, Umwandeln der verschiedenen Darstellungsformen ineinander, Untersuchen der Lagebeziehung von Geraden und Ebene und Bestimmen von Durchstoßpunkten mithilfe der Koordinatengleichung, Bestimmung des Normalen-vektors einer Ebene *Hinweis:* Die Untersuchung der Lagebeziehung impliziert auch die Berechnung des Winkels zwischen den geometrischen Objekten.

Stochastik

Unterrichtsinhalte	Stichworte
Grundlegende Be-griffe der Stochastik	• Grundlagen der Wahrscheinlichkeitstheorie: Beschreiben von Zufallsexperimenten (Laplace-Experimente) unter Verwendung der Begriffe Ergebnis, Ergebnismenge, Ereignis und Wahrscheinlichkeit • statistischer Wahrscheinlichkeitsbegriff: absolute und relative Häufigkeit (auch konkrete Ermittlung für selbst durchgeführte Zufallsexperimente), grafische Darstellung • Bestimmen von Wahrscheinlichkeiten bei mehrstufigen Zufalls-experimenten: Baumdiagramm, Pfadregeln
Berechnung von Wahrscheinlich-keiten	• bedingte Wahrscheinlichkeiten: Identifizieren und Beschreiben bedingter Wahrscheinlichkeiten in verschiedenen Sachzusammenhängen, Darstellen und Berechnen mittels Baumdiagrammen und Vierfeldertafeln, Überprüfen von Ereignissen auf (Un-)Abhängigkeit • Bestimmen von Laplace-Wahrscheinlichkeiten mithilfe von Zähl-verfahren: Lösen einfacher kombinatorischer Zählprobleme (geordnete Stich-proben mit/ohne Zurücklegen, ungeordnete Stichproben ohne Zurücklegen), Binomialkoeffizient

| Wahrscheinlich-keitsverteilungen | • Erarbeiten grundlegender Begriffe:
Zufallsgröße, Wahrscheinlichkeitsverteilungen und ihre Darstellung durch Histogramme, Erwartungswert, Varianz, Standardabweichung, Untersuchen einfacher Glücksspiele

• Bernoulli-Ketten:
Bernoulli-Experiment, Bernoulli-Kette, Angeben der Kenngrößen von Bernoulli-Ketten, Entwickeln und Begründen der Formel $P(X = k) = \binom{n}{k} \cdot p^k \cdot (1-p)^{n-k}$ anhand eines geeigneten Beispiels, Berechnen von Trefferwahrscheinlichkeiten in verschiedenen Sachzusammenhängen, Modellierungsgrenzen

• binomialverteilte Zufallsgrößen:
Erwartungswert, Varianz, Standardabweichung, Analysieren von Histogrammen hinsichtlich ihrer Eigenschaften, kumulierte Binomialverteilung (Berechnen auch mit digitalen Werkzeugen)

Hinweis: Das Stichwort „kumulierte Binomialverteilung (Berechnen auch mit digitalen Werkzeugen)" beinhaltet insbesondere auch die inverse Fragestellung, z. B. Bestimmung der größtmöglichen Zahl k so, dass gilt $P(X \leq k) \leq 0{,}05$. |

Leistungsanforderungen und Bewertung

Ihre Prüfungsarbeit wird von zwei Fachlehrkräften bewertet. In der Regel ist Ihr Fachlehrer der Erstbeurteiler. Dieser korrigiert Ihre Arbeit und schreibt ein Gutachten mit entsprechender Benotung. Ihre Arbeit wird dann von einer zweiten Fachlehrkraft Ihrer Schule begutachtet. In Ausnahmefällen kann es vorkommen, dass die Zweitbeurteilung von einer Fachlehrkraft einer anderen Schule vorgenommen wird. In den meisten Fällen werden sich beide Fachlehrkräfte auf ein gemeinsames Gutachten und eine daraus folgende Bewertung einigen. Falls es nicht zu einer einheitlichen Beurteilung kommt, entscheidet der/die Prüfungsvorsitzende der eigenen Schule und legt abschließend die Note für Ihre Prüfungsarbeit fest.

In die Bewertung gehen zunächst einmal die **fachliche Richtigkeit** und die **Vollständigkeit** der Lösung ein. Ein weiteres wichtiges Bewertungskriterium stellt die **Darstellungsqualität** dar, in welche der richtige Einsatz der Fachsprache und die Strukturiertheit der Ausführungen einfließen. Sollten Sie in Ihrer Lösung unkonventionelle, aber richtige Wege gehen, so werden diese natürlich entsprechend gewürdigt.

Selbstverständlich geht auch die **Sprachrichtigkeit** (Rechtschreibung, Grammatik, Zeichensetzung) bei Erläuterungen, Beschreibungen etc. in die Bewertung ein.

Insgesamt können Sie 100 Bewertungseinheiten erreichen. Die Notenvergabe erfolgt nach folgendem Verteilungsschlüssel:

Prozent	unter 20	ab 20	ab 27	ab 33	ab 40	ab 45	ab 50	ab 55
Notenpunkte	0	1	2	3	4	5	6	7

Prozent	ab 60	ab 65	ab 70	ab 75	ab 80	ab 85	ab 90	ab 95
Notenpunkte	8	9	10	11	12	13	14	15

Operatoren und Anforderungsbereiche

Bei der Formulierung der zentralen Prüfungsaufgaben werden sogenannte **Operatoren** verwendet, die sicherstellen sollen, dass alle Schüler und Lehrer unter einer bestimmten Aufgabenstellung das gleiche verstehen. Damit Sie die Aufgabenstellungen korrekt erfassen können, ist es sehr zu empfehlen, sich mit diesen Operatoren auseinanderzusetzen. Die Operatoren sind in verschiedene Anforderungsbereiche untergliedert, die den Schwierigkeitsgrad der Aufgabe wiedergeben.

Im Folgenden finden Sie eine vollständige Liste dieser Operatoren. Um Ihnen ein Gefühl dafür zu geben, wie oft diese Operatoren eingesetzt werden, hier die in den Landesabituren der Jahre 2017 bis 2020 eingesetzten Operatoren in abfallender Häufigkeit ihres Auftretens:

berechnen (56), bestimmen/ermitteln (55), angeben/nennen (31), begründen (23), erläutern (21), deuten (15), zeigen/bestätigen (14), beschreiben (11), untersuchen (9), zeichnen (8), beurteilen (5), prüfen (5), beschriften (4), darstellen (4), entscheiden (4), skizzieren (4),entwickeln (3), erklären (3), vergleichen (2), formulieren (2), herleiten (2), abschätzen (1), Stellung nehmen (1), zuordnen (1)

Alle weiteren in der Operatorenliste aufgeführten Operatoren wurden, was die Aufgaben im Buch betrifft, in diesen vier Jahren nicht benutzt.

Anforderungsbereich I

Arbeitsauftrag	Definition	Beispiele
angeben, nennen	Sachverhalte, Begriffe oder Daten ohne Erläuterungen, Begründungen und Lösungswege aufzählen	2020 – B1 (WTR), Teilaufgabe 1.2
berechnen	Ergebnisse von einem Ansatz ausgehend durch Rechenoperationen bestimmen	2019 – B1 (WTR), Teilaufgabe 1.2
beschreiben	Aussagen, Sachverhalte, Strukturen o. Ä. in eigenen Worten strukturiert und fachsprachlich wiedergeben	2018 – A2 (WTR/GTR), Teilaufgabe 2.3
beschriften, einzeichnen, benennen	Elemente, Sachverhalte, Begriffe oder Daten mit einer kennzeichnenden Aufschrift, Nummer oder Namensangabe versehen	2018 – A1 (WTR), Teilaufgabe 2.1
skizzieren	eine graphische Darstellung so anfertigen, dass die wesentlichen Eigenschaften deutlich werden	2019 – B1 (CAS), Teilaufgabe 1.3
überführen	eine Darstellung in eine andere Darstellungsform bringen	
zeichnen	eine hinreichend exakte graphische Darstellung anfertigen	2019 – A (hilfsmittelfrei), Teilaufgabe 1.1
zusammenfassen	das Wesentliche in strukturierter und komprimierter Form unter Verwendung der Fachsprache herausstellen	

Anforderungsbereich II

Arbeitsauftrag	Definition	Beispiele
abschätzen	durch begründete Überlegungen Größenordnungen physikalischer Größen angeben	2020 – B2 (CAS), Teilaufgabe 1.2
analysieren	eine konkrete Materialgrundlage untersuchen, einzelne Elemente identifizieren, Beziehungen zwischen Elementen erfassen und zusammenhängend darstellen	
anwenden	einen bekannten Sachverhalt, eine bekannte Methode auf eine neue Problemstellung beziehen	
begründen	einen Sachverhalt unter Verwendung von Regeln, mathematischen Beziehungen oder Gesetzmäßigkeiten auf bekannte Aussagen bzw. Zusammenhänge zurückführen	2019 – B2 (WTR/CAS), Teilaufgabe 1.3
bestimmen, ermitteln	einen Zusammenhang oder einen möglichen Lösungsweg aufzeigen und das Ergebnis formulieren	2020 – C2 (GTR/CAS), Teilaufgabe 1.6
darstellen	Sachverhalte o. Ä. strukturiert fachsprachlich oder graphisch wiedergeben und Bezüge sowie Zusammenhänge aufzeigen	2018 – C (WTR/CAS), Teilaufgabe 2.1
deuten	Phänomene, Strukturen, Sachverhalte oder Ergebnisse auf Erklärungsmöglichkeiten untersuchen und diese gegeneinander abwägen und auf das ursprüngliche Problem beziehen	2019 – C1 (WTR/CAS), Teilaufgabe 1.5
entscheiden	bei Alternativen sich begründet und eindeutig auf eine Möglichkeit festlegen	2019 – A (hilfsmittelfrei), Teilaufgabe 1.2
entwerfen	Herstellen und Gestalten eines Systems von Elementen unter vorgegebener Zielsetzung	
entwickeln	Sachverhalte und Methoden zielgerichtet in einen Zusammenhang bringen, also eine Hypothese, eine Skizze oder ein Modell weiterführen und ausbauen.	2019 – C2 (WTR/CAS), Teilaufgabe 3
erklären	Sachverhalte o. Ä. unter Verwendung der Fachsprache auf fachliche Grundprinzipien oder kausale Zusammenhänge zurückführen	2020 – B2 (CAS), Teilaufgabe 1.3
erläutern	Sachverhalte o. Ä. so darlegen und veranschaulichen, dass sie verständlich werden	2019 – B1 (WTR), Teilaufgabe 2.3
formulieren	eine Fragestellung, eine Strukturformel, eine Reaktionsgleichung oder einen Reaktionsmechanismus notieren	2020 – C2 (GTR/CAS), Teilaufgabe 3.3

Arbeitsauftrag	Definition	Beispiele
herleiten	einen Sachverhalt oder ein Ergebnis aus gegebenen Daten oder Gesetzmäßigkeiten entwickeln	2019 – B2 (WTR/CAS), Teilaufgabe 2.1
modellieren	zu einem Ausschnitt der Realität ein fachliches Modell anfertigen	
ordnen, einordnen, zuordnen	Sachverhalte begründet in einen genannten Zusammenhang stellen	2020 – B2 (WTR), Teilaufgabe 1.3.3
prüfen	Sachverhalte, Aussagen oder Ergebnisse an Gesetzmäßigkeiten messen, verifizieren oder Widersprüche aufdecken	2019 – B2 (WTR/CAS), Teilaufgabe 2.2
untersuchen	Sachverhalte unter bestimmten Aspekten betrachten	2019 – C1 (WTR/CAS), Teilaufgabe 2.3.1
vergleichen, gegenüberstellen	nach vorgegebenen oder selbst gewählten Gesichtspunkten Gemeinsamkeiten, Ähnlichkeiten und Unterschiede ermitteln und darstellen	2020 – B1 (CAS), Teilaufgabe 1.2
zeigen, bestätigen	einen Sachverhalt oder eine Behauptung unter Verwendung gültiger Schlussregeln oder Berechnungen auf bekannte, gültige Aussagen zurückführen	2019 – A (hilfsmittelfrei), Teilaufgabe 3.1

Anforderungsbereich III

Arbeitsauftrag	Definition	Beispiele
beurteilen, bewerten	zu einem Sachverhalt oder einer Aussage unter Verwendung von Fachwissen und Fachmethoden eine begründete Einschätzung geben	2018 – A1 (GTR/CAS), Teilaufgabe 4.3
beweisen	im mathematischen Sinn zeigen, dass eine Behauptung/Aussage richtig ist, z. B. unter Verwendung bekannter mathematischer Sätze, logischer Schlüsse und Äquivalenzumformungen	
diskutieren, erörtern	zu einer Aussage, Problemstellung oder These eine Argumentation entwickeln, die zu einer begründeten Bewertung führt	
Stellung nehmen	wie Operator „beurteilen", aber zusätzlich die eigenen Maßstäbe darlegen und begründen	2018 – A2 (CAS), Teilaufgabe 1.3

Bildungsstandards/Kompetenzen und Anforderungsbereiche

Die Aufgabenformate der Abschlussarbeiten, also auch im Landesabitur, werden sich immer stärker an den Bildungsstandards/Kompetenzen orientieren.

1. **Kompetenzbereiche im Fach Mathematik:**
   K1: Mathematisch argumentieren
   K2: Probleme mathematisch lösen
   K3: Mathematisch modellieren

K4: Mathematische Darstellungen verwenden
K5: Mit symbolischen, formalen und technischen Elementen der Mathematik umgehen
K6: Kommunizieren
(Beschreibungen hierzu: Kerncurriculum Mathematik Hessen)

2. **Anforderungsbereiche zu den mathematischen Kompetenzbereichen:**

Anforderungsbereich I: Reproduzieren
Dieses Niveau umfasst die Wiedergabe und direkte Anwendung von grundlegenden Begriffen, Sätzen und Verfahren in einem abgegrenzten Gebiet und einem wiederholenden Zusammenhang.

Anforderungsbereich II: Zusammenhänge herstellen
Dieses Niveau umfasst das Bearbeiten bekannter Sachverhalte, indem Kenntnisse, Fertigkeiten und Fähigkeiten verknüpft werden, die in der Auseinandersetzung mit Mathematik auf verschiedenen Gebieten erworben wurden.

Anforderungsbereich III: Verallgemeinern und Reflektieren
Dieses Niveau umfasst das Bearbeiten komplexer Gegebenheiten u. a. mit dem Ziel, zu eigenen Problemformulierungen, Lösungen, Begründungen, Folgerungen, Interpretationen oder Wertungen zu gelangen.

Die Anforderungsbereiche spiegeln sich in der Operatorenliste wider und zeigen dort, welche Anforderungen an die einzelnen Operatoren gekoppelt sind.

Es folgen zwei Beispiele aus dem Landesabitur bezüglich der Berücksichtigung der Bildungsstandards / Kompetenzen bei den verwendeten Aufgabenformaten.

Beispiel 1:

Analysieren Sie in Bezug auf den Schattenwurf den folgenden geometrischen Zusammenhang und erläutern Sie dabei die Bedeutung von E_2, g und P:

Die Ebene E_2 und die Gerade g mit

$$E_2: \vec{x} = \begin{pmatrix} 10 \\ 30 \\ 0 \end{pmatrix} + r \cdot \begin{pmatrix} 0 \\ 0 \\ 1 \end{pmatrix} + s \cdot \begin{pmatrix} 2 \\ -4 \\ -1 \end{pmatrix} \quad \text{und} \quad g: \vec{x} = \begin{pmatrix} 0 \\ 10 \\ 15 \end{pmatrix} + t \cdot \begin{pmatrix} 1 \\ 0 \\ 0 \end{pmatrix} \quad \text{mit } r, s, t \in \mathbb{R}$$

schneiden sich im Punkt P(20 | 10 | 15).

Vervollständigen Sie dann den Schattenverlauf der Antenne. **(4 BE)**

Es geht hier **nicht** um die Durchführung von Berechnungen. Die Schlüsseloperatoren sind *Erläutern*, *Begründen*, *Interpretieren* und *Deuten*. Der Anforderungsbereich ist damit II. Die eingeforderte Kompetenz ist „K1: mathematisch argumentieren".

Beispiel 2:

Der Graph von g sei gegeben durch den Term $g(x) = -2x^2 + 8x - 6$. In der Abbildung (siehe Material) sind die Funktionen g, f_1 und f_2 dargestellt.
Entscheiden Sie, welche der beiden Funktionen f_1 oder f_2 eine Stammfunktion von g ist. Geben Sie dafür zwei (wesentlich verschiedene) Gründe an. **(9 BE)**

Der Schlüsseloperator ist hier *Entscheiden* und damit geht es zunächst um die Anforderungsbereiche I und II. Aber es geht hier **nicht** nur um die Interpretation eines Funktionsgraphen, um die Kompetenz K5. Zur Lösung werden auch die Operatoren *Beurteilen und Bewerten* und damit die Kompetenz „K1: Mathematisch argumentieren" benötigt.

X

Methodische Hinweise und allgemeine Tipps zur schriftlichen Prüfung

Vorbereitung

- Bereiten Sie sich **langfristig** (spätestens ab Januar) auf die Abiturprüfung vor und fertigen Sie sich eine Übersicht über die von Ihnen bereits bearbeiteten Themen, Inhalte und Verfahren an. Teilen Sie die Inhalte in sinnvolle Teilbereiche ein und legen Sie fest, bis wann Sie welche Teilbereiche bearbeitet haben wollen. Es ist zweckmäßig, alle schriftlichen Bearbeitungen dieser Aufgaben übersichtlich aufzubewahren, das erleichtert spätere Wiederholungen.

- Benutzen Sie zur Prüfungsvorbereitung neben diesem Übungsbuch Ihre **Unterrichtsaufzeichnungen** und das Lehrbuch.

- Verwenden Sie während der Prüfungsvorbereitung grundsätzlich die **Hilfsmittel**, die auch in der Prüfung zugelassen sind. Prägen Sie sich wichtige Seiten in Ihrer Formelsammlung ein und nutzen Sie Ihren Taschenrechner mit allen Funktionen.

- Oft ist der Zeitfaktor ein großes Problem. Testen Sie, ob Sie eine Aufgabe in der dafür vorgegebenen Zeit allein lösen können. **Simulieren Sie selbst eine Prüfungssituation.**

- Gehen Sie optimistisch in die Prüfung. Wer sich gut vorbereitet hat, braucht sich keine Sorgen zu machen.

Bearbeitung der Prüfung

- Allgemein sei angemerkt, dass sich aufgrund der Pandemie Abweichungen von den dargestellten Regelungen nicht ausschließen lassen.

- Für den **hilfsmittelfreien Teil** sind 45 Minuten eingeplant. Die Aufgaben beziehen sich auf alle drei Stoffgebiete Analysis, Analytische Geometrie/Lineare Algebra und Stochastik. Aufgrund des vorgegebenen Zeitrahmens ist zu erwarten, dass sich diese Aufgaben auf das Abprüfen **grundlegender Fähigkeiten** aus diesen Stoffgebieten beschränken werden. Dazu gehören unter anderem Aufgaben, die sich leicht durch Anwendung einfacher Regeln (z. B. Ableitungsregeln) lösen lassen oder zu deren Lösung eine Art „Kochrezept" (z. B. Bestimmung einer Nullstelle) angewandt werden kann. Auch die Interpretation einer Grafik bzw. der Zusammenhang zwischen dem Graphen einer Funktion und dem Funktionsterm selbst scheint in dieses Feld zu passen. Da die oben angesprochenen grundlegenden Fähigkeiten sowieso Voraussetzung sind, um sich mit komplexeren Fragestellungen auseinanderzusetzen, die im Prüfungsteil 2 kommen werden, müssen Sie nichts Zusätzliches lernen. Aber Sie müssen lernen, mit dem Zeitrahmen von 45 Minuten umzugehen. Nehmen Sie die **Übungsaufgaben** in diesem Band als Basis für Ihre eigenen Recherchen, denn Aufgaben dieser Art gibt es in den Schulbüchern, in Ihren Klausuren und auch im Netz in sehr großer Zahl.

- Nehmen Sie sich Zeit für die **Auswahl der Aufgaben** im Prüfungsteil 2. Lesen Sie die Aufgabenstellungen genau durch, bevor Sie eine Entscheidung treffen. Nicht immer ist die auf den ersten Blick einfachere Aufgabe tatsächlich die bessere Wahl.

- Es ist hilfreich, wenn Sie bei der Analyse der Aufgabenstellungen wichtige Angaben oder Informationen (z. B. gegebene Größen, Lösungshinweise) **farbig markieren**. Machen Sie sich klar, was gefordert ist. Beachten Sie insbesondere die verwendeten **Operatoren**.

- Gerade in den ersten Minuten macht man gerne Flüchtigkeitsfehler. Konzentrieren Sie sich hier besonders stark und kontrollieren Sie Ihre Ergebnisse noch einmal zu einem späteren Zeitpunkt.

- Um den Lösungsansatz zu einer Aufgabe zu finden oder die gegebene Problemstellung zu veranschaulichen, kann das **Anfertigen einer Skizze** nützlich sein.

- Verwenden Sie die Formelsammlung. Geben Sie immer, selbst wenn Sie die Rechnungen nicht durchführen können, die **Ansätze** an. Erläutern Sie gegebenenfalls eine Lösungsidee oder eine mögliche Vorgehensweise.

- Beachten Sie, dass in manchen Teilaufgaben „**Zwischenlösungen**" angegeben sind, die Ihnen als Kontrolle dienen bzw. mit denen Sie weiterarbeiten können. Nutzen Sie auch die häufig angegebenen Grafiken (Funktionsgraphen, Skizzen usw.). Arbeiten Sie auf alle Fälle mit der Kontrolllösung weiter, falls das von Ihnen ermittelte Ergebnis abweichen sollte.

- Bearbeiten Sie, wenn möglich, die Teilaufgaben innerhalb einer Aufgabe in der vorgegebenen Reihenfolge, da sie in der Regel zunehmend schwieriger werden. Weichen Sie nur im Notfall von dieser Regel ab. Bearbeiten Sie dann zunächst die Teilaufgaben, die Sie sicher beherrschen.

- Falls Sie mit einer Aufgabe gar nicht weiterkommen, so halten Sie sich nicht zu lange daran auf. Versuchen Sie, mit der nächsten Teilaufgabe oder mit einer Aufgabe aus einem anderen Schwerpunkt weiterzumachen. Wenn Sie die anderen Aufgaben bearbeitet haben, kommen Sie nochmals auf die angefangene Aufgabe zurück und versuchen Sie in Ruhe, eine Lösung zu finden. Vermeiden Sie jedoch, zwischen den einzelnen Themengebieten zu oft hin und her zu springen.

- Orientieren Sie sich an der angegebenen **Punktezahl**: Je mehr Punkte eine Aufgabe ergibt, desto mehr Zeit sollte für die Bearbeitung eingeplant werden.

- Achten Sie auf die **sprachliche Richtigkeit** und eine **saubere äußere Form** Ihrer Lösungen. Dies ist gerade für Sie während der Prüfung eine wertvolle Hilfe.

- Geben Sie nicht zu früh ab. Nutzen Sie die Zeit, um Ihre Ergebnisse noch einmal zu kontrollieren. Sie können sich auch nach einer kurzen Denkpause erneut an einer Aufgabenstellung versuchen.

Lösungsplan

Wegen des Umfangs und der Komplexität von Aufgaben auf Abiturniveau empfiehlt es sich, beim Lösen systematisch zu arbeiten. Folgende Vorgehensweise hilft Ihnen dabei:

Schritt 1:
Nehmen Sie sich ausreichend Zeit zum **Analysieren** der Aufgabenstellung. Stellen Sie fest, zu welchem Themenbereich die Aufgabe gehört. Sammeln Sie alle Informationen, welche direkt gegeben sind, und achten Sie darauf, ob evtl. versteckte Informationen enthalten sind.

Schritt 2:
Markieren Sie die **Operatoren** in der Aufgabenstellung. Diese geben an, was in der Aufgabe von Ihnen verlangt wird. Vergegenwärtigen Sie sich die Bedeutung der verwendeten Fachbegriffe.

Schritt 3:
Versuchen Sie, den Sachverhalt zu veranschaulichen. Fertigen Sie gegebenenfalls mithilfe der Angaben und Zwischenergebnisse aus vorherigen Teilaufgaben eine **Skizze** an.

Schritt 4:
Erarbeiten Sie nun schrittweise den **Lösungsplan**, um aus den gegebenen Größen die gesuchte Größe zu erhalten. Notieren Sie sich, welche Einzel- bzw. Zwischenschritte auf dem Lösungsweg notwendig sind. Prinzipiell haben Sie zwei Möglichkeiten, oft hilft auch eine Kombination beider Vorgehensweisen:
- Sie gehen vom Gegebenen aus und versuchen, das Gesuchte zu erschließen.
- Sie gehen von dem Gesuchten aus und überlegen „rückwärts", wie Sie zur Ausgangssituation kommen.

Bei diesem Schritt wird dann sukzessive die **Lösung dargestellt**.

Schritt 5:
Suchen Sie nach geeigneten Möglichkeiten, das Endergebnis zu **kontrollieren**. Oftmals sind bereits Überschlagsrechnungen, Punktproben oder Grobskizzen ausreichend.

Anhand der folgenden **Beispielaufgabe** werden diese Schritte veranschaulicht:

Gegeben ist eine Schar von Funktionen f_k durch die Gleichung $f_k(x) = kx^3 + 4x^2$ mit $k \in \mathbb{R} \setminus \{0\}$. Der Graph von f_k sei G_k.

a) Untersuchen Sie G_k auf Extrempunkte.
b) Zeigen Sie: Die Stammfunktion der Schar ist

$$F_k(x) = \frac{k}{4}x^4 + \frac{4}{3}x^3.$$

Berechnen Sie für $k = -1$ die Fläche, die G_k mit der x-Achse einschließt.

Lösungsvorschlag für Teilaufgabe a:

Schritt 1:
- Themenbereich: Kurvendiskussion einer Funktionenschar
- Der Funktionsterm weist einen Parameter k auf. Dieser Parameter bereitet jedoch beim Rechnen keine Probleme, solange er nicht im Nenner, unter einer Wurzel usw. steht. Er wird ganz normal wie eine Zahl behandelt.
- Der Definitionsbereich ist nicht angegeben, daher wird $\mathbb{R}$ als der größtmögliche angenommen.

Schritt 2:
- Der Operator „Untersuchen Sie" bedeutet, mögliche Eigenschaften festzustellen und anzugeben.
- Unter Extrempunkten versteht man Hoch- oder Tiefpunkte.

Schritt 3:
Eine Veranschaulichung ist aufgrund des Parameters k nur schwer möglich. Anzahl, Art und Lage der Extrempunkte können zudem von k abhängen. Eine Skizze ist daher wenig sinnvoll.

Schritt 4:
Ausgehend von der gegebenen Funktionenschar werden mögliche Extremstellen berechnet und damit Art und Lage der Extrempunkte bestimmt:
- $f_k(x)$ ist ein Polynom und lässt sich trotz Parameter leicht ableiten (Summenregel, Faktorregel, Potenzregel):

$$f_k'(x) = 3kx^2 + 8x$$

XIII

Die Nullstellen der Ableitung sind mögliche Extremstellen:

$$3kx^2 + 8x = x \cdot (3kx + 8) = 0 \quad \overset{k \neq 0}{\Longleftrightarrow} \quad x = 0 \ \vee \ x = -\frac{8}{3k}$$

- Ob tatsächlich Extremstellen vorliegen, lässt sich durch Einsetzen in die zweite Ableitung überprüfen:

$$f_k''(x) = 6kx + 8$$

$$f_k''(0) = 8 > 0 \quad \Rightarrow \quad \text{Minimum bei } x = 0$$

$$f_k''\left(-\frac{8}{3k}\right) = 6k\left(-\frac{8}{3k}\right) + 8 = -8 < 0 \quad \Rightarrow \quad \text{Maximum bei } x = -\frac{8}{3k}$$

- Um die Lage angeben zu können, braucht man noch die y-Koordinate. Dazu werden die Extremstellen in den Funktionsterm $f_k(x)$ eingesetzt:

$$f_k(0) = 0$$

$$f_k\left(-\frac{8}{3k}\right) = k\left(-\frac{8}{3k}\right)^3 + 4\left(-\frac{8}{3k}\right)^2 = -\frac{512}{27k^2} + \frac{256 \cdot 3}{3 \cdot 9k^2} = \frac{256}{27k^2}$$

- Ergebnis:

Tiefpunkt $(0\,|\,0)$ und Hochpunkt $\left(-\dfrac{8}{3k} \ \middle| \ \dfrac{256}{27k^2}\right)$

Schritt 5:
Um das Ergebnis zu überprüfen, könnte man die Funktion f_k für ein gewähltes k skizzieren. Dazu muss eine Wertetabelle erstellt werden. Ablesen der Extrempunkte aus dem Graphen ermöglicht einen Vergleich mit den berechneten Punkten.

Lösungsvorschlag für Teilaufgabe b:

Schritt 1:
- Themenbereich: Flächenberechnung mithilfe eines Integrals
- Es ist die Funktion, die Stammfunktion und der Parameterwert $k = -1$ gegeben. Weiter ist implizit gegeben, dass die Funktion mindestens zwei verschiedene Nullstellen hat, weil der Graph eine Fläche mit der x-Achse einschließt.

Schritt 2:
- Der erste Operator ist „Zeigen Sie", das bedeutet, dass Sie die Aussage mithilfe von Berechnungen bestätigen sollen. Die Funktion und die zugehörige Stammfunktion sind dabei gegeben.
- Um zu zeigen, dass F(x) eine Stammfunktion von f(x) ist, kann entweder f(x) integriert oder F(x) abgeleitet werden. Es muss dann $F'(x) = f(x)$ gelten. Da das Bilden der Ableitung leichter ist als die Funktion zu integrieren, bietet es sich hier an, die Stammfunktion abzuleiten.

$$F(x) = \frac{k}{4}x^4 + \frac{4}{3}x^3$$

$$F'(x) = kx^3 + 4x^2 \quad \Rightarrow \quad F'(x) = f(x) \quad \text{q. e. d.}$$

- Der zweite Operator in der Aufgabe ist „Berechnen Sie", das bedeutet, dass Sie das Ergebnis durch Berechnungen erzielen sollen.

Schritt 3:
Nutzen Sie die Lage des Hochpunkts und die Vorgabe k = −1, um den Graphen zu skizzieren.

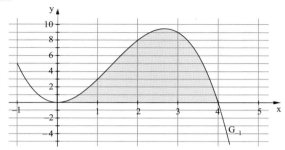

Schritt 4: Vom Gegebenen zum Gesuchten
Wie Sie an der Lösungsskizze erkennen, brauchen Sie für die Bestimmung der Fläche die beiden Nullstellen:
$$-x^3 + 4x^2 = 0 \Leftrightarrow x^2(-x+4) = 0 \Leftrightarrow x_1 = 0 \vee x_2 = 4$$
Für die Berechnung der Fläche benötigen Sie die Stammfunktion der Funktion, die angegeben ist:
$$\int_0^4 f(x)\,dx = [F(x)]_0^4 = \left[-\frac{1}{4}x^4 + \frac{4}{3}x^3\right]_0^4 = -\frac{256}{4} + \frac{256}{3} = \frac{256}{12} = \frac{64}{3}$$

Schritt 4: Vom Gesuchten zum Gegebenen
Um die gesuchte Fläche zu berechnen, benötigen Sie die Stammfunktion der Funktion, die angegeben ist:
$$\int_{x_1}^{x_2} f(x)\,dx = [F(x)]_{x_1}^{x_2} = \left[-\frac{1}{4}x^4 + \frac{4}{3}x^3\right]_{x_1}^{x_2}$$
Für die Berechnung des Integrals benötigen Sie die Integralgrenzen. Diese sind die Nullstellen der Funktion, wie Sie an der Lösungsskizze erkennen können.
$$-x^3 + 4x^2 = 0 \Leftrightarrow x^2(-x+4) = 0 \Leftrightarrow x_1 = 0 \vee x_2 = 4$$
Damit ergibt sich für das Integral:
$$\left[-\frac{1}{4}x^4 + \frac{4}{3}x^3\right]_{x_1}^{x_2} = \left[-\frac{1}{4}x^4 + \frac{4}{3}x^3\right]_0^4 = -\frac{256}{4} + \frac{256}{3} = \frac{256}{12} = \frac{64}{3}$$

Schritt 5:
Um die Fläche abzuschätzen, können Sie in der Skizze die Kästchen abzählen, die von dem Graphen und der x-Achse eingeschlossen werden. Man erhält ca. 21 Kästchen, das passt gut zu dem errechneten Wert.

Hinweise zum Lösen mit dem CAS
Schülerinnen und Schüler, die im Unterricht der gymnasialen Oberstufe mit einem Computer-Algebra-System (CAS) arbeiten, können dieses auch im Abitur einsetzen. Für das CAS werden in Hessen eigene Abituraufgaben formuliert. Damit Sie die damit verbundenen Vorteile auch effektiv nutzen können, sind hier einige Hinweise für das Lösen von

Abituraufgaben mit CAS-Rechnern aufgelistet. Sie sind so formuliert, dass sie für alle Systeme Gültigkeit haben. Die in diesem Buch gelösten Abituraufgaben enthalten „Screenshots" von zwei verschiedenen CAS-Rechnern. Sie müssen diese auf Ihr eigenes System übertragen. Es ist aus nachvollziehbaren Gründen nicht möglich, alle auf dem Markt befindlichen Systeme hier einzubeziehen.

1. Es versteht sich von selbst, dass Sie vor der Prüfung alle Speicher Ihres Systems leeren, alle von Ihnen definierten Variablen und Funktionen löschen und alle Programme, die nicht zum ursprünglichen Auslieferungszustand des CAS gehören, entfernen müssen. Gönnen Sie Ihrem CAS vor der Prüfung neue Batterien und nehmen Sie zur Sicherheit noch eine Ersatzpackung mit.

2. Moderne CAS bieten die Möglichkeit, für neue Aufgaben eigene Ordner oder Arbeitsbereiche anzubieten. Dies hat den Vorteil, dass der Variablenspeicher für diesen Ordner wieder zurückgesetzt wird und damit der gleiche Variablen- bzw. Funktionsname, wie evtl. in einer anderen Aufgabe vorher, benutzt werden kann. Wechselt man dann wieder in einen alten Ordner zurück, können die Variablen mit ihren vorherigen Belegungen und die Funktionen mit ihren vorherigen Definitionen zum Fortsetzen einer zuvor unterbrochenen Aufgabe weiter benutzt werden.
Dieses Vorgehen empfiehlt sich, da dadurch das unwissentliche Übernehmen von bereits belegten Variablen oder definierten Funktionen in andere Aufgaben vermieden werden kann. Man wird dadurch auch in die Lage versetzt, ohne aufwendiges Neueingeben eine bereits teilbearbeitete Aufgabe im späteren Verlauf zu beenden. Bei manchen CAS wird bei der Neuanlage eines Ordners auch der Bildschirminhalt gelöscht. Um die Funktionsweise seines CAS genau kennenzulernen, sollte man auf jeden Fall das Handbuch heranziehen.

3. Die Benutzung des CAS birgt die Gefahr, dass Ergebnisse zu unkritisch akzeptiert werden. Dies kann schnell katastrophale Auswirkungen haben, wenn die Ergebnisse weiterverarbeitet werden müssen. Wann immer es möglich ist, sollte man seine Ergebnisse auf Plausibilität überprüfen. Neben dem „gesunden Menschenverstand" bieten insbesondere die grafischen Möglichkeiten des CAS oft eine Gelegenheit, ein Ergebnis zu überprüfen.

4. Auch das CAS muss manchmal mit Näherungslösungen arbeiten. Nicht jede Gleichung lässt sich exakt lösen. Manchmal gibt es auch mehr Lösungen einer Gleichung, als in der Aufgabenstellung gefragt sind. Das CAS gibt hier nur wenige Lösungen an und verweist auf mögliche weitere Lösungen. Auch hier ist es unabdingbar, dass man durch Studium des Handbuchs schon im Vorfeld der Prüfung weiß, wie man in solchen Fällen vorgehen muss, um zu den Lösungen zu kommen, die im Sinne der Aufgabenstellung passend sind.

5. Das CAS bietet die Möglichkeit, sehr exakt zu arbeiten. Will man Lösungen weiterverarbeiten, sollte man nicht einfach eine dezimale Näherung aus einer Berechnung übernehmen. Rein technisch bietet sich beim CAS das Kopieren von Zwischenlösungen in eine neue Formel oder Gleichung an. Grundsätzlich muss man sich entscheiden, in welcher Darstellung die Lösungen ausgegeben werden sollen. Will man exakt arbeiten, so ist die Bruchdarstellung sicher nicht nur aus ästhetischen Gründen am besten geeignet. Benötigt man nur Näherungen oder will Koordinaten in eine Grafik übertragen, so bietet sich die Dezimaldarstellung an. Ein Vorteil des CAS ist in diesem Zusammenhang auch, dass man jederzeit eine Berechnung mit einer anderen Grundeinstellung wiederholen kann, ohne diese neu eingeben zu müssen.

6. Die Benutzung eines CAS schützt nicht vor Fehleingaben oder falschen Ansätzen. Soweit es möglich ist, sollte jedes Ergebnis einer Plausibilitätsüberprüfung unterzogen werden. Entweder hat man eine belegbare Vorstellung vom Rahmen, innerhalb dessen sich ein Ergebnis bewegen sollte, oder man hilft sich mit dem guten alten „Bauchgefühl", in dem unbewusst immer eine Menge Erfahrung steckt. Es gibt je nach Art der Aufgabe oft auch andere Möglichkeiten, das Ergebnis in Form einer Gegenprobe zu verifizieren.

7. Es ist nützlich, die Namen und Bezeichnungen von Funktionen und Variablen so zu wählen, wie sie auch im Aufgabentext vorgegeben sind. Dies hat einen Wiedererkennungswert. Bei den Variablen gibt es außer der Gefahr, dass sie vielleicht schon zuvor mit einem Wert belegt sein könnten (siehe 2.) bei bestimmten CAS-Systemen Probleme, wenn der gleiche Buchstabe als Name für eine Variable und als Name für eine Funktion benutzt wird (z. B. f(x) und x(t)). Manche CAS-Systeme erlauben es, Variablen mit mehr als einem Buchstaben zu definieren. Das kann zu Problemen führen, wenn man eigentlich z. B. die Variable a mit der Variablen b multiplizieren will und „ab" in das CAS eingibt. Dieses interpretiert „ab" dann als neue Variable. Man muss also unbedingt „a × b" schreiben und das Multiplikationssymbol benutzen.

8. Weil das CAS Ihnen viel Arbeit abnimmt, kann es passieren, dass Ihre Lösungsdarstellung zu knapp ausfällt. Gewöhnen Sie sich daran, den Lösungsweg immer so zu notieren, wie er von anderen und vor allem von Ihnen selbst nachvollzogen werden kann. Selbstverständlich und unabdingbar ist das Notieren der Lösungsansätze. Die Stellen, an denen Sie das CAS für Berechnungen einsetzen, sollten Sie entsprechend markieren. Besonders in den Klausuren kann das für Ihren Lehrer oder Ihre Lehrerin eine durchaus nützliche Information sein. Notieren Sie Zwischenergebnisse. Das hilft auch Ihnen beim Nachvollziehen eines Gedankengangs und eventuellen Korrekturen. Benutzen Sie in Ihrer Lösung und bei der Dokumentation des Lösungsweges die mathematische Fachsprache und nicht die manchmal sehr spezielle Sprache Ihres CAS.

9. Beachten Sie, dass durch die Operatoren in der Aufgabenstellung deutlich wird, ob eine ausführliche, vielleicht auch symbolische Berechnung ohne den Einsatz des CAS verlangt wird oder nicht. Fordern Sie Ihre Lehrerin bzw. Ihren Lehrer auf, Ihnen für jeden Operator Beispiele anzugeben.

10. Abschließend sei insbesondere auf die Webseiten des Hessischen Kultusministeriums hingewiesen. Hier gibt es unter dem Menüpunkt „Landesabitur" neben den Operatoren und Erlassen auch Handreichungen und Arbeitsmaterialien, die laufend erneuert und ergänzt werden.

XVII

Hessen – Mathematik Grundkurs
Hilfsmittelfreier Prüfungsteil – Aufgabenserie 1

1 Analysis

a) Entscheiden Sie begründet, welche Funktion durch den Graphen im Diagramm dargestellt wird. Wählen Sie aus den Alternativen

$f(x) = 2x^3 - 4x^2 + 2$

und

$g(x) = 2x^3 - 6x^2$.

b) Skizzieren Sie grob den Verlauf der Ableitungsfunktion in das gegebene Koordinatensystem. Rechnungen werden nicht erwartet.

c) Berechnen Sie die Extremwerte der von Ihnen gewählten Funktion und bestimmen Sie die Art der Extremwerte.

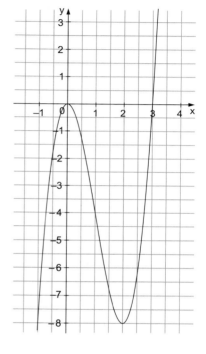

2 Analytische Geometrie

Der Formelsammlung ist zu entnehmen, dass das „Kreuzprodukt" (auch: „Vektorprodukt") zweier Vektoren einen Vektor ergibt, der auf den beiden Vektoren senkrecht steht, dass also gilt:

$\vec{a} \times \vec{b} \perp \vec{a}$ und $\vec{a} \times \vec{b} \perp \vec{b}$

Das Kreuzprodukt ist definiert als

$$\vec{a} \times \vec{b} = \begin{pmatrix} a_1 \\ a_2 \\ a_3 \end{pmatrix} \times \begin{pmatrix} b_1 \\ b_2 \\ b_3 \end{pmatrix} = \begin{pmatrix} a_2 b_3 - a_3 b_2 \\ a_3 b_1 - a_1 b_3 \\ a_1 b_2 - a_2 b_1 \end{pmatrix}$$

Gegeben sind die Vektoren

$\vec{a} = \begin{pmatrix} 4 \\ 0 \\ -2 \end{pmatrix}$ und $\vec{b} = \begin{pmatrix} 2 \\ -2 \\ 1 \end{pmatrix}$.

a) Berechnen Sie den Vektor $\vec{a} \times \vec{b}$.

b) Zeigen Sie unter Verwendung des Skalarprodukts, dass der in Teilaufgabe a berechnete Vektor tatsächlich senkrecht auf den gegebenen Vektoren $\vec{a}$ und $\vec{b}$ steht.

c) Erläutern Sie, wie sich *allgemein* nachweisen lässt, dass $\vec{a} \times \vec{b}$ die oben beschriebenen Eigenschaften hat. Formulieren Sie die zum Nachweis benötigten Ansätze. Sie brauchen die Berechnungen nicht durchzuführen.

3 Stochastik

Bei einer Seilbahn laufen 50 Gondeln im „Rund-um-Lauf". 3 von den Gondeln sind gelb, 17 sind rot und der Rest der Gondeln ist blau.

Während Ihres Skiurlaubs fahren Sie genau 14-mal (7 Tage mit jeweils einer Berg- und einer Talfahrt) mit dieser Seilbahn.

B sei die Anzahl der Fahrten mit blauen Gondeln.

a) Bestimmen Sie den Erwartungswert für die Anzahl der Fahrten mit blauen Gondeln. Geben Sie an, welche Wahrscheinlichkeitsverteilung Sie benutzen und begründen Sie Ihre Entscheidung.

b) Geben Sie einen Term für die Wahrscheinlichkeit an, dass Sie immer nur mit blauen Gondeln fahren.

c) Erläutern Sie die folgende Rechnung im Sachkontext:

$$P(B \geq 9) = \sum_{i=9}^{14} \binom{14}{i} \cdot 0,60^i \cdot 0,40^{14-i} \approx 48,6 \,\%$$

4 Stochastik

In einer Urne befinden sich 10 unterschiedlich gefärbte Kugeln. 4 Kugeln sind gelb, 3 Kugeln sind rot, 2 Kugeln sind grün und eine Kugel ist schwarz.

a) Beschreiben Sie ein Zufallsexperiment und ein Ereignis, dessen Wahrscheinlichkeit sich mit dem Term

$$\binom{7}{3} \cdot \left(\frac{4}{10} \right)^3 \cdot \left(\frac{6}{10} \right)^4$$

berechnen lässt.

b) Berechnen Sie den Term $\binom{7}{3}$.

Lösung

1. a) Der abgebildete Graph kann nur derjenige der Funktion g sein, da nur für die Funktion g gilt g(0) = 0. Für die Funktion f gilt f(0) = 2. Der Graph müsste also durch den Punkt P(0|2) verlaufen.

b) Erwartet wird die Skizze einer offensichtlich quadratischen Funktion, die ihre Nullstellen bei $x = 0$ und $x = 2$ besitzt, nach oben geöffnet ist und ein Minimum ungefähr an der Stelle $x = 1$ besitzt. Da eine grobe Skizze verlangt wird, muss weder die Position der x-Koordinate noch die der y-Koordinate des Extrempunktes der Ableitung genau sein.

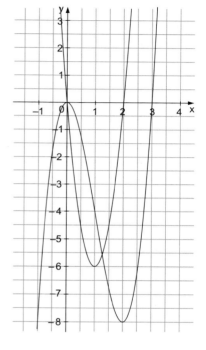

c) Zur Bestimmung der Extremwerte wird die 1. Ableitung gleich null gesetzt. Das Einsetzen der Ergebnisse in die 2. Ableitung bestimmt dann die Art der Extremwerte.

$g'(x) = 6x^2 - 12x$, $g''(x) = 12x - 12$

Aus der Gleichung $6x^2 - 12x = 0$ folgt $6x(x - 2) = 0$ mit den Lösungen $x_1 = 0$ und $x_2 = 2$. Eingesetzt in die 2. Ableitung erhält man:

$g(0) = -12$ und $g(2) = 12$

Also liegt an der Stelle x_1 ein Maximum und an Stelle x_2 ein Minimum vor.

2. a) Das Einsetzen der Komponenten der Vektoren $\vec{a}$ und $\vec{b}$ liefert:

$$\vec{a} \times \vec{b} = \begin{pmatrix} 4 \\ 0 \\ -2 \end{pmatrix} \times \begin{pmatrix} 2 \\ -2 \\ 1 \end{pmatrix} = \begin{pmatrix} 0 \cdot 1 - (-2) \cdot (-2) \\ (-2) \cdot 2 - 4 \cdot 1 \\ 4 \cdot (-2) - 0 \cdot 2 \end{pmatrix} = \begin{pmatrix} -4 \\ -8 \\ -8 \end{pmatrix}$$

b) Zwei Vektoren stehen senkrecht zueinander, wenn ihr Skalarprodukt null ist. Die entsprechenden Prüfungen ergeben:

$$(\vec{a} \times \vec{b}) \circ \vec{a} = \begin{pmatrix} -4 \\ -8 \\ -8 \end{pmatrix} \circ \begin{pmatrix} 4 \\ 0 \\ -2 \end{pmatrix} = (-4) \cdot 4 + (-8) \cdot 0 + (-8) \cdot (-2) = -16 + 0 + 16 = 0$$

$$(\vec{a} \times \vec{b}) \circ \vec{b} = \begin{pmatrix} -4 \\ -8 \\ -8 \end{pmatrix} \circ \begin{pmatrix} 2 \\ -2 \\ 1 \end{pmatrix} = (-4) \cdot 2 + (-8) \cdot (-2) + (-8) \cdot 1 = -8 + 16 - 8 = 0$$

Der Vektor $\vec{a} \times \vec{b}$ steht also senkrecht auf den Vektoren $\vec{a}$ und $\vec{b}$.

c) Nachzuweisen ist, dass $(\vec{a} \times \vec{b}) \circ \vec{a} = 0$ und $(\vec{a} \times \vec{b}) \circ \vec{b} = 0$.
Der Nachweis wird allgemein geführt, indem ausgehend vom Ansatz

$$(\vec{a} \times \vec{b}) \circ \vec{a} = \begin{pmatrix} a_2 b_3 - a_3 b_2 \\ a_3 b_1 - a_1 b_3 \\ a_1 b_2 - a_2 b_1 \end{pmatrix} \circ \begin{pmatrix} a_1 \\ a_2 \\ a_3 \end{pmatrix}$$

das Skalarprodukt berechnet wird. Der entstehende Term muss den Wert null ergeben.
Analog muss die Rechnung für $(\vec{a} \times \vec{b}) \circ \vec{b}$ durchgeführt werden.

3. a) $E(B) = 14 \cdot \dfrac{3}{5} = \dfrac{42}{5} = 8,4$

Binomialverteilung. B kann mit $p = \dfrac{3}{5}$ und $n = 14$ als binomialverteilt angenommen
werden, da die Versuchsstufen (14 Fahrten, zufällige Gondelauswahl) unabhängig voneinander sind und p sich nicht verändert, sofern die Rahmenbedingungen unverändert
bleiben.

b) $P(B = 14) = \left(\dfrac{3}{5}\right)^{14}$

c) Hier wird die Wahrscheinlichkeit dafür berechnet, dass mindestens 9 der 14 Fahrten in
einer blauen Gondel erfolgen.

4. a) Die allgemeine Formel, auf die sich der Term bezieht, lautet:

$$\binom{n}{k} \cdot p^3 \cdot (1 - p)^4$$

Hierbei ist n die Zahl der Ziehungen aus der Urne (mit Zurücklegen) und k die Zahl der
Treffer. p ist die Trefferwahrscheinlichkeit. Das Zufallsexperiment könnte also folgendermaßen aussehen:
Wir ziehen aus der Urne mit den 10 Kugeln 7-mal mit Zurücklegen. Wenn die Zufallsvariable X die Zahl der gezogenen gelben Kugeln ist, dann bedeutet

$$P(X = 3) = \binom{7}{3} \cdot \left(\frac{4}{10}\right)^3 \cdot \left(\frac{6}{10}\right)^4$$

die Wahrscheinlichkeit dafür, dass genau 3 gelbe Kugeln gezogen werden, denn die
Wahrscheinlichkeit für das Ziehen einer gelben Kugel beträgt immer $\frac{4}{10}$.

Alternativ könnte man sich auch auf die 3 roten Kugeln und die eine schwarze konzentrieren, d. h. sich fragen, wie groß die Wahrscheinlichkeit ist, dass man bei 7-maligem
Ziehen genau 3-mal eine rote oder eine schwarze Kugel erhält.

b) $\dbinom{7}{3} = \dfrac{7!}{(7-3)! \cdot 3!} = \dfrac{7!}{4! \cdot 3!} = \dfrac{7 \cdot 6 \cdot 5 \cdot 4 \cdot 3 \cdot 2 \cdot 1}{(4 \cdot 3 \cdot 2 \cdot 1) \cdot (3 \cdot 2 \cdot 1)} = \dfrac{7 \cdot 6 \cdot 5}{3 \cdot 2 \cdot 1} = 35$

Hessen – Mathematik Grundkurs
Hilfsmittelfreier Prüfungsteil – Aufgabenserie 2

1 Analysis

Durch die Gleichung $f_{a,b}(x) = ax^4 + bx^2$ mit $a \neq 0$ und $b > 0$ wird eine Funktionenschar definiert.

a) Ermitteln Sie eine Bedingung, die für den Parameter a gelten muss, damit die entsprechende Funktion der Schar mindestens einen Wendepunkt besitzt.

b) Behauptung: Keine Funktion der Funktionenschar besitzt nur genau einen Wendepunkt. Beweisen Sie diese Behauptung.

c) $f(x) = -x^4 + 4x^2$ ist ein Vertreter der gegebenen Funktionenschar. Zum besseren Verständnis ist der Graph der Funktion in der Grafik beispielhaft dargestellt. Bestimmen Sie den Inhalt der Fläche, der vom Graphen von f und der x-Achse eingeschlossen wird, und geben Sie das Ergebnis als Bruch an.

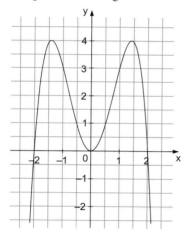

2 Analytische Geometrie

Gegeben sind zwei Geraden

$$g_1: \vec{x} = \begin{pmatrix} 2 \\ 2 \\ 1 \end{pmatrix} + r \cdot \begin{pmatrix} 1 \\ 1 \\ 2 \end{pmatrix} \quad \text{und} \quad g_2: \vec{x} = \begin{pmatrix} 1 \\ 9 \\ -1 \end{pmatrix} + s \cdot \begin{pmatrix} 2 \\ a \\ 4 \end{pmatrix}$$

a) Zeigen Sie, dass sich die beiden Geraden für $a = -2$ im Punkt $P(5|5|7)$ schneiden.

b) Überprüfen Sie, ob sich die Geraden für $a = -2$ rechtwinklig schneiden.

c) Berechnen Sie den Wert, den der Parameter a annehmen muss, damit die beiden Geraden parallel sind, und überprüfen Sie, ob die Geraden in diesem Fall nur parallel oder sogar identisch sind.

3 **Stochastik**
Das Baden im Mittelmeer kann mit schmerzhaften Begegnungen mit Meeresbewohnern verbunden sein, z. B. aufgrund einer Berührung mit Quallen. Das Risiko für eine Verletzung durch eine solche unliebsame Begegnung beträgt erfahrungsgemäß (ca.) 10 %.

Geben Sie jeweils einen Term zur Berechnung der Wahrscheinlichkeiten für die folgenden Ereignisse bei 50 Badenden an:

a) Es tritt genau der Erwartungswert an Verletzungen auf.

b) Es tritt keine Verletzung auf.

c) Es kommt zu mindestens einer Verletzung.

4 **Analysis**
Eine ganzrationale Funktion 2. Grades f und die cos-Funktion $(t(x) = \cos(x))$ haben für $x = 0$ denselben Funktionswert und dieselben Funktionswerte der 1. und 2. Ableitungsfunktion.
Bestimmen Sie die Funktionsgleichung von f.

Lösung

1. a) Eine Wendestelle muss notwendigerweise eine Nullstelle der 2.Ableitung sein. Für die 1. und 2.Ableitung erhält man:

$$f'_{a;\,b}(x) = 4ax^3 + 2bx \quad \text{und} \quad f''_{a;\,b}(x) = 12ax^2 + 2b$$

Aus $f''_{a;\,b}(x) = 0$ folgt $12ax^2 + 2b = 0$.

Aufgelöst nach x ergeben sich folgende Lösungsmöglichkeiten:

$$x_{1,\,2} = \mp\sqrt{-\frac{b}{6a}}$$

Diese Lösungen existieren nur, wenn der Term $\frac{b}{6a}$ negativ ist.

Da b laut Aufgabenstellung positiv ist, muss also a negativ sein. Dann gibt es auch immer zwei Lösungen, da b niemals 0 sein kann.

b) Der Beweis wurde zum Teil schon in Teilaufgabe a geführt, denn wenn der Radikand (der Term unter der Wurzel) positiv ist, gibt es in jedem Fall die beiden Lösungen

$$x_{1,\,2} = \mp\sqrt{-\frac{b}{6a}},$$

da b laut Aufgabenstellung niemals 0 sein kann.

c) Da die Funktion achsensymmetrisch ist, kann man die Fläche unter der Kurve zwischen den Koordinaten 0 und 2 bestimmen und mit dem Faktor 2 multiplizieren. Die Fläche berechnet sich durch das bestimmte Integral

$$2 \cdot \int_0^2 (-x^4 + 4x^2)\,dx = 2 \cdot \left[-\frac{x^5}{5} + \frac{4}{3}x^3 \right]_0^2 = 2 \cdot \left(-\frac{32}{5} + \frac{4}{3} \cdot 8 \right) = 2 \cdot \left(-\frac{96}{15} + \frac{160}{15} \right) = \frac{128}{15}$$

2. a) Der Ansatz zur Bestimmung des Schnittpunktes der beiden Geraden

$$\begin{pmatrix} 2 \\ 2 \\ 1 \end{pmatrix} + r \cdot \begin{pmatrix} 1 \\ 1 \\ 2 \end{pmatrix} = \begin{pmatrix} 1 \\ 9 \\ -1 \end{pmatrix} + s \cdot \begin{pmatrix} 2 \\ -2 \\ 4 \end{pmatrix}$$

liefert das lineare Gleichungssystem:

$$\begin{vmatrix} 2 + r = 1 + 2s \\ 2 + r = 9 - 2s \\ 1 + 2r = -1 + 4s \end{vmatrix}$$

$$\begin{matrix} \text{(I)} \\ \text{(II)} \\ \text{(III)} \end{matrix} \quad \begin{vmatrix} r - 2s = -1 \\ r + 2s = 7 \\ 2r - 4s = -2 \end{vmatrix}$$

Addiert man (I) und (II), so erhält man

$$2r = 6$$
$$r = 3$$

Dies eingesetzt in Gleichung (II) liefert $s = 2$.

Die Probe in Gleichung (III) ergibt die wahre Aussage $6 - 8 = -2$.

Also schneiden sich die beiden Geraden. Den Schnittpunkt ermittelt man über

$$\overrightarrow{OS} = \begin{pmatrix} 2 \\ 2 \\ 1 \end{pmatrix} + 3 \cdot \begin{pmatrix} 1 \\ 1 \\ 2 \end{pmatrix} = \begin{pmatrix} 5 \\ 5 \\ 7 \end{pmatrix} \text{ als } S(5|5|7).$$

b) Die Geraden schneiden sich rechtwinklig, wenn ihre Richtungsvektoren rechtwinklig zueinander stehen. Zwei Vektoren stehen senkrecht zueinander, wenn ihr Skalarprodukt null ist.
Die Berechnung des Skalarproduktes der Richtungsvektoren liefert:

$$\begin{pmatrix} 1 \\ 1 \\ 2 \end{pmatrix} \circ \begin{pmatrix} 2 \\ -2 \\ 4 \end{pmatrix} = 1 \cdot 2 + 1 \cdot (-2) + 2 \cdot 4 = 8 \neq 0$$

Die beiden Geraden schneiden sich nicht im rechten Winkel.

c) Zwei Geraden sind parallel oder eventuell sogar identisch, wenn ihre Richtungsvektoren linear abhängig sind, d. h. in diesem Fall, dass der Richtungsvektor von g_1 ein Vielfaches des Richtungsvektors von g_2 sein muss:

$$\begin{pmatrix} 1 \\ 1 \\ 2 \end{pmatrix} = x \cdot \begin{pmatrix} 2 \\ a \\ 4 \end{pmatrix}$$

Die erste und dritte Zeile liefern $x = \frac{1}{2}$. Für die zweite Zeile ergibt sich damit

$$1 = \frac{1}{2} \cdot a,$$

also:

$$a = 2$$

Für diesen Parameterwert sind die beiden Geraden zumindest parallel.
Die Geraden sind zudem identisch, wenn sie mindestens einen gemeinsamen Punkt haben. Sie sind echt parallel, wenn es mindestens einen Punkt auf der einen Geraden gibt, der nicht gleichzeitig auf der anderen Geraden liegt.
Man überprüft zum Beispiel, ob der Aufpunkt der Geraden g_2 auch auf g_1 liegt. Der Ansatz für diese Punktprobe lautet:

$$\begin{pmatrix} 1 \\ 9 \\ -1 \end{pmatrix} = \begin{pmatrix} 2 \\ 2 \\ 1 \end{pmatrix} + r \cdot \begin{pmatrix} 1 \\ 1 \\ 2 \end{pmatrix}$$

Dies liefert in der ersten Zeile $r = -1$, in der zweiten Zeile $r = 7$ und in der dritten Zeile $r = -1$. Da es kein einheitliches r gibt, liegt der Aufpunkt von g_2 nicht auf g_1. Die Geraden sind somit echt parallel.

3. X sei die Anzahl von Verletzungen. Dann kann X mit $p = 0,1$ und $n = 50$ als binomialverteilt angenommen werden.

a) Der Erwartungswert ist $E(X) = 50 \cdot 0,1 = 5$.
Die Wahrscheinlichkeit dafür, dass genau der Erwartungswert auftritt, lässt sich berechnen mit:

$$P(X = 5) = \binom{50}{5} \cdot 0,1^5 \cdot 0,9^{45}$$

b) Die Wahrscheinlichkeit für keine Verletzung ist $P(X = 0) = 0,9^{50}$.

c) Die Wahrscheinlichkeit dafür, dass mindestens eine Verletzung auftritt, ist:
$$P(X \geq 1) = 1 - P(X = 0) = 1 - 0,9^{50}$$

4. $f(x) = a \cdot x^2 + b \cdot x + c$
   $t(x) = \cos(x)$

   (1) $f(0) = t(0)$ $\qquad \Rightarrow c = 1, \ \text{da} \cos(0) = 1$

   (2) $f'(x) = 2 \cdot a \cdot x + b$
   $t'(x) = -\sin(x)$

   $f'(0) = b$
   $t'(0) = 0$ $\qquad \Rightarrow b = 0$

   (3) $f''(x) = 2a$
   $t''(x) = -\cos(x)$

   $f''(0) = 2a$ $\qquad \Rightarrow 2a = -1$
   $t''(0) = -1$ $\qquad\qquad\ a = -\dfrac{1}{2}$

Ergebnis:
$$f(x) = -\frac{1}{2} \cdot x^2 + 1$$

Hessen – Grundkurs Mathematik
2017 – A1: Analysis (WTR)

Die kanadische Wasserpest ist eine krautartige Wasserpflanze, die auch in hessischen Seen weit verbreitet ist.

1   Die Wachstumsgeschwindigkeit einer solchen Pflanze (in cm/Tag) soll näherungsweise durch die Funktion w mit $w(t) = \frac{1}{1350} t \cdot (t-45)^2 = \frac{1}{1350} t^3 - \frac{1}{15} t^2 + \frac{3}{2} t$ für $0 \leq t \leq 45$ beschrieben werden, wobei t die Zeit in Tagen nach Beobachtungsbeginn angibt.

1.1 Berechnen Sie die Nullstellen der Funktion w sowie die Extrem- und Wendepunkte des Graphen von w ohne Beachtung der Einschränkung des Definitionsbereichs.   **(11 BE)**

1.2 Zeichnen Sie den Graphen von w im Intervall [0; 45] in ein geeignetes Koordinatensystem.   **(4 BE)**

1.3 Erläutern Sie die Bedeutung der Nullstellen und der Wendestelle von w im Sachzusammenhang.   **(4 BE)**

1.4 Zeigen Sie unter Angabe einer Stammfunktion von w, dass $\frac{1}{45-15} \cdot \int_{15}^{45} w(t)\, dt = w(30)$ gilt, und erläutern Sie diese Gleichung im Sachzusammenhang.   **(7 BE)**

2   Alternativ kann die Wachstumsgeschwindigkeit einer solchen Pflanze (in cm/Tag) durch eine Exponentialfunktion v mit $v(t) = a \cdot t \cdot e^{-b \cdot t}$ (a, b > 0) für $0 \leq t \leq 45$ beschrieben werden, wobei t die Zeit in Tagen nach Beobachtungsbeginn angibt.

2.1 Erläutern Sie die Bedeutung der Zeilen (I) und (II) im unten stehenden Kasten für das Wachstumsverhalten der Pflanze.

> $v(t) = a \cdot t \cdot e^{-b \cdot t}$ (a, b > 0)
>
> (I) $v(15) = 10$
>
> (II) $v'(15) = 0$ und $v''(15) < 0$

   (4 BE)

2.2 Bestätigen Sie rechnerisch, dass die Gleichungen $v(15) = 10$ und $v'(15) = 0$ durch die Wahl der Parameter $a = \frac{2e}{3}$ und $b = \frac{1}{15}$ erfüllt werden.   **(6 BE)**

3   Im Folgenden soll für die Funktion v aus Aufgabe 2 gelten: $a = \frac{2e}{3}$ und $b = \frac{1}{15}$
Ein Biologe beobachtet, dass ein Spross der Pflanze, der zum Zeitpunkt $t = 0$ zu wachsen beginnt, nach 45 Tagen eine Länge von 2,5 m erreicht. Bestimmen Sie für beide Funktionen w und v jeweils, welche Länge nach 45 Tagen ergibt.
Beurteilen Sie, ob die Funktionen w und v hinsichtlich der Beobachtung des Biologen das Wachstum der Pflanze korrekt beschreiben.   **(4 BE)**

2017-1

Hinweise und Tipps

Teilaufgabe 1.1

- Der Funktionsterm liegt in zwei Versionen vor. Je nach Version lassen sich die Nullstellen und die Ableitungsfunktionen zeiteffizienter berechnen.

- Es liegt eine ganzrationale Funktion 3. Grades vor. Solche Funktionen können maximal drei Nullstellen besitzen.

- Es gilt, die Ableitungsfunktionen f' bis f''' zu bestimmen und die notwendigen und hinreichenden Bedingungen für die Existenz der gesuchten Punkte zu überprüfen sowie deren y-Koordinaten zu berechnen.

Teilaufgabe 1.2

- Der Koordinatenursprung muss nicht immer im Zentrum eines Blattes liegen und der Definitionsbereich und der Hochpunkt helfen bei der Wahl der Einteilungen auf den Koordinatenachsen.

Teilaufgabe 1.3

- Die Steigung der Funktion w beschreibt die Änderung der Wachstumsgeschwindigkeit.

Teilaufgabe 1.4

- Die linke Seite der Gleichung beschreibt die mittlere Wachstumsgeschwindigkeit im angegebenen Zeitintervall.

Teilaufgabe 2

- f(3) = 4 bedeutet, der Funktionswert an der Stelle 3 ist 4.

- Es sind Funktionswerte für unterschiedliche Funktionen zu berechnen.

Teilaufgabe 3

- Mit der Stammfunktion einer Wachstumsgeschwindigkeitsfunktion kann die Höhe der gewachsenen Pflanze in einem bestimmten Zeitintervall berechnet werden.

Lösung

1.1 Berechnung der Nullstellen von w

Die Nullstellen von w sind diejenigen Stellen der Funktion w, an denen ihr Funktionswert null ist. An diesen Stellen schneidet der Graph von w die x-Achse. Die Bedingungsgleichung für die Existenz von Nullstellen lautet $w(x) = 0$. Daraus ergibt sich folgender Lösungsansatz:

$$\frac{1}{1\,350}\,t \cdot (t - 45)^2 = 0$$

In der Aufgabenstellung werden für w(t) zwei Versionen des Funktionsterms angeboten. Es empfiehlt sich – aus rechentechnischen Zeitvorteilen – die o. a. Version zu benutzen. Denn in dieser Version liegt auf der linken Seite der Gleichung ein Produktterm vor und hierfür gilt die Zerlegung:

$$\frac{1}{1\,350}\,t = 0 \ \lor \ (t - 45)^2 = 0$$

Damit sind jetzt, anstatt einer kubischen Gleichung, eine lineare und eine quadratische Gleichung zu lösen. Die Lösungen sind:

$$t_1 = 0 \ \lor \ t_2 = 45$$

Zur Berechnung der Extrempunkte sind die 1. und 2. Ableitung der Funktion w zu bilden. Hierfür ist jetzt die zweite Version des Funktionsterms gut geeignet. Denn hier werden die Summen-Differenzregel, die konstante Faktorenregel und die Potenzregel benötigt und man erspart sich die Produkt- und die Kettenregel.

Es entstehen die folgenden Funktionen:

$$w'(t) = \frac{3}{1\,350}\,t^2 - \frac{2}{15}\,t + \frac{3}{2} = \frac{1}{450}\,t^2 - \frac{2}{15}\,t + \frac{3}{2}$$

$$w''(t) = \frac{2}{450}\,t - \frac{2}{15} = \frac{1}{225}\,t - \frac{2}{15}$$

Die notwendige Bedingung für die Existenz von Extrempunkten der Funktion w lautet $w'(t) = 0$.

Berechnung der Nullstellen von w'

Die Nullstellen von w' sind diejenigen Stellen der Funktion w, an denen ihre Steigung null ist. An diesen Stellen hat der Graph von w waagrechte Tangenten, also Kandidaten für Extrempunkte. Es ergibt sich damit folgender Ansatz:

$$\frac{1}{450}\,t^2 - \frac{2}{15}\,t + \frac{3}{2} = 0$$

Die Anwendung der p-q-Formel fordert: Der Faktor vor t^2 muss 1 sein. Daher erfolgt die Umformung der Gleichung zu $t^2 - 60 \cdot t + 675 = 0$ und mit der Lösungsmethode der p-q-Formel ergeben sich die folgenden Lösungen:

$$t_{1,2} = 30 \pm \sqrt{900 - 675} \ \Rightarrow \ t_1 = 15 \ \lor \ t_2 = 45$$

Überprüfung der hinreichenden Bedingung $w''(t) \neq 0$ für die Existenz eines Extrempunktes:

$$w''(15) = \frac{1}{225} \cdot 15 - \frac{2}{15} = \frac{1}{15} - \frac{2}{15} = -\frac{1}{15}; \ -\frac{1}{15} < 0 \ \Rightarrow \ \text{Hochpunkt}$$

$$w''(45) = \frac{1}{225} \cdot 45 - \frac{2}{15} = \frac{3}{15} - \frac{2}{15} = \frac{1}{15}; \ \frac{1}{15} > 0 \ \Rightarrow \ \text{Tiefpunkt}$$

Ergebnis: Die Funktion w hat zwei Extrempunkte, einen Hochpunkt H(15|10) und einen Tiefpunkt T(45|0). Zur Berechnung der y-Koordinate des Hochpunktes:

$$w(15) = \frac{1}{1350} \cdot 15 \cdot (15-45)^2 = \frac{15 \cdot 900}{1350} = 10$$

Anmerkung: Es muss nicht auf Randextrema untersucht werden, da laut Aufgabenstellung die Einschränkung des Definitionsbereichs hier nicht beachtet werden soll.

Die notwendige Bedingung für die Existenz von Wendepunkten der Funktion w lautet w''(t) = 0.

Berechnung der Nullstellen von w''
Die Nullstellen von w'' sind diejenigen Stellen der Funktion w, an denen ihre Steigung betragsmäßig am größten ist. Es sind daher diejenigen Stellen, an denen die 1. Ableitungsfunktion Extrempunkte besitzt. Damit ergibt sich folgender Ansatz:

$$\frac{1}{225}t - \frac{2}{15} = 0$$
$$\frac{1}{225}t = \frac{2}{15}$$
$$t = 30$$

Überprüfung der hinreichenden Bedingung w'''(t) ≠ 0 für die Existenz eines Wendepunktes mithilfe der 3. Ableitungsfunktion $w'''(x) = \frac{1}{225}$:

$$w'''(30) = \frac{1}{225}; \quad \frac{1}{225} > 0$$

⇒ Es existiert ein Wendepunkt mit W(30|5). Zur Berechnung der y-Koordinate:

$$w(30) = \frac{1}{1350} \cdot 30 \cdot (30-45)^2 = \frac{30 \cdot 225}{1350} = 5$$

1.2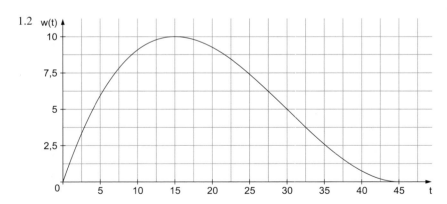

1.3 Es handelt sich um eine Wachstums-Zeit-Funktion. Daher stehen die Stellenwerte für bestimmte Zeiten. Nullstellen beschreiben die Zeitpunkte, an denen das Wachstum beginnt bzw. beendet ist. Für die vorliegende Funktion findet im Wendepunkt eine Krümmungsänderung von einer Rechts- in eine Linkskrümmung statt. Damit beschreibt die Wendestelle hier den Zeitpunkt der stärksten Abnahme der Wachstumsgeschwindigkeit.

1.4 Der Ausdruck $\int\limits_{15}^{45} w(t)\,dt$ summiert die täglichen Wachstumsgeschwindigkeiten im Zeit-

intervall vom 15. bis zum 45. Wachstumstag auf und mit dem Korrekturfaktor $\frac{1}{45-15}$ ergibt sich der Mittelwert für die Wachstumsgeschwindigkeit in diesem Zeitintervall.

Lösungsansatz und Berechnung mit dem WTR:

$$\frac{1}{45-15}\cdot\int\limits_{15}^{45}\left(\frac{1}{1\,350}t^3-\frac{1}{15}t^2+\frac{3}{2}t\right)dt=\frac{1}{30}\left[\frac{1}{5\,400}t^4-\frac{1}{45}t^3+\frac{3}{4}t^2\right]_{15}^{45}=5$$

$$w(30)=\frac{1}{1\,350}\cdot 30\cdot(30-45)^2=\frac{6750}{1\,350}=5$$

Damit ist der geforderte Nachweis erbracht.

Die mittlere Wachstumsgeschwindigkeit der kanadischen Wasserpest beträgt für den Zeitraum vom 15. bis 45. Wachstumstag innerhalb des vorliegenden Simulations-projektes $5\,\frac{cm}{Tag}$.

Anmerkung: Es handelt sich hier um die Verwendung der Mathematik in einem „anwen-dungsorientierten" Zusammenhang. Daher ist es unbedingt notwendig darauf hinzuwei-sen, dass dieser Wachstumsprozess sicher nur unter ganz bestimmten Bedingungen er-folgt ist. Daher wird hier nicht der globale, allgemeingültige Wachstumsprozess dieser Pflanze, sondern eine bestimmte Simulation beschrieben.

Diese mittlere Wachstumsgeschwindigkeit stimmt mit der aktuellen Wachstums-geschwindigkeit am 30. Tag des Experiments überein.

2.1 Zeile (I): Die Wachstumsgeschwindigkeit beträgt nach 15 Tagen: $10\,\frac{cm}{Tag}$

Zeile (II): 15 Tage nach Beginn der Beobachtungen liegt für die Wachstumsgeschwin-digkeit ein lokales Maximum vor.

2.2 Liefert die alternativ vorgestellte Funktion $v(t)=a\cdot t\cdot e^{-bt}$ $(a, b>0)$ tatsächlich diese Werte?

Zunächst präzisiert sich die Funktionsgleichung der Exponentialfunktion durch die Einsetzung der vorgegebenen Parameterwerte für a und b:

$$v(t)=\frac{2e}{3}\cdot t\cdot e^{-\frac{1}{15}\cdot t}$$

Ihre 1.Ableitungsfunktion kann berechnet werden. Dazu werden die konstante Faktorenregel, die Produktregel sowie die Kettenregel benötigt:

$$v'(t)=\frac{2e}{3}\cdot\left(1\cdot e^{-\frac{1}{15}\cdot t}+t\cdot\left(-\frac{1}{15}\cdot e^{-\frac{1}{15}\cdot t}\right)\right)$$

$$=\frac{2e}{3}\cdot e^{-\frac{1}{15}\cdot t}\cdot\left(1-\frac{1}{15}t\right)$$

Berechnung von $v(15)$:

$$v(15)=\frac{2e}{3}\cdot 15\cdot e^{-\frac{1}{15}\cdot 15}=10e\cdot e^{-1}=10$$

Das erste Ergebnis ist damit bestätigt.

2017-5

Berechnung von v'(15):

$$v'(15) = \frac{2e}{3} \cdot e^{-1} \cdot (1-1) = 0$$

Beide Gleichungen werden durch die vorgegebenen Parameter erfüllt.

3 Die Funktionen v und w beschreiben die Wachstumsgeschwindigkeiten in dieser Simulation. Mit einem „kleinen Ausflug in die Physik" erklärt sich die Bedeutung der Stammfunktion von v und w. In der Weg-Zeit-Gleichung s = v · t ist die Geschwindigkeit v die Steigung und s gewinnt man über die Stammfunktion.
Daher beschreiben die Stammfunktionen in bestimmten Intervallen von v und w das Längenwachstum der Pflanze für diese Zeitabschnitte:

$$L_v = \int\limits_0^{45} v(t)\, dt = \int\limits_0^{45} \frac{2e}{3} \cdot t \cdot e^{-\frac{1}{15} \cdot t}\, dt \approx 326{,}541\,\text{cm}$$

$$L_w = \int\limits_0^{45} w(t)\, dt = \int\limits_0^{45} \left(\frac{1}{1\,350}t^3 - \frac{1}{15}t^2 + \frac{3}{2}t \right) dt = 253{,}125\,\text{cm}$$

Die Modellierung durch die Funktion w entspricht eher den Beobachtungen des Biologen, die durch die Funktion v gar nicht.

Hessen – Grundkurs Mathematik
2017 – A1: Analysis (CAS)

Die mit über 51 Metern – gute 17 Stockwerke – höchste Wasserrutsche der Welt namens „Verrückt", die mit Schlauchbooten befahren wird, befindet sich im US-Bundesstaat Kansas (Material 1).

Der Verlauf der Wasserrutsche soll durch die Graphen von zwei ganzrationalen Funktionen modelliert werden. Der Graph der ersten Funktion g beschreibt den Verlauf des ersten Teils der Wasserrutsche vom Startpunkt P_1 bis zum Punkt P_2 und der Graph der zweiten Funktion f den Verlauf des zweiten Teils vom Punkt P_2 bis zum Punkt P_3. Die x-Achse beschreibt den ebenen Erdboden (Material 2). Im Folgenden sind alle Längen und Koordinaten in Meter angegeben.

1 Zunächst soll der Verlauf des zweiten Teils der Wasserrutsche durch eine ganzrationale Funktion modelliert werden.

1.1 Begründen Sie anhand des Graphen, dass die gesuchte ganzrationale Funktion mindestens vierten Grades sein muss. **(2 BE)**

1.2 Der Graph der Funktion f verläuft durch die Punkte $P_2(15\,|\,25)$ und $P_3(150\,|\,0)$. Die Steigung im Übergangspunkt P_2 beträgt $m = -2$ und im Punkt P_3 geht die Rutsche waagerecht ins Auffangbecken über. Der Steigungswinkel des Graphen an der Stelle $x = 65$ beträgt $24°$. Geben Sie einen Ansatz zur Bestimmung einer ganzrationalen Funktion vierten Grades mit den genannten Eigenschaften an und bestimmen Sie die Funktionsgleichung. **(5 BE)**

Im Folgenden soll der Verlauf des zweiten Teils der Wasserrutsche durch den Graphen der Funktion f mit $f(x) = 1{,}759 \cdot 10^{-6}\,x^4 - 6{,}698 \cdot 10^{-4}\,x^3 + 0{,}08533x^2 - 4{,}132x + 69{,}95$ modelliert werden.

1.3 Auf einer Werbetafel für den Freizeitpark soll die maximale Höhe des zweiten Teils der Wasserrutsche angegeben werden. Ermitteln Sie ohne Verwendung des Graphen die maximale Höhe innerhalb des Intervalls [80; 140].
Im weiteren Verlauf der Rutsche interessiert das maximale Gefälle. Bestimmen Sie das maximale Gefälle innerhalb des Intervalls [80; 140]. **(8 BE)**

2 Der Verlauf der Wasserrutsche von P_1 nach P_2 soll aufgrund der hohen Geschwindigkeit, mit der ein Schlauchboot herunterfährt, im Übergangspunkt P_2 sowohl knickfrei als auch krümmungsruckfrei sein und dort auch keinen Sprung aufweisen.

2.1 Um die Bedingung „knickfrei" einzuhalten, darf die erste Ableitung der Funktion keine Sprungstelle haben. Erläutern Sie diese Bedingung im Sachzusammenhang, indem Sie auf mögliche Folgen für den Bewegungsablauf des Schlauchboots an der Übergangsstelle eingehen. **(3 BE)**

2.2 Beschreiben Sie die Eigenschaft „krümmungsruckfrei" im Übergangspunkt P_2 mathematisch. **(3 BE)**

2.3 Zur Modellierung des Verlaufs des ersten Teils der Wasserrutsche von P_1 nach P_2 werden die Graphen der Funktionen g_A und g_B mit

$$g_A(x) = -\frac{x^2}{75} - \frac{8x}{5} + 52 \quad \text{und} \quad g_B(x) = 4{,}727 \cdot 10^{-3}\,x^3 - 0{,}1551x^2 - 0{,}5365x + 51{,}9891$$

betrachtet.

2017-7

Beurteilen Sie auf rechnerischer Grundlage, welcher der beiden Graphen zur Modellierung des Verlaufs des ersten Teils der Wasserrutsche für den Übergang im Punkt P_2 besser geeignet ist. **(9 BE)**

3   Um die Rutsche für die Besucher bereits von Weitem gut sichtbar zu machen, soll der Bereich unterhalb der gesamten Rutsche zwischen P_1 und P_3 mit einer senkrecht zum Boden verlaufenden Werbefläche versehen werden. Diese Werbefläche soll bis auf eine Höhe von 5 m über dem ebenen Boden herunterreichen.
Bestimmen Sie den Flächeninhalt der entstehenden Werbefläche. **(10 BE)**

Material 1

© ullstein bild – Reuters / Dave Kaup

Material 2

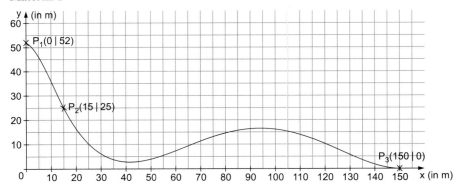

Hinweise und Tipps

Teilaufgabe 1.1

Konzentrieren Sie sich auf die Zahl der Wendestellen, die notwendige Bedingung hierfür und leiten Sie daraus eine Aussage über den Grad der Funktion ab.

Teilaufgabe 1.2

Stellen Sie eine allgemeine Funktion 4. Grades auf und erstellen Sie mithilfe der Informationen im Text 5 Gleichungen.

Da es 5 Parameter in einer Funktion 4. Grades gibt, benötigen Sie auch 5 Gleichungen, die Sie mit dem CAS lösen können.

Beachten Sie den Zusammenhang zwischen dem Tangens des Steigungswinkels und der ersten Ableitung.

Teilaufgabe 1.3

Ermitteln Sie die Extremstelle von f im gegebenen Intervall.

Vergessen Sie die hinreichende Bedingung nicht.

Denken Sie an den Zusammenhang zwischen den steilsten Stellen des Graphen und den Wendestellen.

Vergessen Sie auch hier die hinreichende Bedingung nicht.

Teilaufgabe 2.1

Was passiert mit Ihnen, wenn sich die Steigung auf einer Rutsche plötzlich ändert?

Teilaufgabe 2.2

Die Krümmung des Graphen einer Funktion hat etwas mit seiner 2. Ableitung zu tun.

Teilaufgabe 2.3

Überprüfen Sie die Funktionen g_A, g_B und f auf „Sprung-, Knick- und Krümmungsruckfreiheit" im Punkt P_2.

Teilaufgabe 3

Zeichnen Sie den Graphen von $y = 5$ in Material 2 ein. Jetzt sollten Sie erkennen, welche Flächen das Werbebanner bedeckt.

Berechnen Sie die Teilflächen mithilfe der Integralrechnung, nachdem Sie die unteren und oberen Grenzen der Integrale bestimmt haben. Für den ersten Teil können Sie sich aussuchen, ob Sie die Funktion g_A oder die Funktion g_B nehmen.

Lösung

1.1 Der Graph der Wasserrutsche weist zwischen den Punkten P_2 und P_3 zwei Wendestellen auf. Da als notwendige Bedingung für Wendestellen die 2. Ableitung null sein muss, müsste in der 2. Ableitung mindestens eine ganzrationale Funktion 2. Grades vorliegen. Daraus folgt für die Ausgangsfunktion, dass sie mindestens 4. Grades sein muss, denn nur eine Funktion 4. Grades ergibt zweimal abgeleitet eine Funktion 2. Grades.

1.2 Aus den Informationen des Textes lassen sich für die gesuchte ganzrationale Funktion f 4. Grades mit der Gleichung $f(x) = ax^4 + bx^3 + cx^2 + dx + e$ die folgenden Bedingungen aufstellen:

(1) $f(15) = 25$

(2) $f(150) = 0$

(3) $f'(15) = -2$

(4) $f'(150) = 0$

(5) $f'(65) = \tan(24°) \approx 0{,}4452286853$

Bei (5) sei erwähnt, dass die Steigung des Graphen an einer Stelle der Steigung der Tangente an dieser Stelle entspricht und diese wiederum über den Tangens des Steigungswinkels in einem beliebigen Steigungsdreieck definiert wird.

Lässt man das obige Gleichungssystem von einem CAS-System lösen, so erhält man:

$$f(x) \approx 1{,}8972 \cdot 10^{-6} x^4 - 7{,}1549 \cdot 10^{-4} x^3 + 0{,}089727 x^2 - 4{,}2345 x + 70{,}6471$$

1.3 Zur Ermittlung der maximalen Höhe der Rutsche im Intervall [80; 140] ermittelt man die Extremwerte der Funktion f in diesem Bereich. Notwendige Bedingung für eine solchen Extrempunkt $H(x_e | y_e)$ ist $f'(x_e) = 0$ und hinreichende Bedingung für das Vorliegen eines Hochpunktes ist $f''(x_e) < 0$.

Aus der notwendigen Bedingung erhält man drei mögliche Extremstellen, $x \approx 93{,}95$ ist aber die einzige, die sich innerhalb des geforderten Intervalls befindet. Für die hinreichende Bedingung gilt $f''(93{,}95) \approx -0{,}0206 < 0$. Weiterhin gilt $f(93{,}95) \approx 16{,}526$.

Damit beträgt die maximale Höhe der Rutschbahn im Bereich [80; 140] etwa 16,53 Meter.

Für das maximale Gefälle gilt es zuerst die Wendewerte und dann die Steigung in den Wendepunkten zu bestimmen. Notwendige Bedingung für einen Wendewert x_W ist $f''(x_W) = 0$ und hinreichende Bedingung ist $f'''(x_W) \neq 0$.

Mithilfe des CAS erhält man als einzige Lösung innerhalb des Intervalls [80; 140] $x \approx 126{,}457$. Weiterhin gilt $f'''(126{,}457) \approx 0{,}0013 \neq 0$. Für die Steigung erhält man $f'(126{,}457) \approx -0{,}456$. Das heißt, man hat auf jeden Fall ein Gefälle vorliegen und das maximale Gefälle beträgt etwa 45,6 % (Steigungswinkel etwa 24,5°).

```
solve(d2/dx2 (f(x))=0, x)
                                    {x=63.93565213, x=126.4566162}
d3/dx3 (f(x)) |x=126.457
                                                   1.319708712ᴇ-3
d/dx (f(x)) |x=126.457
                                                      -0.4555657709
tan⁻¹(-0.456)
                                                      -24.51298581
```

2.1 „Knickfrei" bedeutet, dass sich die Steigung bzw. das Gefälle der Rutschbahn im Punkt P_2 nicht plötzlich ändern soll. Im anderen Falle käme es an dieser Stelle zu einer plötzlichen Richtungsänderung des Schlauchbootes, was im Allgemeinen eine Kompression des Bootes und des Insassen zur Folge hat, mit der Gefahr, dass Personen aus dem Boot stürzen können, wenn sie sich nicht extrem gut festhalten.

2.2 „Krümmungsruckfrei" bedeutet mathematisch, dass im Punkt P_2 die 2. Ableitungen der beiden Funktionen übereinstimmen müssen, also $f''(x_{P_2}) = g''(x_{P_2})$.

2.3 Man überprüft, welche der beiden Funktionen g_A und g_B sich bezüglich der Kriterien der „Sprungfreiheit", der „Knickfreiheit" und der „Krümmungsruckfreiheit" am besten mit der Funktion f im Punkt $P_2(15 \,|\, 25)$ „vertragen".

Es gilt:

$$f(15) \approx 24{,}9977$$
$$g_A(15) = 25$$
$$g_B(15) \approx 24{,}9977$$

$$f'(15) \approx -2{,}0005$$
$$g'_A(15) = -2$$
$$g'_B(15) \approx -1{,}9988$$

$$f''(15) \approx 0{,}1151$$
$$g''_A(15) \approx -0{,}0267$$
$$g''_B(15) \approx 0{,}1152$$

Wie man sieht, liegen die Werte von f und g_B sehr nahe beieinander, während bei g_A eine starke Abweichung insbesondere bei der 2. Ableitung an der Stelle 15 vorliegt. Die „Krümmungsruckfreiheit" ist also hier nicht gegeben, was an dieser Stelle zu einer abrupten Änderung der Krümmung und

```
define gA(x)=-x²/75 - 8x/5 +52
                                                          done
define gB(x)=4.727*10⁻³x³-0.1551x²-0.5365x+51.9891
                                                          done
f(15)
                                                  24.99772438
gA(15)
                                                            25
gB(15)
                                                    24.997725
d/dx (f(x)) |x=15
                                                  -2.0004685
d/dx (gA(x)) |x=15
                                                           -2
d/dx (gB(x)) |x=15
                                                   -1.998775
d2/dx2 (f(x)) |x=15
                                                   0.1151273
d2/dx2 (gA(x)) |x=15
                                                -0.02666666667
d2/dx2 (gB(x)) |x=15
                                                      0.11523
```

2017-11

damit zu einer starken Beschleunigung bzw. einem starken Abbremsen führen würde. Bei der Sprungfreiheit, die natürlich bei allen Überlegungen zuerst stimmen muss, sei noch bemerkt, dass bei g_A hier ebenfalls eine Abweichung von 0,0023 Metern, also 2 Millimetern vorliegt, was bei einer Wasserrutsche auch nicht sehr sachdienlich wäre.

Fazit: Die Funktion g_B ist für die Modellierung des ersten Rutschenteils besser geeignet, zumindest, was den Übergang im Punkt P_2 betrifft.

3   Mit Blick auf Material 2 verschiebt man alle Funktionen (für den ersten Abschnitt zwischen P_1 und P_2 können beide Funktionen g_A oder g_B gewählt werden) um 5 (Meter) nach unten. Diejenigen Flächen der Graphen, die dann noch über der x-Achse liegen, sind die Werbeflächen. Um die Intervallgrenzen der zu berechnenden Integrale zu bestimmen, muss man zuerst die Nullstellen ermitteln. Ein Blick auf Material 2 zeigt, dass nur die Funktion h mit der Gleichung $h(x) = f(x) - 5$ Nullstellen besitzen kann. Aus $h(x) = 0$ ergeben sich als Lösungen:

$$x_1 \approx 32{,}0007; \quad x_2 \approx 53{,}5996; \quad x_3 \approx 131{,}5922; \quad x_4 \approx 163{,}5921$$

Die ersten drei Lösungen liegen innerhalb des betrachteten Bereichs. Damit ergeben sich folgende Teilflächen:

$$A_1 = \int_{15}^{32} h(x)\,dx; \quad A_2 = \int_{53,6}^{131,59} h(x)\,dx$$

Das Ergebnis ist:
$$A = A_1 + A_2 \approx 689{,}92$$

Die Werbefläche für die Funktion $g_B - 5$ im Intervall zwischen 0 und 15 beträgt:

$$\int_0^{15} (g_B(x) - 5)\,dx \approx 529{,}82$$

Damit ergibt sich als gesamte Werbefläche $689{,}92 + 529{,}82 = 1\,219{,}74$ m².

Eine analoge Rechnung ergibt für die Funktion g_A

$$\int_0^{15} (g_A(x) - 5)\,dx = 510,$$

also als Gesamtfläche $1\,199{,}92$ m².

```
define h(x)=f(x)-5
                                                              done

solve(h(x)=0,x)
                    {x=32.00072056,x=53.59955807,x=131.5921783,x=163.5920798}
∫³²₁₅ h(x)dx+∫¹³¹·⁵⁹₅₃.₆ h(x)dx

                                                       689.9203028

∫¹⁵₀ (gB(x)−5)dx

                                                       529.8188438

689.92+529.82
                                                       1219.74

∫¹⁵₀ (gA(x)−5)dx

                                                          510
```

Hessen – Grundkurs Mathematik
2017 – A2: Analysis (WTR)

In Herr Maiers Garten steht ein Kirschbaum. Beim Einpflanzen hatte der Baum eine Höhe von 2 Metern. 7 Jahre nach dem Einpflanzen ist er 5 Meter hoch.
Zur Modellierung seines Wachstums soll die Höhe des Kirschbaums durch eine Funktion in Abhängigkeit von der Zeit t beschrieben werden. Dazu werden die Funktionen h und g vorgeschlagen mit $h(t) = 6 - 4 \cdot e^{-0,2 \cdot t}$ und $g(t) = 2 + \frac{3}{7} t$.
Dabei werden t in Jahren seit dem Einpflanzzeitpunkt und h(t) bzw. g(t) in Metern angegeben. Für die Modellierungen gilt jeweils $t \geq 0$. Für die Aufgaben 1.1 und 3 soll diese Einschränkung des Definitionsbereichs nicht gelten.

1.1 Im Koordinatensystem in Material 1 ist der Graph von h abgebildet.
Zeichnen Sie zusätzlich den Graphen von g in dieses Koordinatensystem. **(2 BE)**

1.2 Beschreiben Sie anhand der Graphen von g und h jeweils den Verlauf der Steigung.
Begründen Sie im Sachzusammenhang ohne weitere Rechnung, warum die Funktion h für die Modellierung des Wachstums des Kirschbaums auf lange Sicht besser geeignet ist als die Funktion g. **(4 BE)**

2.1 Begründen Sie anhand des Funktionsterms der Funktion h, dass sich die Höhe des Baums langfristig dem Wert von 6 m immer mehr nähert, ohne ihn jedoch zu erreichen bzw. zu überschreiten. **(3 BE)**

2.2 Berechnen Sie für die Modellierung mit der Funktion h den Zeitpunkt t, zu dem die Höhe des Kirschbaums 90 % des Werts aus Aufgabe 2.1 erreicht. **(4 BE)**

2.3 Bestimmen Sie die Gleichung der Ableitungsfunktion h'.
Geben Sie den Wert von h'(4) an und deuten Sie diesen im Sachzusammenhang. **(5 BE)**

3 In Material 2 wird der Graph der Funktion f_1 mit $f_1(t) = e^{0,2 \cdot t}$ schrittweise durch jeweils eine der geometrischen Abbildungen Streckung in y-Richtung, Verschiebung in y-Richtung, Spiegelung an der x-Achse und Spiegelung an der y-Achse in den Graphen der Funktion h überführt.
Geben Sie die Funktionsgleichungen von f_2, f_3 und f_4 zu den zugehörigen Graphen an. **(6 BE)**

4.1 Berechnen Sie den Flächeninhalt der Fläche, die zwischen dem Graphen von h und der t-Achse im Intervall [0; 7] liegt.
[zur Kontrolle: $A \approx 26,93$ (Flächeneinheiten)] **(5 BE)**

4.2 Zeichnen Sie die Fläche aus Aufgabe 4.1 in das Koordinatensystem (5) in Material 2 sowie die Fläche, die zwischen der Geraden $y = 6$ und dem Graphen der Funktion f_3 im Intervall [0; 7] liegt, in das Koordinatensystem (3) in Material 2.
Beide Flächen haben denselben Flächeninhalt.
Bestimmen Sie den Integralwert $\int_0^7 f_3(t)\, dt$ mithilfe dieser Flächen unter Verwendung des Ergebnisses aus Aufgabe 4.1. **(6 BE)**

2017-13

4.3 Berechnen Sie den Wert $I = \frac{1}{5} \cdot \int_0^5 h'(t)\, dt$ und deuten Sie diesen im Sachzusammenhang.
(5 BE)

Material 1

$h(t) = 6 - 4 \cdot e^{-0{,}2 \cdot t}$

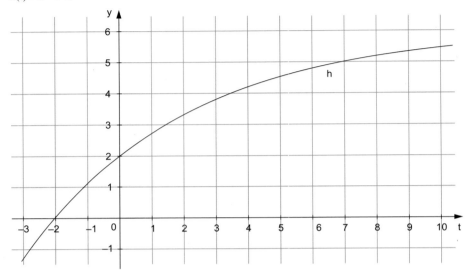

Material 2

(1): $f_1(t) = e^{0{,}2 \cdot t}$

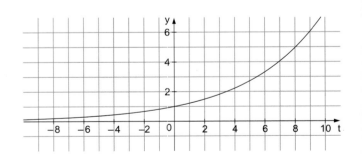

(2): $f_2(t) = \ldots$
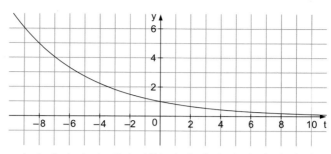

(3): $f_3(t) = \ldots$
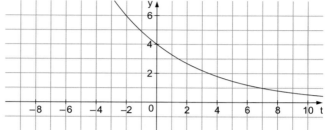

(4): $f_4(t) = \ldots$
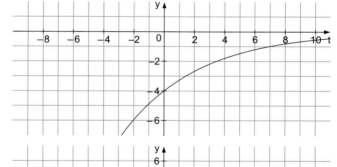

(5): $h(t) = 6 - 4 \cdot e^{-0{,}2 \cdot t}$
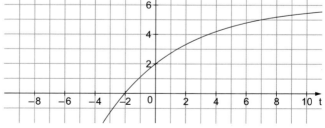

Hinweise und Tipps

Teilaufgabe 1.1
Die Parameter b und m der Normalform der Gleichung einer linearen Funktion enthalten die notwendigen Informationen zur Darstellung des gesuchten Graphen.

Teilaufgabe 1.2
Warum wächst ein Baum nicht linear, also mit einer konstanten Wachstumsgeschwindigkeit?

Teilaufgabe 2.1
Langfristig bedeutet $t \to \infty$ und damit ist der entsprechende Grenzwert zu berechnen.

Teilaufgabe 2.2
Es geht um die Beantwortung einer Umkehrfrage: Wie berechnet man eine Stelle, wenn der Funktionswert gegeben ist?

Teilaufgabe 2.3
Welche Regeln werden hier für die Berechnung der 1. Ableitungsfunktion benötigt?

Die Wachstumsfunktion h stellt im Prinzip eine Weg-Zeit-Funktion dar, konkret eine Höhen-Zeit-Funktion. Die Ableitungsfunktionen solcher Funktionen beschreiben die Geschwindigkeiten dieser Prozesse. Hier also beschreibt h' die Geschwindigkeit des Wachstums.

Teilaufgabe 3
Die genannten geometrischen Abbildungen haben Auswirkungen auf die Funktionsterme:
- Die Spiegelung einer Funktion f an der y-Achse bedeutet, dass f* an der Stelle (−x) den gleichen Funktionswert hat wie f an der Stelle x.
- Die Spiegelung einer Funktion f an der x-Achse bedeutet, dass f** an der Stelle x einen Funktionswert hat, der vom Betrag her gleich dem Funktionswert von f an dieser Stelle ist, nur eben mit einem geänderten Vorzeichen.
- Eine Streckung in y-Richtung bedeutet, dass alle y-Koordinaten der Punkte des Graphen der Funktion f mit dem Streckfaktor multipliziert werden.

Teilaufgabe 4.1
Anwendung des Hauptsatzes der Differenzial- und Integralrechnung sowie die Bereitstellung der Stammfunktion einer Exponentialfunktion.

Teilaufgabe 4.2
Der entscheidende Hinweis in der Aufgabenstellung lautet „beide Flächen haben denselben Flächeninhalt".

Damit lässt sich die Differenzfläche mit dem entsprechenden Integral berechnen.

Teilaufgabe 4.3
Ein Integral beschreibt eine Summierung. Was wird hier summiert?

Der Faktor vor dem Integral bedeutet eine Normierung, eine Berechnung eines Durchschnittswertes.

Welcher durchschnittliche Jahreswert wird hier beschrieben?

Lösung

1.1 Mit dem Parameter $b=2$ und der Steigung $m = \frac{3}{7}$ kann der Graph von g eingezeichnet werden.

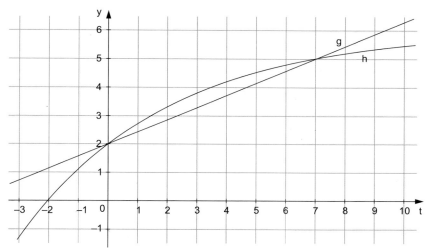

1.2 Die Steigung der Funktion g ist konstant (lineare Funktion).
Die Steigung der Funktion h ist dagegen nicht konstant, sondern nimmt mit wachsendem t ab. Die Steigungswerte von h werden mit wachsendem t kleiner.

Die Funktionen h und g werden zur Beschreibung dieses Wachstums vorgeschlagen. Keine Pflanze wächst linear, d. h., der Höhenzuwachs wäre für gleiche Zeitintervalle immer gleich oder die Höhe nimmt immer weiter mit der gleichen Wachstumsgeschwindigkeit zu. Wenn dies dennoch gelten sollte, würde die Pflanze eine sehr große Höhe erreichen. Sie würde ins Unendliche wachsen. Aber mit ansteigender Zeit in gleichen Zeitintervallen immer weniger an Wachstum zunehmen, das entspricht der Realität.

Damit ist die Funktion h zur Modellierung dieses Wachstums über eine längere Beobachtungszeit besser geeignet.

2.1 Es gilt, den Grenzwert $\lim\limits_{t \to \infty} (6 - 4 \cdot e^{-0.2 \cdot t})$ zu berechnen.

Damit soll untersucht werden, ob die Funktion h (langfristig) den Wert 6 annimmt.
Variante 1:
$$\lim\limits_{t \to \infty} (6 - 4 \cdot e^{-0.2 \cdot t}) = 6 - 4 \cdot e^{„-\infty"}$$
$$= 6 - 0$$
$$= 6$$

Variante 2:
Es gilt die Umformung:
$$e^{-0.2 \cdot t} = \frac{1}{e^{0.2 \cdot t}}$$

Für immer größere t nähert sich dieser Term dem Wert null und ist dabei aber immer größer als null, also positiv. Daher nähert sich $-4 \cdot e^{-0,2 \cdot t} = \frac{-4}{e^{0,2 \cdot t}}$ auch immer mehr dem Wert null, ist aber immer kleiner als null. Somit nähert sich $6 - 4 \cdot e^{-0,2 \cdot t}$ dem Wert 6. Da von dem Wert 6 immer etwas Positives subtrahiert wird, nähern sich die Funktionswerte von „unten" dem Wert 6 an.

2.2 90 % von 6 m: $0,9 \cdot 6 \text{ m} = 5,4 \text{ m}$

Lösungsansatz für den gesuchten Zeitpunkt t:

$$5,4 = 6 - 4 \cdot e^{-0,2 \cdot t}$$
$$-0,6 = -4 \cdot e^{-0,2 \cdot t}$$
$$0,15 = e^{-0,2 \cdot t}$$
$$\ln(0,15) = -0,2 \cdot t$$
$$t = \frac{\ln(0,15)}{-0,2}$$
$$t \approx 9,49 \text{ (Jahre)}$$

Die hier verwendete Einheit „Jahre" ergibt sich aus der Materialvorgabe „... werden t in Jahren ... angegeben".

2.3 Zur Berechnung von h' werden die Summen-Differenzregel, die konstante Faktorenregel sowie die Kettenregel benötigt:

$$h'(t) = -4 \cdot (-0,2) \cdot e^{-0,2 \cdot t}$$
$$= 0,8 \cdot e^{-0,2 \cdot t}$$

Damit ergibt sich für den Wert der Ableitungsfunktion an der Stelle 4:

$$h'(4) = 0,8 \cdot e^{-0,8}$$
$$\approx 0,36$$

Die Ableitungsfunktion h' beschreibt die Wachstumsgeschwindigkeit. Vier Jahre nach dem Einpflanzen beträgt hier die momentane Wachstumsgeschwindigkeit 0,36 Meter pro Jahr.

3 f_2 entsteht durch Spiegelung von f_1 an der y-Achse:

$$f_2(t) = e^{-0,2 \cdot t}$$

f_3 entsteht durch Streckung von f_2 an der y-Achse.
Der Streckfaktor ist 4, da sich an der Stelle null der y-Wert von 1 auf 4 ändert:

$$f_3(t) = 4 \cdot e^{-0,2 \cdot t}$$

f_4 entsteht durch Spiegelung von f_3 an der x-Achse:

$$f_4(t) = -4 \cdot e^{-0,2 \cdot t}$$

4.1 Es gilt, das folgende bestimmte Integral zu berechnen.
Dazu benötigt man den Hauptsatz der Differenzial- und Integralrechnung und es braucht die Angabe einer Stammfunktion von h.

$$A = \int_0^7 (6 - 4 \cdot e^{-0,2 \cdot t})\, dt$$

$$= \left[6 \cdot t - 4 \cdot (-5) \cdot e^{-0,2 \cdot t} \right]_0^7$$

$$= (6 \cdot 7 + 20 \cdot e^{-0,2 \cdot 7}) - (6 \cdot 0 + 20 \cdot e^{-0,2 \cdot 0})$$

$$\approx 26{,}93 \text{ (FE)}$$

4.2 Bezüglich der Funktion h entsteht die folgende Fläche:

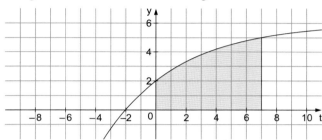

Bezüglich der Funktion f_3 ergibt sich:

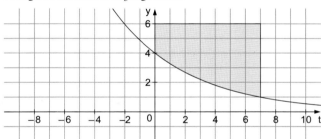

Die Aufgabenvorgabe enthält die Information „beide Flächen haben denselben Flächeninhalt".

Anmerkung: Kann diese Aussage auch bewiesen werden?
Dafür gilt es zu zeigen, dass die beiden markierten Flächen gleich groß sind:
– Die „Breite" ist jeweils 7 LE.
– Die beiden „Randhöhen" sind jeweils 2 LE und 5 LE.
– Die (gekrümmte) „Umrandungslinie" hat bei beiden Flächen vom Betrag her die gleiche Steigung und die gleiche Änderung der Steigung (Krümmung, 2. Ableitungsfunktion):

$h'(t) = 0{,}8 \cdot e^{-0,2 \cdot t}$ $\qquad f_3'(t) = -0{,}8 \cdot e^{-0,2 \cdot t}$

$h''(t) = -0{,}16 \cdot e^{-0,2 \cdot t}$ $\qquad f_3''(t) = 0{,}16 \cdot e^{-0,2 \cdot t}$

Fazit: Die beiden Flächen sind gleich groß.

Daher kann der gesuchte Integralwert wie folgt berechnet werden:

$$\int\limits_0^7 f_3(t)\, dt = 6 \cdot 7 - \int\limits_0^7 h(t)\, dt$$
$$\approx 42 - 26{,}93$$
$$= 15{,}07$$

4.3 Berechnung des Integrals:

$$I = \frac{1}{5} \cdot \int\limits_0^5 h'(t)\, dt$$
$$= \frac{1}{5} \cdot [h(t)]_0^5$$
$$= \frac{1}{5} \cdot (h(5) - h(0)) \qquad (*)$$
$$\approx 0{,}51$$

Die Aufgabenstellung hätte auch lauten können:
Berechnen Sie die durchschnittliche Höhenzunahme des Baumes in den ersten fünf Jahren nach seiner Einpflanzung.
Der dafür gültige Lösungsansatz lautet:
Die Differenz des Höhenwachstums $h(5) - h(0)$ ist mit dem Faktor $\frac{1}{5}$ (Zeitintervall von fünf Jahren) zu normieren. Damit erhält man die obige Gleichung $(*)$ und das Ergebnis ist 0,51.

Die geforderte Deutung im Sachzusammenhang lautet daher:
Der Wert $I \approx 0{,}51$ gibt die durchschnittliche jährliche Höhenzunahme des Baumes in den ersten fünf Jahren nach dem Einpflanzen an.

Hessen – Grundkurs Mathematik
2017 – B1: Analytische Geometrie (WTR/GTR/CAS)

In einem dreidimensionalen Koordinatensystem beschreibt die x-y-Ebene eine flache Landschaft. Eine Einheit entspricht dabei einem Kilometer. Ein Sportflugzeug befindet sich im Punkt $P(-9\,|\,25\,|\,2)$ und fliegt geradlinig in Richtung des Punktes $Q(-1\,|\,9\,|\,2)$ auf eine Nebelwand zu. Für die Strecke $\overline{PQ}$ benötigt es genau sechs Minuten. Die dem Flugzeug zugewandte Begrenzungsebene E der Nebelwand enthält die Punkte $A(1\,|\,3\,|\,1)$, $B(5\,|\,2\,|\,0)$ und $C(3\,|\,0\,|\,3)$.

1 Begründen Sie, dass $\vec{x} = \begin{pmatrix} -9 \\ 25 \\ 2 \end{pmatrix} + t \cdot \begin{pmatrix} 1 \\ -2 \\ 0 \end{pmatrix}$ eine Parametergleichung der Geraden g ist, in der die Flugroute liegt.
Berechnen Sie die mittlere Geschwindigkeit des Flugzeuges auf dem Weg von P nach Q in km/h.
(6 BE)

2 Bestimmen Sie für die Ebene E eine Gleichung in Koordinatenform.
[zur Kontrolle: Eine mögliche Koordinatengleichung von E ist $x + 2y + 2z = 9$.] **(5 BE)**

3 Berechnen Sie die Koordinaten des Punktes S, in dem das Flugzeug bei gleichbleibender Flugrichtung die dem Flugzeug zugewandte Begrenzungsebene der Nebelwand durchstoßen würde.
[zur Kontrolle: $S(3\,|\,1\,|\,2)$]
(4 BE)

4 Erläutern Sie die Zeilen (I) bis (V) im Sachzusammenhang.

(I)	$S(3\,|\,1\,|\,2)$ $T(-9+t\,|\,25-2t\,|\,2)$
(II)	$d = \sqrt{(-9+t-3)^2+(25-2t-1)^2+(2-2)^2} = \sqrt{5t^2-120t+720}$
(III)	$\sqrt{5t^2-120t+720} = 5 \,(\text{km})$
	also ist $t_1 = 12 + \sqrt{5} \approx 14,2$ und $t_2 = 12 - \sqrt{5} \approx 9,8$
(IV)	$t_2 < t_1$, also ist t_2 die gesuchte Lösung
(V)	Ergebnis: $T_2(3-\sqrt{5}\,|\,1+2\sqrt{5}\,|\,2)$

(7 BE)

5 Aufgrund des Nebels ändert der Pilot rechtzeitig seine Flugroute und fliegt in gleichbleibender Höhe parallel zur Ebene E weiter.
Erläutern Sie, warum $\vec{u} = \begin{pmatrix} 2 \\ -1 \\ 0 \end{pmatrix}$ ein möglicher Richtungsvektor der Geraden ist, die die neue Flugroute enthält.
Berechnen Sie den Winkel, um den die neue Flugroute in Richtung des Vektors $\vec{u}$ gegenüber der alten Flugroute abweicht.
(8 BE)

Hinweise und Tipps

Teilaufgabe 1

Beschreiben Sie, wie die Bestandteile der Parametergleichung mit der beschriebenen Situation zusammenhängen.

Für die Geschwindigkeit benötigen Sie die Formel $v = \frac{s}{t}$, Sie benötigen also eine Strecke (in km) und eine Zeit (in h), in der die Strecke s zurückgelegt wurde.

Teilaufgabe 2

Bestimmen Sie zunächst eine Parameterdarstellung der Ebene. Ermitteln Sie dann einen Normalenvektor. Setzen Sie den Ortsvektor zu einem beliebigen Punkt P der Ebene und den Normalenvektor in die Gleichung $\vec{n} \circ \vec{x} = \vec{n} \circ \vec{p}$ ein und berechnen Sie die Skalarprodukte.

Teilaufgabe 3

Gesucht ist der Schnittpunkt einer Geraden und einer Ebene. Dies ist eine Standardoperation. Verwenden Sie zur Berechnung des Schnittpunktes die Parameterdarstellung der Geraden, der Sie die Komponenten x, y und z entnehmen können. Setzen Sie dann die Komponenten in die Koordinatengleichung ein und ermitteln Sie den Parameter. Mit dem Parameter können Sie nun den Schnittpunkt berechnen.

Teilaufgabe 4

(I)   Welcher besondere Punkt ist S? Was lässt sich über die Lage von T sagen?

(II) Was wird mit Termen der angegebenen Form berechnet? Stellen Sie den Zusammenhang zu den in (I) gegebenen Punkten her.

(III) Was wird gesetzt? Was wird berechnet? Wieso gibt es zwei Lösungen?

(IV) Sie erhalten die Information, welche Lösung aus welchem Grund ausgewählt wird.

(V) Wie hängt die Angabe mit (I), (III) und (IV) zusammen?

Vergessen Sie nicht, bei den Erläuterungen den Bezug zum Sachproblem (Flugzeug, Flugroute, Nebelwand) herzustellen.

Teilaufgabe 5

Entnehmen Sie dem Aufgabentext zwei Bedingungen, die der neue Richtungsvektor erfüllen muss. Erläutern Sie, warum diese Bedingungen erfüllt sind, bzw. weisen Sie rechnerisch nach, dass sie erfüllt sind.

Zwischen welchen beiden Vektoren liegt der gesuchte Winkel? Berechnen Sie den Cosinus-Wert des Winkels mit der Grundformel zur Winkelberechnung zwischen zwei Vektoren und bestimmen Sie damit den gesuchten Winkel.

Lösung

1 In der vorgegebenen Parametergleichung der Geraden wird der Vektor $\overrightarrow{OP} = \begin{pmatrix} -9 \\ 25 \\ 2 \end{pmatrix}$ als

Stützvektor verwendet. Dies korrespondiert mit der Angabe in der Aufgabenstellung, dass das Flugzeug den Punkt P(–9 | 25 | 2) durchfliegt. Der Punkt P kann also als Aufpunkt der Gerade verwendet werden.

Zudem wird der Vektor $\vec{v} = \begin{pmatrix} 1 \\ -2 \\ 0 \end{pmatrix}$ als Richtungsvektor verwendet.

Laut Aufgabenstellung fliegt das Flugzeug geradlinig von P nach Q. Die Berechnung des Vektors $\overrightarrow{PQ}$ liefert:

$$\overrightarrow{PQ} = \begin{pmatrix} -1 \\ 9 \\ 2 \end{pmatrix} - \begin{pmatrix} -9 \\ 25 \\ 2 \end{pmatrix} = \begin{pmatrix} 8 \\ -16 \\ 0 \end{pmatrix}$$

Es gilt also $\overrightarrow{PQ} = 8 \cdot \vec{v}$. Die Gerade zeigt daher in die durch den Vektor $\overrightarrow{PQ}$ beschriebene Richtung.

Damit liegt die Flugroute des Sportflugzeugs auf der vorgegebenen Gerade.

Die Geschwindigkeit lässt sich mithilfe der physikalischen Formel $v = \frac{s}{t}$ berechnen. Die Strecke s ermittelt man als:

$$s = |\overrightarrow{PQ}| = \left| \begin{pmatrix} 8 \\ -16 \\ 0 \end{pmatrix} \right| = \sqrt{8^2 + (-16)^2 + 0^2} = \sqrt{320} \approx 17,89$$

Laut Aufgabenstellung entspricht eine Einheit einem Kilometer.

Diese Strecke durchfliegt das Flugzeug in 6 min, also in 0,1 Stunden.

Damit erhält man:

$$v = \frac{s}{t} \approx \frac{17,89}{0,1} \frac{km}{h} = 178,9 \frac{km}{h}$$

2 Zunächst ermittelt man eine Parameterdarstellung der Ebene. Man benötigt einen Aufpunkt, z. B. den Punkt A, und zwei Richtungsvektoren, z. B. $\overrightarrow{AB}$ und $\overrightarrow{AC}$.

Man berechnet:

$$\overrightarrow{AB} = \begin{pmatrix} 5 \\ 2 \\ 0 \end{pmatrix} - \begin{pmatrix} 1 \\ 3 \\ 1 \end{pmatrix} = \begin{pmatrix} 4 \\ -1 \\ -1 \end{pmatrix} \quad \text{und}$$

$$\overrightarrow{AC} = \begin{pmatrix} 3 \\ 0 \\ 3 \end{pmatrix} - \begin{pmatrix} 1 \\ 3 \\ 1 \end{pmatrix} = \begin{pmatrix} 2 \\ -3 \\ 2 \end{pmatrix}$$

Damit ergibt sich die Parameterdarstellung:

$$E: \vec{x} = \begin{pmatrix} 1 \\ 3 \\ 1 \end{pmatrix} + r \cdot \begin{pmatrix} 4 \\ -1 \\ -1 \end{pmatrix} + s \cdot \begin{pmatrix} 2 \\ -3 \\ 2 \end{pmatrix}, \quad r, s \in \mathbb{R}$$

Zur Überführung in die Koordinatengleichung wird nun ein Normalenvektor $\vec{n}$ der Ebene benötigt. Da der Normalenvektor senkrecht zu den beiden Richtungsvektoren stehen muss, gilt mit $\vec{n} = \begin{pmatrix} n_1 \\ n_2 \\ n_3 \end{pmatrix}$ und unter Verwendung der Eigenschaften des Skalarproduktes

(„Zwei Vektoren stehen genau dann senkrecht zueinander, wenn ihr Skalarprodukt null ist."):

$$\text{I} \quad \vec{n} \perp \overrightarrow{AB}, \text{ also } \vec{n} \circ \overrightarrow{AB} = \begin{pmatrix} n_1 \\ n_2 \\ n_3 \end{pmatrix} \circ \begin{pmatrix} 4 \\ -1 \\ -1 \end{pmatrix} = 0$$

$$\text{II} \quad \vec{n} \perp \overrightarrow{AC}, \text{ also } \vec{n} \circ \overrightarrow{AC} = \begin{pmatrix} n_1 \\ n_2 \\ n_3 \end{pmatrix} \circ \begin{pmatrix} 2 \\ -3 \\ 2 \end{pmatrix} = 0$$

Das Ausmultiplizieren der Skalarprodukte liefert die beiden Gleichungen:

$$\text{I} \qquad 4n_1 - n_2 - n_3 = 0$$
$$\text{II} \quad 2n_1 - 3n_2 + 2n_3 = 0$$

Dieses Gleichungssystem ist nicht eindeutig lösbar, es genügt aber eine partikuläre Lösung. Zur Elimination von n_1 rechnet man:

$$\text{I} - 2 \cdot \text{II} \quad 5n_2 - 5n_3 = 0$$
$$n_2 = n_3$$

Wählt man $n_2 = 2$, dann ist $n_3 = 2$.

Eingesetzt in I ergibt sich damit:

$$4n_1 - 2 - 2 = 0$$
$$n_1 = 1$$

Ein möglicher Normalenvektor ist also $\vec{n} = \begin{pmatrix} 1 \\ 2 \\ 2 \end{pmatrix}$.

Der Ansatz zur Bestimmung der Koordinatengleichung $\vec{n} \circ \vec{x} = \vec{n} \circ \vec{p}$ liefert nun mit dem Ortsvektor zu einem beliebigen Punkt in der Ebene (hier: $A(1 \mid 3 \mid 1)$):

$$\begin{pmatrix} 1 \\ 2 \\ 2 \end{pmatrix} \circ \begin{pmatrix} x \\ y \\ z \end{pmatrix} = \begin{pmatrix} 1 \\ 2 \\ 2 \end{pmatrix} \circ \begin{pmatrix} 1 \\ 3 \\ 1 \end{pmatrix}$$

$$x + 2y + 2z = 1 + 6 + 2$$

$$\text{E: } x + 2y + 2z = 9$$

3   Gesucht ist der Schnittpunkt der Geraden, auf der die Flugroute liegt, mit der Ebene, die die Nebelwand beschreibt.

Der Geradengleichung

$$\text{g: } \vec{x} = \begin{pmatrix} x \\ y \\ z \end{pmatrix} = \begin{pmatrix} -9 \\ 25 \\ 2 \end{pmatrix} + t \cdot \begin{pmatrix} 1 \\ -2 \\ 0 \end{pmatrix}$$

entnimmt man die Komponenten

$$x = -9 + t$$
$$y = 25 - 2t$$
$$z = 2$$

und setzt diese in die Koordinatengleichung der Ebene ein. Man erhält:

$$(-9 + t) + 2 \cdot (25 - 2t) + 2 \cdot 2 = 9$$
$$-3t + 45 = 9$$
$$t = 12$$

2017-24

Setzt man diesen Parameterwert in die Geradengleichung ein, so erhält man den Orts-vektor zum Durchstoßpunkt S:

$$\overrightarrow{OS} = \begin{pmatrix} -9 \\ 25 \\ 2 \end{pmatrix} + 12 \cdot \begin{pmatrix} 1 \\ -2 \\ 0 \end{pmatrix} = \begin{pmatrix} 3 \\ 1 \\ 2 \end{pmatrix}$$

Das Flugzeug würde die Nebelwand im Punkt S(3 | 1 | 2) durchstoßen.

4 (I) Es werden der Punkt S aus Teilaufgabe 3 und ein weiterer beliebiger Punkt auf der Geraden g angegeben. Es geht also um zwei unterschiedliche Positionen des Flug-zeuges auf seiner Flugroute.

(II) Nun wird der Abstand dieser beiden Positionen allgemein ermittelt.

(III) Der Abstand wird auf 5 [km] festgelegt. Für diese Setzung lassen sich die beiden Zeitpunkte t_1 und t_2 berechnen. Zu diesen Zeitpunkten hat das Flugzeug also eine Entfernung von 5 km zum Punkt S.

(IV) Da t_2 zeitlich vor t_1 liegt, wird dieser Zeitpunkt ausgewählt. Auf seiner Flugroute erreicht das Flugzeug zwei Positionen, die den Abstand 5 km vom Punkt S haben: einmal vor der Nebelwand und einmal nach dem Durchfliegen der Begrenzungs-ebene der Nebelwand. Gesucht ist offenbar die Position vor dem Eintritt in die Nebelwand.

(V) Schließlich wird die konkrete Position des Flugzeugs zum Zeitpunkt t_2, also 5 km vor der Nebelwand, ermittelt.

5 Der Richtungsvektor $\vec{u} = \begin{pmatrix} 2 \\ -1 \\ 0 \end{pmatrix}$ ist geeignet, wenn er laut Aufgabenstellung folgende Be-dingungen erfüllt:

(I) Er muss den Flug in gleichbleibender Höhe beschreiben.

(II) Er muss den Flug parallel zur Ebene E beschreiben.

Bedingung (I) ist erfüllt, da die z-Komponente des Richtungsvektors null ist. Das Flug-zeug gewinnt bzw. verliert also nicht an Höhe.

Um zu zeigen, dass Bedingung (II) erfüllt ist, muss geprüft werden, ob der Richtungs-vektor der Geraden orthogonal zum Normalenvektor der Ebene liegt, ob also das Skalar-produkt der beiden Vektoren null ergibt.

Man erhält:

$$\vec{n}_E \circ \vec{u} = \begin{pmatrix} 1 \\ 2 \\ 2 \end{pmatrix} \circ \begin{pmatrix} 2 \\ -1 \\ 0 \end{pmatrix} = 2 - 2 + 0 = 0$$

Damit ist gezeigt, dass auch Bedingung (II) erfüllt ist.

Den gesuchten Winkel berechnet man mit der Grundformel zur Winkelberechnung,

$$\cos\alpha = \frac{\vec{a} \circ \vec{b}}{|\vec{a}| \cdot |\vec{b}|},$$

mit der sich (indirekt) der Winkel α zwischen zwei Vektoren $\vec{a}$ und $\vec{b}$ berechnen lässt. Gesucht ist hier der Winkel zwischen den Vektoren:

$$\begin{pmatrix} 1 \\ -2 \\ 0 \end{pmatrix} \text{ und } \begin{pmatrix} 2 \\ -1 \\ 0 \end{pmatrix}$$

Damit erhält man:

$$\cos\alpha = \frac{\begin{pmatrix} 1 \\ -2 \\ 0 \end{pmatrix} \circ \begin{pmatrix} 2 \\ -1 \\ 0 \end{pmatrix}}{\sqrt{1^2 + (-2)^2 + 0^2} \cdot \sqrt{2^2 + (-1)^2 + 0^2}} = \frac{2+2+0}{\sqrt{5} \cdot \sqrt{5}} = \frac{4}{5} = 0,8$$

$$\alpha = \arccos(0,8) \approx 36,87°$$

Die neue Flugroute weicht um ca. 37° von der alten Flugroute ab.

Hessen – Grundkurs Mathematik
2017 – B2: Analytische Geometrie (WTR/GTR/CAS)

Ein alter Kirchturm (ähnlich dem Kirchturm in Unterloibach (Österreich), siehe nebenstehende Abbildung) hat die Form eines Quaders mit quadratischer Grundfläche und einer aufgesetzten Pyramide. Die Spitze dieser Pyramide befindet sich senkrecht über dem Mittelpunkt ihrer Grundfläche.

Foto: Neithan90

1 Die Kanten der Grundfläche des betrachteten Kirchturms sind 6 m lang, die Höhe des Pyramidendachs beträgt ebenfalls 6 m. Insgesamt ist der Turm 18 m hoch.

1.1 Zeichnen Sie den Kirchturm in das Koordinatensystem im Material und beschriften Sie die Zeichnung gemäß den folgenden Vorgaben:
Die Eckpunkte der Grundfläche des Kirchturms sollen mit A, B, C und D bezeichnet werden. Der Eckpunkt A liegt im Koordinatenursprung. Der Eckpunkt B soll auf der positiven x-Achse und der Eckpunkt D auf der positiven y-Achse liegen.
Die Eckpunkte des Bodens des Pyramidendachs sollen entsprechend mit E, F, G und H bezeichnet werden, wobei der Eckpunkt E über dem Eckpunkt A liegt. Die Spitze des Dachs liegt im Punkt $S(3|3|18)$.
Geben Sie die Koordinaten der Eckpunkte C und F des Turms an. **(4 BE)**

1.2 Der Kirchturm soll saniert werden. Dazu wird unter anderem das Dach neu eingedeckt. Berechnen Sie den Flächeninhalt der Dachfläche. **(3 BE)**

2 Zur Stabilisierung des Dachs sollen im Dachraum zwei Stützbalken eingezogen werden, deren Dicke bei den folgenden Betrachtungen vernachlässigt wird.

2.1 Der erste Stützbalken soll die Mitte $M(3|0|12)$ der Dachbodenkante $\overline{EF}$ mit der gegenüberliegenden Dachfläche mit den Eckpunkten $G(6|6|12)$, $H(0|6|12)$ und $S(3|3|18)$ verbinden und orthogonal zur Dachfläche GHS verlaufen.

2.1.1 Geben Sie eine Parameterform der Ebene E_{GHS}, in der die Dachfläche mit den Eckpunkten G, H und S liegt, an und bestimmen Sie eine zugehörige Koordinatengleichung.
[zur Kontrolle: Eine mögliche Koordinatengleichung lautet $E_{GHS}: 2y + z = 24$.] **(5 BE)**

2.1.2 Erläutern Sie die Zeilen (1) bis (4) im nebenstehenden Kasten im Sachzusammenhang.
Geben Sie die fehlende Rechnung in Zeile (3) an und bestimmen Sie das Ergebnis in Zeile (4).

$$(1) \quad g: \vec{x} = \begin{pmatrix} 3 \\ 0 \\ 12 \end{pmatrix} + r \cdot \begin{pmatrix} 0 \\ 2 \\ 1 \end{pmatrix}$$

$$(2) \quad 4r + 12 + r = 24 \iff r = \frac{12}{5}$$

$$(3) \quad \ldots \implies P\left(3 \ \middle| \ \frac{24}{5} \ \middle| \ \frac{72}{5} \right)$$

$$(4) \quad \left\| \begin{pmatrix} 0 \\ \frac{24}{5} \\ \frac{12}{5} \end{pmatrix} \right\| \approx \ldots$$

(8 BE)

2.2 Der zweite Stützbalken soll den Eckpunkt H des Bodens des Pyramidendachs mit der Dachkante $\overline{FS}$ verbinden und orthogonal zur Dachkante $\overline{FS}$ verlaufen.

Ein Richtungsvektor der Geraden k, auf der der zweite Stützbalken liegt, ist $\vec{u} = \begin{pmatrix} 1 \\ -1 \\ 1 \end{pmatrix}$.

Prüfen Sie, ob sich die beiden Stützbalken schneiden. **(5 BE)**

3 Zum jährlichen Kirchweihfest wird immer ein sogenannter Kirmesbaum aufgestellt, dessen unteres Ende im Punkt Q(24|4|0) befestigt ist. In diesem Jahr ist der Kirmesbaum 10 m hoch.
Zu einem bestimmten Zeitpunkt fallen die Sonnenstrahlen in Richtung des Vektors

$$\vec{v} = \begin{pmatrix} -9 \\ -1 \\ -1 \end{pmatrix} \text{ ein.}$$

Begründen Sie, dass der Schattenpunkt der Kirmesbaumspitze zu diesem Zeitpunkt auf eine Seitenfläche des Turms trifft, und geben Sie die Eckpunkte dieser Seitenfläche sowie die Koordinaten des Schattenpunkts der Kirmesbaumspitze an. **(5 BE)**

2017-28

Material

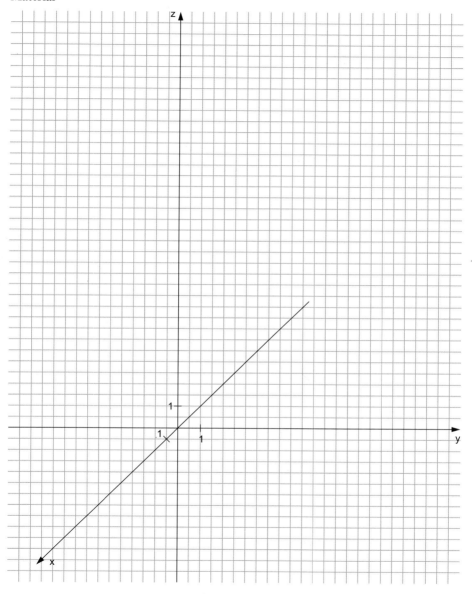

Hinweise und Tipps

Teilaufgabe 1.1

Entnehmen Sie dem Aufgabentext die Abmessungen, orientieren Sie sich im Koordinatensystem (Anordnung und Skalierung der Achsen) und beachten Sie die Vorgabe zu der Benennung der Punkte. Vergessen Sie nicht, die Punkte C und F explizit anzugeben.

Teilaufgabe 1.2

Die Dachfläche setzt sich aus vier Dreiecksflächen zusammen. Zur Berechnung einer Dreiecksfläche benötigen Sie die Länge der Grundseite und die Höhe, die Sie zunächst berechnen müssen.

Teilaufgabe 2.1.1

Dies ist eine Standardoperation. Gegeben sind drei Punkte, die eine Ebene festlegen. Wählen Sie für die Parameterdarstellung einen Punkt als Aufpunkt und berechnen Sie zwei Richtungsvektoren. Für die Überführung in die Koordinatengleichung benötigen Sie einen Normalenvektor, der senkrecht auf den beiden Richtungsvektoren steht.

Teilaufgabe 2.1.2

(1) Dies ist offensichtlich die Parameterdarstellung einer Geraden. Woher kennen Sie den Stützvektor? Woher kennen Sie den Richtungsvektor?

(2) Hier wird der Parameter r bestimmt – wohl, um den Schnittpunkt der Geraden mit einem anderen geometrischen Objekt zu berechnen. Bei welcher Art von Schnittpunktberechnung treten solche Gleichungen auf? Gehen Sie davon aus, dass Sie lediglich die in der Teilaufgabe 2.1 beschriebene Situation berücksichtigen müssen.

(3) Es wird vermutlich ein Schnittpunkt angegeben (vgl. (II)). Zeigen Sie, dass der in (II) berechnete Parameterwert, eingesetzt in die Gleichung aus (I), den Ortsvektor zu diesem liefert.

(4) Was bedeuten die Betragsstriche um einen Vektor? Berechnen Sie das Ergebnis. Dies können Sie unabhängig von Ihren bisherigen Ergebnissen tun.

Vergessen Sie nicht, bei jedem Schritt den Bezug zum Sachproblem (Stützbalken und Dachflächen) herzustellen.

Teilaufgabe 2.2

Die beiden Stützbalken können sich nur schneiden, wenn sich die beiden Geraden schneiden, auf denen die Stützbalken liegen. Stellen Sie die Gleichung auf, die die Gerade beschreibt, auf der der im Aufgabentext beschriebene zweite Stützbalken liegt, und prüfen Sie, ob sich die Gerade mit der in Schritt (1) aus Teilaufgabe 2.1.2 beschriebenen Geraden schneidet.

Teilaufgabe 3

Skizzieren Sie die Draufsicht der räumlichen Situation (Turm, Kirmesbaum, Lichtrichtung) und entnehmen Sie der Skizze, welche Seitenfläche infrage kommt. Berechnen Sie dann den Schnittpunkt der Ebene, in der diese Fläche liegt, mit der „Lichtgeraden", also der Geraden durch die Mastspitze mit der Lichtrichtung $\vec{v}$. Zeigen Sie zum Schluss, dass dieser Punkt auch tatsächlich in der ausgewählten Fläche liegt.

Lösung

1.1 Man hat folgende Vorgaben:
Kantenlänge der quadratischen Grundfläche: 6 m
Gesamthöhe des Turms: 18 m
Höhe des Pyramidendachs: 6 m

Daraus ergibt sich die Höhe des quaderförmigen Turmstumpfes: 12 m

Unter Berücksichtigung der im Text beschriebenen Lage der Punkte im Koordinatensystem (A im Ursprung, B auf der positiven x-Achse usw.) ergibt sich nebenstehende Zeichnung (die Hilfslinien zur Konstruktion der Dachspitze sind nicht gefordert und dienen lediglich der Orientierung).

Anhand der Zeichnung lassen sich nun die gesuchten Koordinaten der Punkte C und F als C(6|6|0) und F(6|0|12) ermitteln.

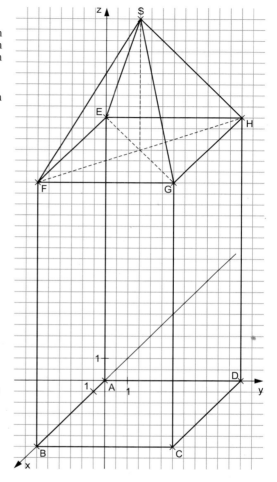

1.2 Die Dachfläche setzt sich aus vier gleichen Dreiecksflächen zusammen. Zur Berechnung einer solchen Dreiecksfläche benötigt man die Länge der Grundseite und die Höhe h.

Für das Dreieck EHS ergibt sich:
– Grundseite ist EH. Als Länge dieser Strecke sind 6 m vorgegeben.
– Die Höhe ist der Abstand des Mittelpunktes der Strecke EH zu S. Der Mittelpunkt von EH lässt sich ablesen als $M_{EH}(0|3|12)$.

Als Höhe ermittelt man damit:

$$h = |\overrightarrow{M_{EH}S}| = \left|\begin{pmatrix}3\\3\\18\end{pmatrix} - \begin{pmatrix}0\\3\\12\end{pmatrix}\right| = \left|\begin{pmatrix}3\\0\\6\end{pmatrix}\right| = \sqrt{3^2 + 0^2 + 6^2} = \sqrt{45} \approx 6{,}71$$

Damit ergibt sich für die Dachfläche:

$$A = 4 \cdot \frac{g \cdot h}{2} = 2 \cdot |\overline{EH}| \cdot |\overline{M_{EH}S}| = 2 \cdot 6 \cdot \sqrt{45} \approx 80{,}50$$

Das Dach hat also einen Flächeninhalt von ca. 80,5 m².

2.1.1 Gesucht ist eine Ebene, die durch drei Punkte festgelegt ist. Wählt man den Punkt G als Aufpunkt der Ebene und die Vektoren $\overrightarrow{GH}$ und $\overrightarrow{GS}$ als Richtungsvektoren, so erhält man mit

$$\overrightarrow{GH} = \begin{pmatrix} 0 \\ 6 \\ 12 \end{pmatrix} - \begin{pmatrix} 6 \\ 6 \\ 12 \end{pmatrix} = \begin{pmatrix} -6 \\ 0 \\ 0 \end{pmatrix} \text{ und } \overrightarrow{GS} = \begin{pmatrix} 3 \\ 3 \\ 18 \end{pmatrix} - \begin{pmatrix} 6 \\ 6 \\ 12 \end{pmatrix} = \begin{pmatrix} -3 \\ -3 \\ 6 \end{pmatrix}$$

die Parameterdarstellung:

$$E: \vec{x} = \begin{pmatrix} 6 \\ 6 \\ 12 \end{pmatrix} + r \cdot \begin{pmatrix} -6 \\ 0 \\ 0 \end{pmatrix} + s \cdot \begin{pmatrix} -3 \\ -3 \\ 6 \end{pmatrix}, \ r, s \in \mathbb{R}$$

Zur Überführung in die Koordinatengleichung benötigt man einen Normalenvektor $\vec{n}$, der senkrecht auf der Ebene und damit senkrecht auf den beiden Richtungsvektoren der Ebene steht. Über die Eigenschaft des Skalarprodukts („Zwei Vektoren stehen genau dann senkrecht aufeinander, wenn ihr Skalarprodukt null ist.") erhält man für $\vec{n} = \begin{pmatrix} n_1 \\ n_2 \\ n_3 \end{pmatrix}$:

$$\text{I} \quad \vec{n} \perp \overrightarrow{GH} \quad \Rightarrow \quad \begin{pmatrix} n_1 \\ n_2 \\ n_3 \end{pmatrix} \circ \begin{pmatrix} -6 \\ 0 \\ 0 \end{pmatrix} = 0$$

$$\text{II} \quad \vec{n} \perp \overrightarrow{GS} \quad \Rightarrow \quad \begin{pmatrix} n_1 \\ n_2 \\ n_3 \end{pmatrix} \circ \begin{pmatrix} -3 \\ -3 \\ 6 \end{pmatrix} = 0$$

Die Berechnung der Skalarprodukte liefert die beiden Gleichungen:

$$\text{I} \qquad\qquad -6n_1 = 0$$
$$\text{II} \quad -3n_1 - 3n_2 + 6n_3 = 0$$

Das Gleichungssystem aus zwei Gleichungen mit drei Unbekannten ist nicht eindeutig lösbar. Man benötigt aber lediglich eine partikuläre Lösung des Systems. I liefert unmittelbar $n_1 = 0$. Setzt man dies in II ein, so erhält man:

$$-3n_2 + 6n_3 = 0$$
$$2n_3 = n_2$$

Wählt man für $n_3 = 1$, dann ist $n_2 = 2$ und man erhält den Normalenvektor $\vec{n} = \begin{pmatrix} 0 \\ 2 \\ 1 \end{pmatrix}$.

Zur Ermittlung einer Koordinatengleichung setzt man den Normalenvektor und den Ortsvektor zu einem beliebigen Punkt in der Ebene (hier: $\overrightarrow{OG}$) in die Gleichung $\vec{n} \circ \vec{x} = \vec{n} \circ \overrightarrow{OG}$ ein und erhält:

$$\begin{pmatrix} 0 \\ 2 \\ 1 \end{pmatrix} \circ \begin{pmatrix} x \\ y \\ z \end{pmatrix} = \begin{pmatrix} 0 \\ 2 \\ 1 \end{pmatrix} \circ \begin{pmatrix} 6 \\ 6 \\ 12 \end{pmatrix}$$

$$2y + z = 12 + 12$$

$$E: 2y + z = 24$$

Dies entspricht dem angegebenen Kontrollergebnis.

2.1.2 (1) Offensichtlich ist eine Geradengleichung gegeben. Der Stützvektor ist der Vektor zu dem im Aufgabentext 2.1 gegebenen Punkt M. Richtungsvektor ist der aus 2.1.1 bekannte Normalenvektor der Ebene E_{GHS}. Gegeben ist damit also die Gerade, auf der der Stützbalken liegt.

(2) Gleichungen dieser Form ergeben sich, wenn man die x-, y- und z-Komponente aus einer Geradengleichung in die Koordinatengleichung einer Ebene einsetzt. Hier wird also der Ansatz zur Berechnung des Schnittpunktes der Geraden, auf der der Balken liegt, mit der Ebene, in der die gegenüberliegende Dachfläche liegt, formuliert und der gesuchte Parameterwert von r berechnet.

(3) Es liegt nun nahe, dass der angegebene Punkt P der gesuchte Schnittpunkt ist. Zur Bestätigung wird der in (2) berechnete Parameter in die Geradengleichung eingesetzt und man erhält:

$$\overrightarrow{OP} = \begin{pmatrix} 3 \\ 0 \\ 12 \end{pmatrix} + \frac{12}{5} \cdot \begin{pmatrix} 0 \\ 2 \\ 1 \end{pmatrix} = \begin{pmatrix} 3 \\ \frac{24}{5} \\ \frac{72}{5} \end{pmatrix}$$

Wenn M der Anfangspunkt des Stützbalkens ist, dann ist P der Endpunkt des Balkens.

(4) Mit dem hier formulierten Ansatz wird die Länge eines Vektors bestimmt. Es liegt nahe, dass hiermit die Länge des Stützbalkens bestimmt wird. Dies wird klar, wenn man, obwohl in der Aufgabenstellung nicht gefordert, den Vektor $\overrightarrow{MP}$ berechnet:

$$\overrightarrow{MP} = \begin{pmatrix} 3 \\ \frac{24}{5} \\ \frac{72}{5} \end{pmatrix} - \begin{pmatrix} 3 \\ 0 \\ 12 \end{pmatrix} = \begin{pmatrix} 0 \\ \frac{24}{5} \\ \frac{12}{5} \end{pmatrix}$$

Als Länge des Vektors ermittelt man:

$$|\overrightarrow{MP}| = \left\| \begin{pmatrix} 0 \\ \frac{24}{5} \\ \frac{12}{5} \end{pmatrix} \right\| = \sqrt{0^2 + \left(\frac{24}{5}\right)^2 + \left(\frac{12}{5}\right)^2} = \sqrt{\frac{144}{5}} \approx 5,37 \,[\text{m}]$$

2.2 Es muss überprüft werden, ob sich die beiden Geraden, auf denen die Stützbalken liegen, schneiden.
Aus Teilaufgabe 2.1.2 ist bekannt:

$$g_1: \vec{x} = \begin{pmatrix} 3 \\ 0 \\ 12 \end{pmatrix} + r \cdot \begin{pmatrix} 0 \\ 2 \\ 1 \end{pmatrix}$$

Mit der Beschreibung aus dem Aufgabentext ergibt sich mit H(0|6|12) für die Gerade, auf der der zweite Stützbalken liegt:

$$g_2: \vec{x} = \begin{pmatrix} 0 \\ 6 \\ 12 \end{pmatrix} + s \cdot \begin{pmatrix} 1 \\ -1 \\ 1 \end{pmatrix}$$

Dem Ansatz zur Berechnung des Schnittpunkts,

$$\begin{pmatrix} 3 \\ 0 \\ 12 \end{pmatrix} + r \cdot \begin{pmatrix} 0 \\ 2 \\ 1 \end{pmatrix} = \begin{pmatrix} 0 \\ 6 \\ 12 \end{pmatrix} + s \cdot \begin{pmatrix} 1 \\ -1 \\ 1 \end{pmatrix},$$

entnimmt man die drei Gleichungen:

I $\quad 3 + 0r = 0 + s$
II $\quad 0 + 2r = 6 - s$
III $\quad 12 + r = 12 + s$

Die Gleichung I liefert unmittelbar:

s = 3

Damit folgt aus II:

$2r = 6 - 3$, also $r = \frac{3}{2}$

Die Überprüfung, ob die beiden Parameterwerte auch die Gleichung III erfüllen, führt zu einer falschen Aussage:

$12 + \frac{3}{2} = 12 + 3$

Es existiert also kein Schnittpunkt der beiden Geraden. Die Stützbalken schneiden sich nicht.

3 Veranschaulicht man die beschriebene Situation in einer Draufsicht (also der Projektion in die x-y-Ebene), so lässt sich entscheiden, auf welche Seitenfläche des Turms der Schatten der Kirmesbaumspitze fällt. Folgende Abbildung zeigt, dass die Seitenfläche BCGF betroffen sein könnte.

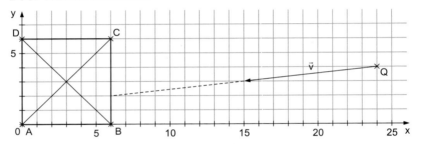

Ob der Schattenpunkt tatsächlich auf der Seitenfläche liegt, muss nun durch eine Rechnung überprüft werden. Gesucht ist der Schnittpunkt der „Lichtgeraden" mit der Ebene E_{BCGF}, in der die Fläche BCGF liegt.

Für die Ebene E_{BCGF} erhält man ohne weitere Rechnung den Normalenvektor $\vec{n}_F = \begin{pmatrix} 1 \\ 0 \\ 0 \end{pmatrix}$.

Wählt man nun $B(6|0|0)$ als Aufpunkt der Ebene, so liefert der Ansatz $\vec{n} \circ \vec{x} = \vec{n} \circ \overrightarrow{OB}$ die Koordinatengleichung:

$E_{BCGF}: x = 6$

Die Kirmesbaumspitze liegt 10 m über Q und hat damit die Koordinaten $K(24|4|10)$. Damit erhält man für die „Lichtgerade" die Parametergleichung:

$g_L: \vec{x} = \begin{pmatrix} 24 \\ 4 \\ 10 \end{pmatrix} + t \cdot \begin{pmatrix} -9 \\ -1 \\ -1 \end{pmatrix}$

Der Ansatz zur Ermittlung des Schnittpunktes von g_L und E_{BCGF},

$\begin{pmatrix} 6 \\ y \\ z \end{pmatrix} = \begin{pmatrix} 24 \\ 4 \\ 10 \end{pmatrix} + t \cdot \begin{pmatrix} -9 \\ -1 \\ -1 \end{pmatrix}$,

liefert in der ersten Zeile $6 = 24 - 9t$, also $t = 2$.

Damit ermittelt man den gesuchten Schattenpunkt über

$$\overrightarrow{OK'} = \begin{pmatrix} 24 \\ 4 \\ 10 \end{pmatrix} + 2 \cdot \begin{pmatrix} -9 \\ -1 \\ -1 \end{pmatrix} = \begin{pmatrix} 6 \\ 2 \\ 8 \end{pmatrix}$$

als K'(6|2|8).

Da für die Fläche BCGF

$$x = 6, \quad 0 \le y \le 6, \quad 0 \le z \le 12$$

gilt und die Koordinaten von K' dies erfüllen, liegt K' tatsächlich in der Fläche BCGF.

Hessen – Grundkurs Mathematik
2017 – C: Stochastik (WTR/GTR/CAS)

1   20 % aller Pkw eines bestimmten Herstellers sind Dieselfahrzeuge. Die Anzahl der
Dieselfahrzeuge in einer Stichprobe soll modellhaft als binomialverteilt angenommen
werden. 25 Pkw des Herstellers werden zufällig ausgewählt, davon sind drei rot.
Die Merkmale „rot" und „Dieselfahrzeug" treten unabhängig voneinander auf.

1.1   Bestimmen Sie unter Angabe einer geeigneten Zufallsgröße für folgende Ereignisse
jeweils die Wahrscheinlichkeit:

A: „Unter den ausgewählten Pkw sind genau acht Dieselfahrzeuge."

B: „Unter den ausgewählten Pkw sind mindestens fünf Dieselfahrzeuge."   **(3 BE)**

1.2   Von den 25 ausgewählten Pkw sind genau fünf Dieselfahrzeuge. Bestimmen Sie die
Wahrscheinlichkeit dafür, dass die drei roten Pkw Dieselfahrzeuge sind.   **(3 BE)**

1.3   Berechnen Sie, wie groß die Anzahl zufällig ausgewählter Pkw des Herstellers mindestens sein muss, damit die Wahrscheinlichkeit dafür, dass unter diesen mindestens ein
Dieselfahrzeug ist, mindestens 95 % beträgt.   **(5 BE)**

2   80 % der Dieselfahrzeuge und 90 % der übrigen Pkw des Herstellers aus Aufgabe 1 haben
eine Leistung von mehr als 60 kW.

2.1   Stellen Sie den Sachverhalt in einem beschrifteten Baumdiagramm dar.   **(3 BE)**

2.2   Berechnen Sie die Wahrscheinlichkeit dafür, dass die Leistung eines zufällig ausgewählten Pkw des Herstellers größer als 60 kW ist.
Bestimmen Sie die Wahrscheinlichkeit dafür, dass es sich bei einem zufällig ausgewählten Pkw des Herstellers mit einer Leistung von mehr als 60 kW um ein Dieselfahrzeug
handelt.   **(4 BE)**

3   In einem Werk des Pkw-Herstellers aus Aufgabe 1 produziert eine Maschine Ersatzteile.
Durch einen Fehler in der Einstellung produzierte die Maschine einen Ausschussanteil
(Anteil an unbrauchbaren Teilen) von mindestens 7 %. Die Maschine wurde daraufhin
gewartet und neu eingestellt. Es soll mit Hilfe eines geeigneten Hypothesentests überprüft werden, ob sich der Ausschussanteil der Maschine verringert hat. Dazu werden der
Produktion zufällig 100 Ersatzteile entnommen. Die Anzahl der unbrauchbaren Teile in
einer Stichprobe soll modellhaft als binomialverteilt angenommen werden.

Begründen Sie, dass es sich um einen linksseitigen Hypothesentest handelt.
Entwickeln Sie einen entsprechenden Test auf einem Signifikanzniveau von 5 % und formulieren Sie eine Entscheidungsregel im Sachzusammenhang.   **(6 BE)**

4   Betrachtet werden binomialverteilte Zufallsgrößen, die für eine Trefferwahrscheinlichkeit p mit $0 \leq p \leq 1$ die Anzahl der Treffer bei n Versuchen angeben. Die Standardabweichung der Zufallsgrößen ist 3.

4.1   Bestimmen Sie für eine Zufallsgröße mit einer Trefferwahrscheinlichkeit von 25 % die
zugehörige Anzahl der Versuche.   **(3 BE)**

4.2   Zeigen Sie, dass es keinen Wert von p geben kann, für den die Anzahl der Versuche 9 ist.
    (3 BE)

2017-36

Binomialsummenfunktion $F_{n;p}(k) = \sum\limits_{i=0}^{k} \binom{n}{i} \cdot p^i \cdot (1-p)^{n-i}$ **für n = 100**

p =	0,05	0,06	0,07	0,08
k =				
0	0,0059	0,0021	0,0007	0,0002
1	0,0371	0,0152	0,0060	0,0023
2	0,1183	0,0566	0,0258	0,0113
3	0,2578	0,1430	0,0744	0,0367
4	0,4360	0,2768	0,1632	0,0903
5	0,6160	0,4407	0,2914	0,1799
6	0,7660	0,6064	0,4443	0,3032
7	0,8720	0,7483	0,5988	0,4471
8	0,9369	0,8537	0,7340	0,5926
9	0,9718	0,9225	0,8380	0,7220
10	0,9885	0,9264	0,9092	0,8243
11	0,9957	0,9832	0,9531	0,8972
12	0,9985	0,9931	0,9776	0,9441
13	0,9995	0,9974	0,9901	0,9718
14	0,9999	0,9991	0,9959	0,9867
15	1,0000	0,9997	0,9984	0,9942
16	1,0000	0,9999	0,9994	0,9976
17	1,0000	1,0000	0,9998	0,9991
18	1,0000	1,0000	0,9999	0,9997
19	1,0000	1,0000	1,0000	0,9999
20	1,0000	1,0000	1,0000	1,0000

Die Werte 1,0000 und 0,0000 bedeuten: Die angegebenen Wahrscheinlichkeiten sind auf vier Stellen gerundet 1,0000 bzw. 0,0000.

Hinweise und Tipps

Teilaufgabe 1.1

- Legen Sie eine geeignete Zufallsvariable fest.
- Die Wahrscheinlichkeiten der Ereignisse A bzw. B lassen sich mithilfe der Annahme, dass eine Binomialverteilung vorliegt, mit den entsprechenden Formeln berechnen. Beachten Sie dabei „genau" bzw. „mindestens" in der Formulierung. Verwenden Sie das Gegenereignis.
- Verwenden Sie die passende Tabelle zur Binomialverteilung oder die passende Funktion des WTR.

Teilaufgabe 1.2

- Berechnen Sie die Wahrscheinlichkeit dafür, dass jeder von drei nacheinander (ohne Zurücklegen) untersuchten Pkw ein Dieselfahrzeug ist. Die Angabe der Farbe „rot" ist hier eigentlich unwesentlich.

Teilaufgabe 1.3

- Hier ist die Anzahl n von Pkw unter den gleichen Voraussetzungen wie in 1.1 gesucht. Stellen Sie eine passende Ungleichung auf und gehen Sie zum Gegenereignis über.

Teilaufgabe 2.1

- Benennen Sie die Ereignisse, um die es geht.

Teilaufgabe 2.2

- Hier ist eine bedingte Wahrscheinlichkeit gesucht. Stellen Sie diese Wahrscheinlichkeit mithilfe der von Ihnen gewählten Bezeichnungen für die relevanten Ereignisse und des Baumdiagramms aus 2.1 formal dar.
- Als Zwischenschritt muss eine totale Wahrscheinlichkeit berechnet werden.

Teilaufgabe 3

- Stellen Sie fest, ob eine Abweichung von der ursprünglich angenommenen Wahrscheinlichkeit nach oben oder nach unten vermutet wird.
- Legen Sie eine geeignete Zufallsvariable fest.
- Formulieren Sie die Rahmendaten des Hypothesentests.
- Bestimmen Sie eine Entscheidungsregel bzw. den Annahme- und Ablehnungsbereich für H_0 in Bezug auf das gegebene Signifikanzniveau.

Teilaufgabe 4

- Die nun folgenden Aufgabenstellungen beziehen sich nicht auf den vorangegangenen Sachkontext.

Teilaufgabe 4.1

- Wie kann man die Standardabweichung für binomialverteilte Zufallsgrößen berechnen? Bestimmen Sie n mithilfe der gegebenen Informationen.

Teilaufgabe 4.2

- Analysieren Sie den Teilterm in der Standardabweichung, in dem p vorkommt, für die gegebenen Daten $n = 9$ und $\sigma = 3$.

Lösung

Informationsentnahme:
- 20 % der Pkw sind Dieselfahrzeuge; Binomialverteilung wird angenommen.
- 3 von 25 ausgewählten Pkw sind rot.
- „rot" und „Dieselfahrzeug" sind unabhängige Ereignisse.

1.1 X sei die Anzahl der Dieselfahrzeuge. Dann ist X mit $n = 25$ und $p = 0,2$ binomialverteilt. Die Wahrscheinlichkeit, dass sich unter den 25 zufällig ausgewählten Pkw genau 8 Dieselfahrzeuge befinden, ist:

$$P(A) = P(X = 8) = \binom{25}{8} \cdot 0,2^8 \cdot 0,8^{17} \approx 0,0623 = 6,23 \,\%$$

Die Wahrscheinlichkeit dafür, dass sich unter den 25 zufällig ausgewählten Pkw mindestens 5 Dieselfahrzeuge befinden, ist:

$$P(B) = P(X \geq 5) = 1 - P(X \leq 4) = 1 - \sum_{i=0}^{4} \binom{25}{i} \cdot 0,2^i \cdot 0,8^{25-i} \approx 1 - 0,4207$$
$$= 0,5793 = 57,93 \,\%$$

1.2 Unter den ausgewählten 25 Pkw sind genau 5 Dieselfahrzeuge. Also beträgt die Wahrscheinlichkeit dafür, dass das erste untersuchte (rote) Fahrzeug ein Diesel ist, $\frac{5}{25} = \frac{1}{5}$. Das zweite (rote) Fahrzeug, das betrachtet wird, ist mit einer Wahrscheinlichkeit von $\frac{4}{24} = \frac{1}{6}$ ein Dieselfahrzeug, da jetzt nur noch 24 Pkw zur Verfügung stehen und darunter nur noch 4 Diesel sind. Für das dritte (rote) Fahrzeug gilt entsprechend $\frac{3}{23}$ (drei von den übrigen 23 Pkw sind Diesel). Also ist die Wahrscheinlichkeit, dass alle drei (roten) Pkw Dieselfahrzeuge sind:

$$\frac{1}{5} \cdot \frac{1}{6} \cdot \frac{3}{23} = \frac{3}{690} = \frac{1}{230} \approx 0,0043 = 0,43 \,\%$$

Hier handelt es sich um eine Auswahl *ohne Zurücklegen*, wobei die Farbe des Pkw eigentlich unwesentlich ist. Es geht nur darum, wie groß die Wahrscheinlichkeit dafür ist, nacheinander drei Dieselfahrzeuge auszuwählen.

1.3 X und p wie in 1.1; gesucht ist hier n, sodass die Wahrscheinlichkeit dafür, dass sich mindestens ein Dieselfahrzeug unter den ausgewählten befindet, mindestens 95 % beträgt. Also muss gelten:

$$P(X \geq 1) \geq 0,95 \quad \Leftrightarrow \quad 1 - P(X = 0) \geq 0,95 \quad \Leftrightarrow \quad -P(X = 0) \geq -0,05$$
$$\Leftrightarrow \quad P(X = 0) \leq 0,05$$

Konkret bedeutet dies, dass $P(X = 0) = \binom{n}{0} \cdot 0,8^n \leq 0,05$ sein muss. Also gilt:

$$\binom{n}{0} \cdot 0,8^n \leq 0,05 \quad \Leftrightarrow \quad 0,8^n \leq 0,05 \quad \Leftrightarrow \quad n \cdot \ln(0,8) \leq \ln(0,05)$$
$$\Leftrightarrow \quad n \geq \frac{\ln(0,05)}{\ln(0,8)} \approx 13,43$$

Da $\ln(0,8) < 0$ ist, muss im vorletzten Rechenschritt das Relationszeichen umgekehrt werden.

Daher müssten mindestens 14 Fahrzeuge ausgewählt werden, damit sich unter ihnen mindestens ein Diesel befindet (mit einer Wahrscheinlichkeit von mindestens 95 %).

2017-39

2.1 Mit (z. B.) den folgenden Festlegungen für die entsprechenden Ereignisse kann das Baumdiagramm gezeichnet werden:
D: Pkw ist Dieselfahrzeug.
$\overline{D}$: Pkw ist kein Dieselfahrzeug.
L: Fahrzeug hat eine Leistung von mehr als 60 kW.
$\overline{L}$: Fahrzeug hat eine Leistung von 60 kW oder weniger.

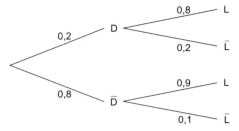

2.2 Die Wahrscheinlichkeit dafür, dass die Leistung eines zufällig ausgewählten Pkws dieses Herstellers mehr als 60 kW beträgt, ist die totale Wahrscheinlichkeit für das Ereignis L. Daher werden die Wahrscheinlichkeiten für die beiden Zweige des Baumes, die zu L führen, zueinander addiert.

Konkret ist daher:

$$P(L) = P(D) \cdot P_D(L) + P(\overline{D}) \cdot P_{\overline{D}}(L) = 0{,}2 \cdot 0{,}8 + 0{,}8 \cdot 0{,}9 = 0{,}88 = 88\,\%$$

Nun ist die Wahrscheinlichkeit gesucht, dass ein Pkw, von dem bekannt ist, dass seine Leistung mehr als 60 kW beträgt, ein Dieselfahrzeug ist. Gesucht ist also die bedingte Wahrscheinlichkeit $P_L(D)$, ein Dieselfahrzeug auszuwählen, unter der Bedingung, dass es eine Leistung von mehr als 60 kW hat.

Mit dem Satz von Bayes ergibt sich die folgende Rechnung:

$$P_L(D) = \frac{P(L \cap D)}{P(L)} = \frac{P(D) \cdot P_D(L)}{P(L)} = \frac{0{,}2 \cdot 0{,}8}{0{,}88} \approx 0{,}1818 = 18{,}18\,\%$$

Die Wahrscheinlichkeit, aus den Pkw mit mehr als 60 kW Leistung ein Dieselfahrzeug auszuwählen, ist also 18,18%.

Alternative 1: Invertierung des Baumes

$$P(L) = 0{,}88;\ P(\overline{L}) = 0{,}12;\ P(L \cap D) = P_D(L) \cdot P(D) = 0{,}2 \cdot 0{,}8 = 0{,}16$$

Alternative 2: Vierfeldertafel

	D	$\overline{D}$	gesamt
L	0,16	0,72	0,88
$\overline{L}$	0,04	0,08	0,12
gesamt	0,2	0,8	1

In den Zellen der Vierfeldertafel stehen jeweils die Wahrscheinlichkeiten der „UND"-Ereignisse, also:

$$P(D \cap L) = 0{,}2 \cdot 0{,}8 = 0{,}16;\quad P(D \cap \overline{L}) = 0{,}2 \cdot 0{,}2 = 0{,}04$$

$$P(\overline{D} \cap L) = 0{,}8 \cdot 0{,}9 = 0{,}72;\quad P(\overline{D} \cap \overline{L}) = 0{,}8 \cdot 0{,}1 = 0{,}08$$

Damit ist:

$$P_L(D) = \frac{P(D \cap L)}{P(L)} = \frac{0{,}16}{0{,}88} \approx 0{,}1818 = 18{,}18\,\%$$

3
- Ausschussanteil bei der defekten Maschine: mindestens 7 %
- Vermutung: nach Wartung Ausschussanteil geringer
- Stichprobenumfang $n = 100$
- Signifikanzniveau 5 %

Y sei die Anzahl der Ausschussteile.

Nullhypothese H_0: Y ist mit $n = 100$ und $p_0 \geq 0,07$ binomialverteilt.

Gegenhypothese H_1: Y ist mit $n = 100$ und $p_1 < 0,07$ binomialverteilt.

Da eine Verringerung der Ausschussrate und damit $p_1 < p_0$ vermutet wird, handelt es sich um einen „linksseitigen" Test.

H_0 würde verworfen werden, falls bei der Stichprobe k oder weniger Ausschussteile festgestellt werden und dabei die Wahrscheinlichkeit für solche Ereignisse unter H_0 höchstens 5 % beträgt.

Konkret:

$$P(Y \leq k) \leq 0,05 \quad \Rightarrow \quad \sum_{i=0}^{k} \binom{100}{i} \cdot 0,07^i \cdot 0,93^{100-i} \leq 0,05$$

Mit der beigefügten Tabelle ergibt sich $k = 2$, da $P(Y \leq 2) \approx 0,0258 < 0,05$, aber $P(Y \leq 3) \approx 0,0744 > 0,05$ ist.

Bei Verwendung eines WTR mit erweiterten Funktionalitäten lassen sich die entsprechenden Werte durch systematisches Ausprobieren gewinnen.

Man wird also H_0 ablehnen, falls höchstens 2 Ausschussteile gefunden werden. Bei 3 oder mehr Ausschussteilen kann bzgl. des vorgegebenen Signifikanzniveaus H_0 nicht verworfen werden.

Der Ablehnungsbereich für H_0 ist also [0; 2], der Annahmebereich [3; 100].

4.1 T sei die Anzahl der Treffer. T ist mit unbekanntem n und $p = 0,25$ binomialverteilt mit der Standardabweichung $\sigma = 3$.

Mit $\sigma = \sqrt{n \cdot p \cdot (1-p)}$ ergibt sich konkret $3 = \sqrt{n \cdot 0,25 \cdot 0,75}$.

Auf beiden Seiten quadrieren führt auf:

$$9 = n \cdot 0,1875 \quad \Leftrightarrow \quad n = \frac{9}{0,1875} = 48$$

Die Anzahl der Versuche ist daher 48.

4.2 Jetzt soll $n = 9$ sein. Damit ergibt sich:

$$3 = \sqrt{9 \cdot p \cdot (1-p)} \quad \Rightarrow \quad 9 = 9 \cdot p \cdot (1-p) \quad \Rightarrow \quad p \cdot (1-p) = 1$$

Da $p \cdot (1-p) \leq 0,25$ für alle p mit $0 \leq p \leq 1$ ist, hat diese quadratische Gleichung keine (reellen) Lösungen.

Es gibt also keinen Wert für p, der die gegebenen Bedingungen erfüllt.

Alternativ: Versucht man die quadratische Gleichung zu lösen, ergibt sich:

$$p \cdot (1-p) = 1 \quad \Leftrightarrow \quad -p^2 + p - 1 = 0 \quad \Leftrightarrow \quad p^2 - p + 1 = 0 \quad \Leftrightarrow \quad p_{1,2} = 0,5 \pm \sqrt{0,25 - 1}$$

Da der Radikand negativ ist, hat die Gleichung keine (reelle) Lösungen.

Hessen – Grundkurs Mathematik
2018 – A1: Analysis (WTR)

In einem Labor wird die Wirksamkeit eines neuen Mittels gegen die Ausbreitung von Stechmücken untersucht.

1 Bei einem ersten Laborversuch beschreibt die Funktion N mit $N(t) = 150 \cdot e^{0,25t}$ (t in Tagen) modellhaft die Entwicklung einer Population von Stechmücken innerhalb der ersten acht Tage nach Beobachtungsbeginn. N(t) ist die Anzahl der Stechmücken zum Zeitpunkt t, die Beobachtung beginnt zum Zeitpunkt $t = 0$.

1.1 Berechnen Sie die Populationsgröße zum Zeitpunkt 6 Tage nach Beobachtungsbeginn sowie die durchschnittliche Wachstumsgeschwindigkeit der Population während der ersten sechs Tage. **(4 BE)**

1.2 Berechnen Sie den Zeitpunkt, zu dem die Population die Anzahl von 1 500 Stechmücken erreicht. **(3 BE)**

1.3 Bestätigen Sie durch Rechnung, dass für die Funktion N auch die Funktionsvorschrift $N(t) = 150 \cdot 1,284^t$ verwendet werden kann, und erläutern Sie den Wert 1,284 aus dem Funktionsterm im Sachzusammenhang **(4 BE)**

2 Bei einer zweiten Population von Stechmücken wird im Labor unter sonst gleichen Bedingungen von Beginn an ein neues Mittel eingesetzt, mit dem die Ausbreitung der Stechmücken bekämpft werden soll. Die Entwicklung der Population kann nun für geeignete Werte von $t \in \mathbb{R}$ modellhaft durch die Funktion S mit $S(t) = 160 \cdot e^{0,25t} - 10 \cdot e^{0,5t}$ (t in Tagen) beschrieben werden. S(t) ist die Anzahl der Stechmücken zum Zeitpunkt t, die Beobachtung beginnt auch hier wieder zum Zeitpunkt $t = 0$.

2.1 Im Material sind die Graphen der Funktion S und der Funktion N aus Aufgabe 1 dargestellt.
Beschriften Sie die Skalierung der Koordinatenachsen mit ganzzahligen Werten und beschreiben Sie kurz Ihre Vorgehensweise. **(4 BE)**

2.2 Vergleichen Sie den Verlauf und das Steigungsverhalten beider Kurven im Sachzusammenhang und deuten Sie Ihr Ergebnis. **(6 BE)**

2.3 Berechnen Sie den Zeitpunkt, zu dem die Population am größten ist, und bestimmen Sie die maximale Populationsgröße.
Hinweis: Die zweite Ableitung $S''(t) = 10 \cdot e^{0,25t} - 2,5 \cdot e^{0,5t}$ kann ohne Nachweis verwendet werden. **(6 BE)**

2.4 Unter den Laborbedingungen sticht jede der Stechmücken im Durchschnitt dreimal pro Tag.
Berechnen Sie den Ausdruck $3 \cdot \int_0^7 S(t)\, dt$ und deuten Sie das Ergebnis im Sachzusammenhang. **(6 BE)**

2018-1

3 Die Wirkung des Mittels kann durch Veränderung der Dosierung beeinflusst werden. Im mathematischen Modell wird diese Dosierung durch den zusätzlichen Parameter $k \geq 0$ in der Funktionsgleichung ausgedrückt. Die Gleichung der zugehörigen Funktionenschar S_k lautet:

$S_k(t) = 10 \cdot e^{0,25t} \cdot (16 - e^{0,25kt})$ (t in Tagen)

$S_k(t)$ ist die Anzahl der Stechmücken zum Zeitpunkt t, die Beobachtung beginnt auch hier wieder zum Zeitpunkt $t = 0$.

3.1 Die Funktionen N aus Aufgabe 1 und S aus Aufgabe 2 gehören zur Funktionenschar S_k. Geben Sie für beide Funktionen jeweils den entsprechenden Wert für k an. **(2 BE)**

3.2 Der Dosierungsparameter k soll einerseits aus Umweltschutzgründen niedrig gehalten werden, wobei Parameterwerte $k < 1,5$ noch als unbedenklich gelten. Andererseits soll k aber so groß gewählt werden, dass die Mückenpopulation in der obigen Laborsituation bei sonst gleichbleibenden Bedingungen nach spätestens 8 Tagen ausgestorben ist. Prüfen Sie, ob es einen Wert für k gibt, der diesen Vorgaben entspricht. **(5 BE)**

Material
Graphen der Funktionen N und S

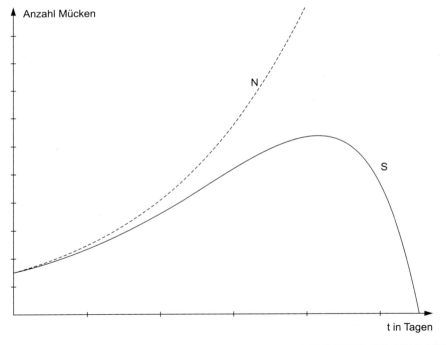

Hinweise und Tipps

Teilaufgabe 1.1

✓ Zunächst ist die Berechnung eines Funktionswerts an einer bekannten Stelle gefordert.

✓ Die durchschnittliche Wachstumsgeschwindigkeit ist der Zuwachs der Funktionswerte pro Zeit.

Teilaufgabe 1.2

✓ Umkehrung der Frage zu 1.1: Der Funktionswert ist gegeben und die zugehörige Stelle ist gesucht.

Teilaufgabe 1.3

✓ Die Funktionsgleichung lässt sich auch in der Form $N(t) = 150 \cdot (e^{0,25})^t$ darstellen.

Teilaufgabe 2.1

✓ Es gilt, nach Referenz-Bezugspunkten Ausschau zu halten. Für die y-Achse gibt es einen Schnittpunkt. Mit der nun vorhandenen Skalierung der y-Achse kann über einen ganzzahligen Funktionswert der Funktionen der entsprechende x-Wert bestimmt werden. Aus rechentechnischen Gründen (einfacherer Term) bietet sich dafür die Funktion N an.

Teilaufgabe 2.2

✓ Es gilt, die Parameter der Modellierung (monoton steigend, Hochpunkt, Nullstelle usw.) mit den Parametern des Wachstumsprozesses (Zunahme stark oder gering oder negativ, Aussterben der Population usw.) in einen Zusammenhang zu bringen.

Teilaufgabe 2.3

✓ Gesucht ist ein Extremwert, genauer ein Maximum der Funktion S.

Teilaufgabe 2.4

✓ Berechnung des Integrals mit dem Hauptsatz der Differenzial- und Integralrechnung: Das Integral summiert Funktionswerte in einem Intervall auf, hier die Anzahl der Mücken.

Teilaufgabe 3.1

✓ Gleichsetzung der jeweiligen Funktionsterme, z. B. $S_k(t) = S(t)$.

Teilaufgabe 3.2

✓ Für welchen Wert von k ist der Funktionswert der Funktionenschar null?

Lösung

1.1 Es gilt, den Funktionswert der Funktion N an der Stelle $t = 6$ zu berechnen:
$$N(6) = 150 \cdot e^{0,25 \cdot 6}$$
$$\approx 672$$
Die Populationsgröße beträgt nach 6 Tagen 672 Mücken.

Die durchschnittliche Wachstumsgeschwindigkeit (Zuwachs pro Zeit) berechnet sich mit dem Quotienten:
$$\frac{N(6) - N(0)}{6} \approx \frac{672 - 150}{6}$$
$$= 87 \text{ Mücken pro Tag}$$

1.2 Gesucht ist die Stelle t, zu der der Funktionswert 1 500 gehört:
$$1\,500 = 150 \cdot e^{0,25t}$$
$$10 = e^{0,25t} \qquad | \ln$$
$$\ln(10) = 0,25 \cdot t$$
$$t = 4 \cdot \ln(10)$$
$$t \approx 9,21$$
Neun Tage und etwas mehr als 5 Stunden nach Beobachtungsbeginn wird die Population von 1 500 Stechmücken erreicht.

1.3 Wachstumsvorgänge können durch Exponentialfunktionen und durch Potenzfunktionen beschrieben werden. In der Variante $f(t) = a \cdot e^{b \cdot t}$ der Exponentialfunktionen übernimmt der Teilterm e^b die Rolle des Wachstumsfaktors der Potenzfunktionen $g(t) = a \cdot z^t$, also gilt $z = e^b$:
$$f(t) = a \cdot e^{b \cdot t} = a \cdot (e^b) = a \cdot z^t = g(t)$$
Berechnung des Wachstumsfaktors:
$$e^{0,25} \approx 1,284$$
Damit kann die Funktionsvorschrift $N(t) = 150 \cdot 1,284^t$ zur Beschreibung der Entwicklung der Mückenpopulation verwendet werden.
Der Wert 1,284 beschreibt hier den Wachstumsfaktor der Potenzfunktion.

2.1 Zur Skalierung der beiden Achsen bedarf es geeigneter Referenz-Bezugswerte. Für die y-Achse bietet sich der Funktionswert der Funktion S an der Stelle null an, also S(0):
$$S(0) = 160 \cdot e^{0,25 \cdot 0} - 10 \cdot e^{0,5 \cdot 0}$$
$$= 150$$
Da dieser Wert im Material zwischen der 1. und 2. Skalierungsmarke liegt, können die ganzzahligen Werte 100, 200 usw. eindeutig festgelegt werden.
Die Skalierung der x-Achse gestaltet sich deutlich problematischer, es fehlt ein einfach zu bestimmender Bezugspunkt. Es bleibt daher nur der Rückgriff auf die jetzt vorhandene Skalierung der y-Achse, um mit einem geeigneten (ganzzahligen) y-Wert den dazu gehörenden x-Wert zu berechnen. Für diese Art der Lösungsstrategie bietet sich allerdings der Term der Funktion N an, da hier – mit rechentechnisch einfachen Mitteln (nur ein Exponentialterm) – bei vorgegebenem y-Wert die zugehörige x-Koordinate berechnet

2018-4

werden kann. Mit einem Geo-Dreieck kann ein geeigneter Kandidat gefunden werden, z. B. P(t | 400). Es gilt nun, die x-Koordinate zu berechnen:

$$400 = 150 \cdot e^{0,25t} \quad |:150$$

$$\frac{8}{3} = e^{0,25t} \quad |\ln$$

$$\ln\left(\frac{8}{3}\right) = 0,25 \cdot t$$

$$t = 3,9...$$

Dieses Ergebnis bedeutet, dass der 2.Spiegelstrich auf der x-Achse die Skalierung 4 hat.

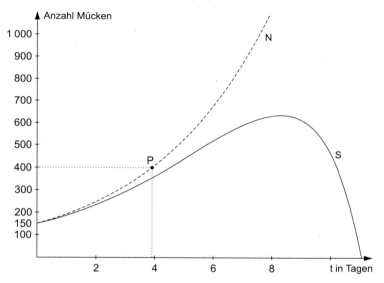

2.2 Beide Kurven starten mit der Beschreibung der gleichen Anzahl der Population der Stechmücken (150). Im ersten Versuch (modelliert durch die Funktion N) steigt die Anzahl der Population stark an. Da auch die Steigung dieses Funktionsgraphen monoton wächst, nimmt die Wachstumsgeschwindigkeit in diesem Modell zu.

Im zweiten Versuch (modelliert durch die Funktion S) wächst die Population bis zum 8. Tag (Maximum) und verringert sich dann relativ schnell bis auf den Wert null am 11. Tag. Die Wachstumsgeschwindigkeit (Steigung des Funktionsgraphen) erhöht sich hier bis zum 5. Tag und wird dann schwächer. Nach 8 Tagen hat die Wachstumsgeschwindigkeit negative Werte, d. h., die Population verringert sich.

2.3 Die Veränderung der Population wird in diesem Aufgabenabschnitt durch die Funktion S mit der Funktionsgleichung $S(t) = 160 \cdot e^{0,25t} - 10 \cdot e^{0,5t}$ beschrieben. Die Frage, wann die Population den größten Wert hat und wie groß dieser ist, wird durch die Bestimmung des Extremwertes dieser Funktion beantwortet.

Extremwertbestimmung der Funktion S:
Notwendige Bedingung: $S'(t) = 0$

$$S'(t) = 160 \cdot 0,25 \cdot e^{0,25t} - 10 \cdot 0,5 \cdot e^{0,5t}$$
$$= 40 \cdot e^{0,25t} - 5 \cdot e^{0,5t}$$

$$S'(t) = 0$$
$$40 \cdot e^{0,25t} - 5 \cdot e^{0,5t} = 0$$
$$8 \cdot e^{0,25t} = e^{0,5t}$$
$$8 = e^{0,5t - 0,25t}$$
$$8 = e^{0,25t}$$
$$\ln 8 = 0,25 \cdot t$$
$$t = 4 \ln 8 \approx 8,32$$

Berechnung der y-Koordinate von $E(8,32 \mid y)$:
$$S(8,32) = 160 \cdot e^{0,25 \cdot 8,32} - 10 \cdot e^{0,5 \cdot 8,32}$$
$$\approx 640$$

Hinreichende Bedingung für die Maximumstelle: $S''(8,32) < 0$
$$S''(8,32) = 10 \cdot e^{0,25 \cdot 8,32} - 2,5 \cdot e^{0,5 \cdot 8,32}$$
$$\approx -80 < 0 \implies \text{Maximum}$$

Zum Zeitpunkt $t = 4 \ln 8 \approx 8,32$ Tage (nach Beobachtungsbeginn) ist der Bestand der Population der Stechmücken mit 640 Exemplaren am größten.

2.4 Es gilt, das Integral $3 \cdot \int_{0}^{7} S(t)\, dt$ zu berechnen.

$$3 \cdot \int_{0}^{7} S(t)\, dt = 3 \cdot \int_{0}^{7} \left(160 \cdot e^{0,25t} - 10 \cdot e^{0,5t} \right) dt$$
$$= 3 \cdot \left[640 \cdot e^{0,25t} - 20 \cdot e^{0,5t} \right]_{0}^{7}$$
$$= 3 \cdot \left(\left(640 \cdot e^{0,25 \cdot 7} - 20 \cdot e^{0,5 \cdot 7} \right) - \left(640 \cdot e^{0,25 \cdot 0} - 20 \cdot e^{0,5 \cdot 0} \right) \right)$$
$$\approx 7\,202$$

Mit dem Integral $\int_{0}^{7} S(t)\, dt$ wird die Gesamtzahl der Mücken in dem Zeitraum von $t = 0$ bis $t = 7$ berechnet und durch Multiplikation mit dem Faktor 3 ergibt sich die zu erwartende Gesamtzahl der Mückenstiche innerhalb der ersten 7 Tage nach dem Beobachtungsbeginn.

3.1 Es stellt sich die Frage, mit welchen Parameterwerten für k aus dem Funktionsterm $S_k(t)$ die Funktionsterme $S(t)$ und $N(T)$ entstehen.

Fall 1: $S_k(t) \to S(t)$

$$10 \cdot e^{0,25 \cdot t} \cdot (16 - e^{0,25 \cdot k \cdot t}) = 160 \cdot e^{0,25 \cdot t} - 10 \cdot e^{0,5 \cdot t}$$
$$160 \cdot e^{0,25 \cdot t} - 10 \cdot e^{0,25 \cdot t} \cdot e^{0,25 \cdot k \cdot t} = 160 \cdot e^{0,25 \cdot t} - 10 \cdot e^{0,5 \cdot t}$$
$$160 \cdot e^{0,25 \cdot t} - 10 \cdot e^{0,25 \cdot (k+1) \cdot t} = 160 \cdot e^{0,25 \cdot t} - 10 \cdot e^{0,5 \cdot t} \qquad \big| -160 \cdot e^{0,25 \cdot t}$$
$$10 \cdot e^{0,5 \cdot k \cdot t} = 10 \cdot e^{0,25 \cdot (k+1) \cdot t}$$
$$0,5 \cdot k \cdot t = 0,25 \cdot (k+1) \cdot t$$
$$0,5 \cdot k = 0,25 \cdot k + 0,25$$
$$0,25 \cdot k = 0,25$$

Dies ist für k = 1 erfüllt.

Fall 2: $S_k(t) \to N(t)$

$$10 \cdot e^{0,25 \cdot t} \cdot (16 - e^{0,25 \cdot k \cdot t}) = 150 \cdot e^{0,25 \cdot t}$$
$$160 \cdot e^{0,25 \cdot t} - 10 \cdot e^{0,25 \cdot t} \cdot e^{0,25 \cdot k \cdot t} = 150 \cdot e^{0,25 \cdot t}$$
$$160 \cdot e^{0,25 \cdot t} - 10 \cdot e^{0,25 \cdot (k+1) \cdot t} = 150 \cdot e^{0,25 \cdot t} \qquad \big| -150 \cdot e^{0,25 \cdot t}$$
$$10 \cdot e^{0,25 \cdot t} - 10 \cdot e^{0,25 \cdot (k+1) \cdot t} = 0$$
$$10 \cdot e^{0,25 \cdot t} = 10 \cdot e^{0,25 \cdot (k+1) \cdot t}$$
$$0,25 \cdot t = 0,25 \cdot (k+1) \cdot t$$
$$1 = k+1$$

Dies ist für k = 0 erfüllt.

3.2 Ansatz: $S_k(8) = 0$

$$10 \cdot e^{0,25 \cdot 8} \cdot (16 - e^{0,25 \cdot k \cdot 8}) = 0$$
$$10 \cdot e^2 \cdot (16 - e^{2k}) = 0$$
$$160 \cdot e^2 - 10 \cdot e^{2k+2} = 0$$
$$16 \cdot e^2 = e^{2k+2} \qquad \big| \ln$$
$$\ln(16 \cdot e^2) = 2k + 2$$
$$\ln(16 \cdot e^2) - 2 = 2k$$
$$k = 0,5 \ln(16 \cdot e^2) - 1 \approx 1,39$$

Für den Wert $k = 0,5 \ln(16 e^2) - 1 \approx 1,39$ ist die Population schon nach 8 Tagen ausgestorben. Dabei werden die Vorgaben für die Zeit (spätestens nach 8 Tagen) und den Grenzwert (k < 1,5) eingehalten.

Alternative: Auch k = 1,4 erfüllt die Bedingungen. Es ist dann k < 1,5 und für den Zeitpunkt t = 8 ergibt sich:

$$S_{1,4}(8) = 10 \cdot e^{0,25 \cdot 8} \cdot (16 - e^{0,25 \cdot 1,4 \cdot 8})$$
$$\approx -32,9$$

Bei diesem Wert von k muss die Population also schon vor dem 8. Tag auf den Wert null gefallen sein. Die Vorgabe für die Zeit ist also ebenfalls erfüllt.

Hessen – Grundkurs Mathematik
2018 – A1: Analysis (GTR/CAS)

In der nachfolgenden Tabelle sind die Bevölkerungszahlen des afrikanischen Staates Mali von 1966 bis 2016 angegeben.
Dabei gilt:
t: Zeit in Jahren ab dem Jahr 1966
N(t): Bevölkerungszahl in Millionen

t	0	10	20	30	40	50
N(t)	5,602	6,540	7,895	9,771	13,096	17,858

eigene Darstellung; Daten nach http://countrymeters.info/de/Mali

1 Untersuchen Sie rechnerisch (ohne Regression) unter Verwendung aller in der Tabelle angegebenen Bevölkerungszahlen, ob es sich um ein exponentielles Wachstum handelt.
(6 BE)

Im Folgenden wird die Entwicklung der Bevölkerungszahlen von Mali (in Millionen) in Abhängigkeit von der Zeit t (in Jahren ab dem Jahr 1966) jeweils durch die Funktionen f, g, h, i und j beschrieben.

2.1 Berechnen Sie unter Verwendung der Wertepaare für die Jahre 1966 und 1996 eine Näherungsfunktion f mit $f(t) = a \cdot e^{k \cdot t}$ für die Beschreibung der Entwicklung der Bevölkerungszahlen.
(5 BE)

2.2 Bestimmen Sie den Wert des folgenden Terms und erläutern Sie dessen Bedeutung im Sachzusammenhang.

$$(N(0) - f(0))^2 + (N(10) - f(10))^2 + (N(20) - f(20))^2 + (N(30) - f(30))^2$$

Falls Sie die Funktion f in Aufgabe 2.1 nicht berechnen konnten, verwenden Sie stattdessen die Ersatzfunktion f_e mit $f_e(t) = 5,35 \cdot e^{0,02 \cdot t}$.
(6 BE)

3.1 Bestimmen Sie unter Verwendung aller Wertepaare aus der Tabelle mittels Regression eine ganzrationale Funktion dritten Grades i mit $i(t) = a \cdot t^3 + b \cdot t^2 + c \cdot t + d$ für die Beschreibung der Entwicklung der Bevölkerungszahlen.
(4 BE)

3.2 Alternativ kann die Entwicklung der Bevölkerungszahlen durch die Funktion g mit $g(t) = 5,236 \cdot e^{0,023 \cdot t}$ bzw. durch die Funktion h mit $h(t) = 5,602 \cdot e^{0,013 \cdot t + 0,0002 \cdot t^2}$ beschrieben werden.

Ermitteln Sie den Wert des Terms $\dfrac{1}{50} \displaystyle\int_0^{50} |g(t) - h(t)|\, dt$.

Deuten Sie diesen Wert im Sachzusammenhang und erläutern Sie hierbei auch die Bedeutung der Betragsstriche innerhalb des Terms.
(7 BE)

2018-8

4   Das Bevölkerungswachstum Malis ist auf lange Sicht beschränkt. Das beschränkte
     Wachstum soll durch die Funktion j mit $j(t) = 30,5 - A \cdot e^{-m \cdot t}$ beschrieben werden.

4.1 Erläutern Sie die Bedeutung der beiden hier angegebenen Bedingungsgleichungen zur
     Ermittlung der Parameter A und m jeweils im Sachzusammenhang.

     $h(50) = 30,5 - A \cdot e^{-m \cdot 50}$

     $h'(50) = (-m) \cdot (-A \cdot e^{-m \cdot 50})$ **(4 BE)**

Im Folgenden seien $A = 125,12$ und $m = 0,0456$ vorgegeben.

4.2 Ermitteln Sie den Grenzwert, gegen den die Bevölkerungszahlen bei Modellierung durch
     die Funktion j auf lange Sicht streben.   **(3 BE)**

4.3 Ermitteln Sie für die beiden Funktionen h und j jeweils die Bevölkerungszahl im Jahr
     2066 und beurteilen Sie die Ergebnisse im Sachzusammenhang.   **(5 BE)**

Hinweise und Tipps

Teilaufgabe 1

Der Nachweis, ob eine Zuordnung eine Exponentialfunktion darstellt oder ein exponentielles Verhalten abbildet, lässt sich durch geeignete Quotientenbildung nachprüfen.

Beachten Sie, dass alle Quotienten gebildet werden müssen.

Teilaufgabe 2.1

Machen Sie aus den beiden Wertepaaren durch Einsetzen in die Funktionsgleichung Gleichungen mit zwei Unbekannten, die gelöst werden können.

Teilaufgabe 2.2

Bestimmen Sie den Wert des Terms mit dem CAS (Operator „ermitteln") und denken Sie an die Methode der kleinsten Fehlerquadrate.

Teilaufgabe 3.1

Benutzen Sie die in Ihrem Rechner integrierte Regression mittels einer kubischen Funktion.

Teilaufgabe 3.2

Berechnen Sie das Integral unter Benutzung des CAS und vergessen Sie die Betragszeichen nicht.

Denken Sie an das Wort „Abweichung". Die Betragsstriche haben eine ähnliche Funktion wie die Quadrate in Aufgabe 2.2.

Teilaufgabe 4.1

Denken Sie daran, dass in Ihrer Antwort Bezug auf die Sache (Bevölkerungswachstum etc.) genommen werden muss.

Teilaufgabe 4.2

Ermitteln Sie den Grenzwert, was auch ohne CAS leicht möglich ist. Aber Sie dürfen natürlich den Rechner benutzen.

Teilaufgabe 4.3

Die Zahlen sind schnell ermittelt. Die Beurteilung kann vielfältig ausfallen. Akzeptiert wird, was nicht gänzlich unlogisch erscheint. Denken Sie daran, dass es für diese Aufgabe nur 5 Bewertungspunkte gibt, fassen Sie sich also kurz.

Lösung

1   Exponentielles Wachstum liegt vor, falls sich die Tabelle mittels einer Wachstumsfunktion $N(t) = a \cdot e^{kt}$ erklären lässt. a ist hierbei der Wert zum Zeitpunkt $t = 0$ und k der Wachstumskoeffizient, der anzeigt, wie stark das exponentielle Wachstum ist. Für das Verhältnis zweier beliebiger aufeinanderfolgender Tabellenwerte gilt, falls man ein exponentielles Wachstum voraussetzt:

$$\frac{N(t+10)}{N(t)} = \frac{a \cdot e^{k(t+10)}}{a \cdot e^{kt}} = \frac{a \cdot e^{kt} \cdot e^{10k}}{a \cdot e^{kt}} = e^{10k}$$

Legt man also eine Exponentialfunktion zugrunde, müsste das Verhältnis zweier aufeinanderfolgender Tabellenwerte immer dieselbe Konstante ergeben. Man erhält aber:

$$\frac{6,540}{5,602} \approx 1,167, \quad \frac{7,895}{6,540} \approx 1,207, \quad \frac{9,771}{7,895} \approx 1,238, \quad \frac{13,096}{9,771} \approx 1,340, \quad \frac{17,858}{13,096} \approx 1,364$$

Wie man sieht, ist der Quotient nicht konstant, sondern steigt stetig an. Damit kann es sich im Beispiel nicht um ein exponentielles Wachstum handeln.

2.1   Da der Operator „berechnen" angewandt wird, darf man nicht mit einer exponentiellen Regression nähern. Die Funktionsgleichung $f(t) = a \cdot e^{k \cdot t}$ hat zwei Parameter, die mit den beiden Wertepaaren der Tabelle bestimmt werden müssen.

Aus $f(0) = a \cdot e^{k \cdot 0} = a = 5,602$ folgt die Bevölkerungszahl im Jahre 1966, die sich auf 5,602 Millionen beläuft.

1996 bedeutet $t = 30$. Dafür gilt $f(30) = 5,602 \cdot e^{30k} = 9,771$. Umformen ergibt:

$$e^{30k} = \frac{9,771}{5,602} \approx 1,744$$

Durch Logarithmieren erhält man:

$$\ln(e^{30k}) = 30k \approx \ln(1,744) \approx 0,556$$

Daraus folgt für $k \approx 0,0185$ und für die Näherungsfunktion $f(t) = 5,602 \cdot e^{0,0185t}$.

2.2   Der Term „misst" die Abweichung der Näherungsfunktion von den Tabellenwerten durch Anwendung der Methode der kleinsten Fehlerquadrate. Hierfür werden an den von der Tabelle vorgegebenen Zeiten die Differenzen der Tabellenwerte $N(t)$ und der Funktionswerte $f(t)$ ermittelt, quadriert, um negative Abweichungen nicht in die Summe einfließen zu lassen, und am Ende summiert. Insgesamt ergibt sich ein Maß für die Abweichung der Näherungsfunktion von den Tabellenwerten.

Als Ergebnis erhält man etwa den Wert 0,087.

```
define f(t)=5.602*e^0.0185t
                                          done
(5.602-f(0))^2+(6.540-f(10))^2+(7.895-f(20))^2+(9.771-f(30))^2
                                   0.08664704955
```

Benutzt man die angegebene Ersatzfunktion $f_e(t) = 5,35 \cdot e^{0,02t}$, so erhält man analog etwa den Wert 0,071.

```
define f(t)=5.35*e^0.02t
                                          done
(5.602-f(0))^2+(6.540-f(10))^2+(7.895-f(20))^2+(9.771-f(30))^2
                                   0.07148902903
```

2018-11

3.1 Nach Eingabe der Tabellenwerte in das im CAS vorgegebene Menü und Anwendung der kubischen Regression bekommt man als Regressionsfunktion für i(t):

$$i(t) = 7{,}3 \cdot 10^{-5}\, x^3 - 6{,}536 \cdot 10^{-4}\, x^2 + 0{,}096x + 5{,}6$$

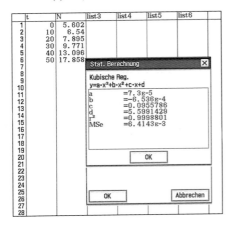

3.2 Mithilfe des CAS ermittelt man:

$$\frac{1}{50} \cdot \int_0^{50} |g(t) - h(t)|\, dt \approx 0{,}3498$$

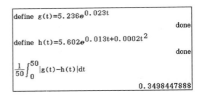

Der Betrag der Differenzfunktion verhindert, dass sich negative Werte und positive Werte gegeneinander aufheben. Das wäre z. B. der Fall, wenn sich die beiden Funktionen einmal oder mehrfach schneiden.

Da durch 50 dividiert wird, erhält man die durchschnittliche Abweichung des Betrages der Funktionsdifferenz pro Jahr, wobei die Funktionen zwei unterschiedliche Modelle der Bevölkerungsentwicklung darstellen.

4.1 In Aufgabe 3.2 ist die Funktion h eine der möglichen Wachstumsfunktionen, die das Bevölkerungswachstum von Mali beschreiben sollen.

Die erste Gleichung sagt aus, dass die Funktion j im Jahre 2016 (= 1966 + 50) denselben Wert annehmen soll wie die Funktion h. Im Jahre 2016 sollen also beide Funktionen dieselbe Einwohnerzahl angeben.

Die zweite Gleichung besagt, dass die Wachstumsgeschwindigkeit, also die Veränderung der Bevölkerungszahl pro Jahr, bei beiden Funktionen (h und j) im Jahre 2016 identisch sein soll.

4.2 Die gegebene Funktion besitzt nun die Funktionsgleichung $j(t) = 30,5 - 125,12 \cdot e^{-0,0456 \cdot t}$. Gesucht wird der Grenzwert für t gegen unendlich. Diesen ermittelt man mithilfe des CAS:

```
define j(t)=30.5-125.12e^-0.0456t
                                        done
lim (j(t))
t→∞
                                        30.5
```

$$\lim_{t \to \infty} j(t) = \lim_{t \to \infty} (30,5 - 125,12 \cdot e^{-0,0456 \cdot t}) = 30,5$$

Auf lange Sicht wird sich also nach diesem Modell die Bevölkerungszahl bei 30,5 Millionen Einwohnern stabilisieren.

4.3 Da das Jahr 1966 für $t = 0$ steht, muss man die Funktionswerte an der Stelle $t = 100$ (gehört zum Jahr 2066) ermitteln.

Es gilt:

$$j(100) \approx 29,191 \quad \text{und} \quad h(100) \approx 151,885$$

```
j(100)
                                        29.19098718
h(100)
                                        151.8850032
```

Für die Funktion j ergibt sich damit der Wert von ca. 29,191 Millionen Einwohnern und liegt damit knapp unterhalb des berechneten Grenzwertes von 30,5 Millionen.

Damit ergibt sich gegenüber dem Jahr 2016 eine Vermehrung der Bevölkerungszahl, die unterhalb der Verdopplung liegt. Schaut man sich dagegen die ersten 50 Jahre an, so hat man es gemäß den Tabellenwerten mit einer Verdreifachung der Bevölkerungszahl zu tun. Gegenüber dem Modell mit der Funktion h, die eine Bevölkerungszahl im Jahre 2066 von über 151 Millionen Einwohnern prognostiziert, ist die vorausgesagte Einwohnerzahl von unter 30 Millionen jedenfalls moderat. Auch ohne große Kenntnis der Verhältnisse in Mali erscheint eine Einwohnerzahl von 150 Millionen völlig unrealistisch zu sein, da so viele Menschen dort nicht ernährt werden könnten. Vor diesem Hintergrund stellt sich auch die Frage über den Sinn solch langfristiger Prognosen.

Hessen – Grundkurs Mathematik
2018 – A2: Analysis (WTR/GTR)

Während einer schulischen Projektwoche werden Modelle von Heißluftballons aus dünnem Papier gefertigt. Um das Flugverhalten der Heißluftballons zu untersuchen, werden die Ballons mit heißer Luft gefüllt und dann losgelassen (Material 1).

1   Eine Ballonhülle (Material 2) besteht aus sechs zueinander kongruenten, miteinander verklebten Teilen. Ein Ballonhüllenteil ist in Material 3 abgebildet. Es ist achsensymmetrisch zur x-Achse und 1,35 m lang. Seine obere Randkurve wird für $0 \le x \le 0,6$ durch den Graphen der Funktion f mit $f(x) = 0,6x^3 - 1,5x^2 + 0,98x$ beschrieben (alle Angaben in m). Der weitere Verlauf des Graphen von f ist für $x \ge 0,6$ gestrichelt dargestellt.

Für $0,6 \le x \le 1,35$ wird die obere Randkurve durch die Tangente t an den Graphen von f im Punkt $A(0,6 \,|\, f(0,6))$ beschrieben.

1.1   Berechnen Sie die maximale Breite eines Ballonhüllenteils.
Hinweis: Die Untersuchung der notwendigen Bedingung ist ausreichend.   **(6 BE)**

1.2   Berechnen Sie die Funktionsgleichung der Tangente t.   **(5 BE)**

Verwenden Sie im Folgenden für die Tangente t die Funktionsgleichung $t(x) = -0,17x + 0,28$.

1.3   Berechnen Sie den Flächeninhalt A eines Ballonhüllenteils.
[zur Kontrolle: $A = 0,347055 \text{ m}^2$]   **(8 BE)**

1.4   Die gesamte Ballonhülle soll insgesamt höchstens 50 g wiegen. Zum Verkleben der sechs Ballonhüllenteile werden für die gesamte Ballonhülle insgesamt 10 g Klebstoff benötigt. Berechnen Sie, wie viel Gramm pro m^2 das Papier höchstens wiegen darf.   **(5 BE)**

2   Es werden drei verschiedene Ballonfahrten durchgeführt. Der Ballon wird jeweils zum Zeitpunkt $t = 0$ in einem Meter Höhe über dem ebenen Boden losgelassen. Die Funktionen h_1, h_2 und h_3 geben jeweils an, in welcher Höhe (in m) über dem Boden sich der Ballon zur Zeit t (in Sekunden nach Beginn der Messung) befindet. Mithilfe einer Filmaufnahme wird untersucht, mit welcher Geschwindigkeit v (in $\frac{m}{s}$) der Ballon zunächst aufsteigt und anschließend wieder absinkt. Zur Modellierung werden die drei Funktionen v_1, v_2 und v_3 verwendet. Die Funktionen v_1, v_2 und v_3 sind die jeweiligen ersten Ableitungen der Funktionen h_1, h_2 und h_3.

2.1   In Material 4 ist der Graph von v_1 in Abhängigkeit von der Zeit t für $0 \le t \le 10$ dargestellt. Erläutern Sie anhand der Eigenschaften des Graphen von v_1 den Verlauf des zugehörigen Graphen von h_1. Gehen Sie dabei auf das Monotonieverhalten und mögliche Extremwerte des Graphen von h_1 innerhalb des betrachteten Intervalls ein.   **(7 BE)**

2.2   In Material 5 ist der Graph der Funktion v_2 mit $v_2(t) = -0,041t^3 + 0,684t^2 - 3,8t + 6,68$ für $0 \le t \le 10$ dargestellt.
Bestimmen Sie die Höhe des Ballons über dem Boden zum Zeitpunkt $t = 6$.   **(4 BE)**

2.3 Für die dritte Ballonfahrt gelten die folgenden Bedingungen:
   (1) $h_3(0) = 1$
   (2) $\int_0^{10} v_3(t)\, dt = -1$

Beschreiben Sie jeweils die Bedeutung der Bedingungen (1) und (2) im Sachzusammenhang. Erläutern Sie, was sich aus den Bedingungen (1) und (2) für die Höhe des Ballons zum Zeitpunkt $t = 10$ folgern lässt. **(5 BE)**

Material 1

Material 2

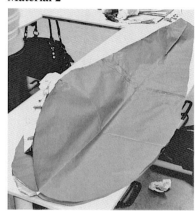

Material 3

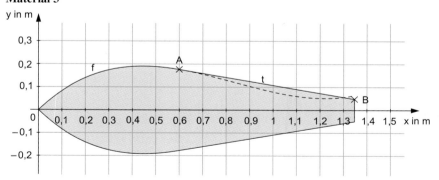

2018-15

Material 4

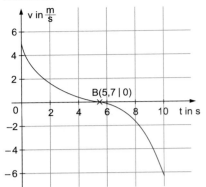

Material 5

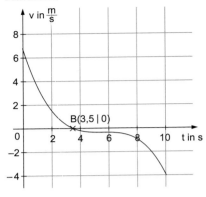

Hinweise und Tipps

Teilaufgabe 1.1

Bestimmen Sie das Maximum von f(x). Bei der Feststellung des Endergebnisses beachten Sie den symmetrischen Aspekt des Hüllenteils (Material 3).

Teilaufgabe 1.2

Es ist eine Geradengleichung zu bestimmen. Machen Sie einen allgemeinen Ansatz mit zwei unbekannten Parametern.

Beachten Sie, dass ein Punkt der Tangente mit einem Punkt der Kurve f(x) übereinstimmt.

Teilaufgabe 1.3

Bestimmen Sie die Fläche mithilfe der Integralrechnung.

Beachten Sie, dass die Randkurve aus zwei Teilen besteht und es demgemäß zwei Integrale geben muss.

Teilaufgabe 1.4

Wie groß ist die Fläche aller Hüllenteile zusammen?

Wie viel darf die Gesamthülle nach Abzug des Klebstoffs noch wiegen?

Rechnen Sie das Gewicht auf einen Quadratmeter bezogen um.

Teilaufgabe 2.1

Denken Sie an den Zusammenhang von strenger Monotonie und 1. Ableitung.

Beachten Sie den Zusammenhang von Extrempunkt und 1. Ableitung.

Schließen Sie aus den beiden ersten Punkten darauf, ob eine Links- oder Rechtskurve vorliegt.

Teilaufgabe 2.2

Da v(t) die Ableitung von h(t) darstellt, erhält man h(t) durch Integration.

Beachten Sie, dass der Ballon schon 1 Meter über dem Erdboden losgelassen wird.

Teilaufgabe 2.3

Der Koordinatenursprung (0|0) entspricht der Zeit $t = 0$ und der Höhe $h = 0$.

Beachten Sie, dass die Höhe $h_3(t)$ nicht alleine durch das Integral über die Geschwindigkeitsfunktion gegeben ist, da sonst $h_3(0) = 0$ wäre.

Lösung

1.1 Die maximale Breite des Ballons ergibt sich durch den Funktionswert an der Stelle des Maximums multipliziert mit dem Faktor 2. Man muss also den Hochpunkt der Funktion bestimmen. Hierzu wird die erste Ableitung gebildet, null gesetzt und das Ergebnis in die Funktionsgleichung eingesetzt.

$$f(x) = 0,6x^3 - 1,5x^2 + 0,98x$$
$$f'(x) = 1,8x^2 - 3x + 0,98$$

Aus $1,8x^2 - 3x + 0,98 = 0$ folgt:

$$x^2 - \frac{3}{1,8}x + \frac{0,98}{1,8} = 0$$

$$x^2 - \frac{5}{3}x + \frac{49}{90} = 0$$

Mithilfe der p-q-Formel erhält man

$$x_{1,2} = \frac{5}{6} \pm \sqrt{\left(\frac{5}{6}\right)^2 - \frac{49}{90}}$$

und somit als Lösungen $x_1 \approx 0,446$ und $x_2 \approx 1,221$. Schon die Grafik zeigt, dass $x_1 \approx 0,446$ das gesuchte Maximum ist. Außerdem gilt das Modell nur im Bereich $0 \leq x \leq 0,6$. Für den Funktionswert erhält man somit $f(0,446) \approx 0,192$. Damit ergibt sich für die maximale Breite der Ballonhülle ca. $2 \cdot f(0,446) \approx 0,384$ Meter.

1.2 Die gesuchte Tangente soll durch den Punkt $A(0,6 \mid f(0,6))$ gehen. Einsetzen von 0,6 in die Funktionsgleichung ergibt $f(0,6) = 0,1776$. Damit gilt gleichermaßen $t(0,6) = 0,1776$. Setzt man die Koordinaten des Punkts $A(0,6 \mid 0,1776)$ in die allgemeine Tangentengleichung $t(x) = m \cdot x + b$ ein, so erhält man $t(0,6) = 0,1776 = m \cdot 0,6 + b$. Da die Steigung m der Tangente mit der Steigung des Graphen von f an der Stelle 0,6 übereinstimmt, gilt $m = f'(0,6) = -0,172$ (die Funktionsgleichung der 1.Ableitung wurde bereits in Aufgabe 1.1 ermittelt). Daraus folgt:

$$0,1776 = m \cdot 0,6 + b = (-0,172) \cdot 0,6 + b$$
$$b = 0,2808$$

Die Tangentengleichung lautet also:

$$t(x) = -0,172x + 0,2808$$

1.3 Die Fläche zwischen dem Hüllenrand und der x-Achse setzt sich aus zwei Teilen zusammen. Zwischen 0 und 0,6 ist die Hüllkurve die gegebene kubische Kurve f(x) und zwischen 0,6 und 1,35 (Ende der Ballonhülle) ist die Hüllkurve gegeben durch die Tangente t(x). Man bildet also zwei Integrale, muss allerdings am Ende das Ergebnis noch mit dem Faktor 2 multiplizieren, um das endgültige Resultat zu erhalten (siehe hierzu auch die graue Fläche in Material 3).

$$A_1 = \int_0^{0,6} (0,6x^3 - 1,5x^2 + 0,98x)\, dx = \left[\frac{0,6}{4}x^4 - \frac{1,5}{3}x^3 + \frac{0,98}{2}x^2\right]_0^{0,6}$$

$$= \left[\frac{3}{20}x^4 - \frac{1}{2}x^3 + \frac{49}{100}x^2\right]_0^{0,6} = \frac{3}{20} \cdot 0,6^4 - \frac{1}{2} \cdot 0,6^3 + \frac{49}{100} \cdot 0,6^2 = 0,08784$$

$$A_2 = \int\limits_{0,6}^{1,35} (-0,17x + 0,28)\, dx = \left[-0,085x^2 + 0,28x \right]_{0,6}^{1,35}$$

$$= -0,085 \cdot 1,35^2 + 0,28 \cdot 1,35 - (-0,085 \cdot 0,6^2 + 0,28 \cdot 0,6) = 0,0856875$$

$$A_1 + A_2 = 0,08784 + 0,0856875 = 0,1735275$$

Das Ergebnis multipliziert mit dem Faktor 2 ergibt einen Flächeninhalt von etwa 0,347 m².

1.4 Da der Klebstoff 10 Gramm wiegt, bleiben für das Papier der Ballonhüllen nur noch 40 Gramm übrig. Es gibt insgesamt 6 kongruente Hüllenteile. Das heißt, jedes Flächenteil darf höchstens $\frac{40}{6} \approx 6,67$ Gramm wiegen.

Da die Fläche eines Hüllenteils in Aufgabe 1.3 zu 0,347 m² berechnet wurde, darf das Gewicht des Papiers etwa höchstens $\frac{6,67}{0,347}\, \frac{g}{m^2} \approx 19,2\, \frac{g}{m^2}$ betragen.

2.1 Da die Funktionswerte von v_1 im Bereich $0 \le t < 5,7$ immer größer als 0 sind, muss die Ausgangsfunktion h_1 in diesem Intervall streng monoton steigen. Da die Werte von v_1 bei Annäherung an $t = 5,7$ immer kleiner werden, wird der Anstieg der Funktion h_1 auch immer kleiner. Da $v_1(5,7) = 0$ ist, besitzt die Funktion an dieser Stelle eine waagrechte Tangente. Für $t > 5,7$ ist $v_1(t) < 0$, also fällt die Funktion h_1 nach der Stelle mit der waagrechten Tangente streng monoton. Man hat also für $h_1(t)$ insgesamt eine Rechtskurve (Vorzeichenwechsel der 1. Ableitung von plus nach minus) mit einem Maximum an der Stelle $t = 5,7$ vorliegen.

2.2 Da die Geschwindigkeit $v_2(t)$ die Ableitung von $h_2(t)$ ist, erhält man $h_2(t)$ durch Integration. Da laut Aufgabentext der Ballon in 1 Meter Höhe losgelassen wird, muss man dies noch zum Integral addieren. Es gilt also:

$$h_2(6) = \int\limits_0^6 v_2(t)\, dt + 1 = \int\limits_0^6 (-0,041t^3 + 0,684t^2 - 3,8t + 6,68)\, dt + 1 = 8,644$$

Der Ballon befindet sich also nach 6 Sekunden in etwa 8,64 Metern Höhe über dem ebenen Boden.

2.3 (1) $h_3(0) = 1$ bedeutet, dass sich der Ballon zu Beginn der Aufzeichnung in 1 Meter Höhe befindet.

(2) $\int\limits_0^{10} v_3(t)\, dt = -1$ bedeutet, dass sich der Ballon nach 10 Sekunden auf der Höhe 0, also auf Bodenhöhe, befindet. Grund ist, dass für die Funktion $h_3(t)$ gelten muss:

$$h_3(t) = \int\limits_0^t v_3(x)\, dx + 1$$

Nur so kann die Bedingung (1) (also $h_3(0) = 1$) gelten, da $\int\limits_0^0 v_3(x)\, dx = 0$ ist.

Demgemäß folgt aus $h_3(10) = \int\limits_0^{10} v_3(t)\, dt + 1$ und $\int\limits_0^{10} v_3(t)\, dt = -1$ die Gleichung $h_3(10) = 0$. Also liegt die Höhe 10 Sekunden nach dem Start 1 Meter unter der Starthöhe, also auf Bodenhöhe.

Hessen – Grundkurs Mathematik
2018 – A2: Analysis (CAS)

Die Energie der Sonnenstrahlung kann mittels Photovoltaik in elektrische Energie umgewandelt werden. Das hessische statistische Landesamt hat im Februar 2017 folgende Werte für die im jeweiligen Jahr insgesamt auf diesem Weg in Hessen erzeugte elektrische Energie veröffentlicht.

Jahr	1995	2000	2003	2005	2009	2010
Energie in Mio. kWh im Jahr	0,1	0,7	19,6	64,1	352,9	614,3

Jahr	2011	2012	2013	2014	2015
Energie in Mio. kWh im Jahr	973,5	1261,6	1393,8	1520,3	1631,3

Hessisches Statistisches Landesamt (Hrsg.): Energieversorgung in Hessen im November 2016 (2017),
URL: https://statistik.hessen.de/sites/statistik.hessen.de/files/EIV1_EIV2_EIV3m_16-11.pdf

Die Entwicklung der im Zeitraum von Beginn des Jahres 1995 bis einschließlich 2015 in Hessen durch Photovoltaik erzeugten elektrischen Energie soll mathematisch modelliert werden

1   Im Material sind die Tabellenwerte in einem Säulendiagramm dargestellt. Das Jahr 2000 wird als Zeitpunkt $t = 0$ betrachtet. Bestimmt man mit einem gängigen Verfahren eine Trendlinie für die Tabellenwerte im Intervall $[-5; 10]$, so erhält man eine Funktion f_1 mit $f_1(t) = 1{,}7627 \cdot e^{0{,}6074 \cdot t}, \; -5 \le t \le 10$.

1.1 Bestimmen Sie für diese Funktion den Wert des Terms

$$\Delta = \frac{1}{6} \cdot \Big[\left(0{,}1 - f_1(-5)\right)^2 + \left(0{,}7 - f_1(0)\right)^2 + \left(19{,}6 - f_1(3)\right)^2 + \left(64{,}1 - f_1(5)\right)^2 + \left(352{,}9 - f_1(9)\right)^2 + \left(614{,}3 - f_1(10)\right)^2 \Big]$$

und erläutern Sie dessen Bedeutung.   **(5 BE)**

1.2 Verwendet man ein anderes Verfahren zur Bestimmung der Trendlinie, so erhält man die Funktion f_2 mit $f_2(t) = 3{,}615 \cdot e^{0{,}513 \cdot t}, \; -5 \le t \le 10$, sowie für den Ausdruck Δ aus Aufgabe 1.1 den Wert $\Delta \approx 81$.
Beurteilen Sie, welche der beiden Funktionen f_1 und f_2 besser geeignet ist, um anhand der Tabellenwerte die Entwicklung der im fraglichen Zeitraum in Hessen durch Photovoltaik erzeugten elektrischen Energie zu modellieren.   **(3 BE)**

1.3 Für $t \in [10; 15]$ wurde durch Regression die Funktion g mit $g(t) = 1\,739{,}698 - 1\,128{,}845 \cdot e^{-0{,}407 \cdot (t - 10)}$ ermittelt.
Begründen Sie, dass die Graphen der Funktionen f_2 und g an der Stelle $t = 10$ gut aneinander passen, und nehmen Sie unter Einbezug geeigneter Winkel Stellung zu der Aussage:
„Sie gehen knickfrei ineinander über."   **(8 BE)**

2   Mit einem anderen Ansatz zur Modellierung erhält man die Funktion h mit

$$h(t) = \frac{A}{1 + B \cdot e^{-k \cdot t}} \quad \text{und } A = 1\,643{,}35, \; B = 4\,840{,}21, \; k = 0{,}8.$$

2.1 Geben Sie einen Schätzwert für die im Jahr 2020 in Hessen mittels Photovoltaik erzeugte elektrische Energie anhand dieses Modells an.   **(2 BE)**

2018-20

2.2 Begründen Sie, dass der Grenzwert der Funktion h für t → ∞ 1 643,35 beträgt. **(4 BE)**

2.3 Bestimmen Sie den Wert des größten Wachstums von h und deuten Sie ihn im Sachzusammenhang. **(7 BE)**

3.1 Erläutern Sie die Rechnung im untenstehenden Kasten sowie die mathematische Bedeutung des Wertes $\overline{E}$.

$$
\begin{aligned}
(1) \quad \overline{E} &= \frac{1}{b-a} \cdot \int_a^b h(t)\, dt \\
(2) \quad &= \frac{1}{b-a} \cdot [H(t)]_a^b = \frac{1}{b-a} \cdot \left[\frac{A}{k} \cdot \ln(B + e^{k \cdot t})\right]_a^b \\
(3) \quad &= \frac{1}{b-a} \cdot \frac{A}{k} \cdot \left[\ln\left(B + e^{k \cdot b}\right) - \ln\left(B + e^{k \cdot a}\right)\right] \\
(4) \quad &= \frac{1}{b-a} \cdot \frac{A}{k} \cdot \ln\left(\frac{B + e^{k \cdot b}}{B + e^{k \cdot a}}\right)
\end{aligned}
$$

(7 BE)

3.2 Ermitteln Sie mithilfe der Funktion h die von Beginn des Jahres 1995 bis einschließlich 2015 in Hessen durchschnittlich pro Jahr durch Photovoltaik erzeugte elektrische Energie. **(4 BE)**

Material
Säulendiagramm: Stromerzeugung aus Photovoltaik in Hessen 1995, 2000, 2003, 2005 und 2009 bis 2015

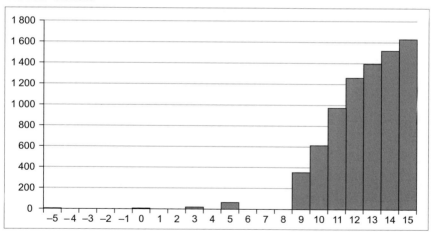

Die Höhe der Säule gibt die im jeweiligen Jahr t (wobei t = 0 dem Jahr 2000 entspricht) insgesamt mittels Photovoltaik in Hessen erzeugte elektrische Energie an. Für die nicht dargestellten Jahre liegen keine Werte vor.

Hinweise und Tipps

Allgemeiner Hinweis: Die Aufgabe kann in vielen Teilen sehr effizient mit CAS-Unterstützung bearbeitet werden. Daher ist es nützlich, sich zu Beginn einen Überblick über alle Teilaufgaben zu verschaffen und vorauszuplanen, wo die Verwendung des CAS hilfreich sein kann. Aus diesen Überlegungen ergibt sich, welche Funktionen sinnvollerweise direkt ins CAS eingegeben werden sollten. Auch benötigte Ableitungsfunktionen können bequem mit dem CAS bestimmt werden.
Die Plots der Näherungsfunktionen in Kombination mit dem Plot des gegebenen Datensatzes eignen sich unterstützend sehr gut zur Veranschaulichung der Güte der jeweils verwendeten Näherungsfunktion(en).

Teilaufgabe 1.1
✒ Geben Sie $f_1(t)$ in den Funktionseditor ein und berechnen Sie den Wert für Δ mithilfe der relevanten Funktionswerte von $f_1(t)$.

✒ Analysieren Sie den Aufbau des gegebenen Terms für Δ.

✒ Achten Sie bei der Beurteilung auf das gegebene Zeitintervall.

Teilaufgabe 1.2
✒ Vergleichen Sie die Näherungsfunktionen $f_1(t)$ und $f_2(t)$ anhand der Werte für Δ.

✒ Achten Sie bei der Beurteilung auf das gegebene Zeitintervall.

Teilaufgabe 1.3
✒ Geben Sie $f_2(t)$ und $g(t)$ in den Funktionseditor ein.

✒ Vergleichen Sie die Funktionswerte an der Stelle $t = 10$.

✒ Bestimmen Sie jeweils die 1. Ableitungsfunktionen, vergleichen Sie die Steigungen der Graphen von $f_2(t)$ und $g(t)$ sowie die Steigungswinkel an der Stelle $t = 10$.

✒ Achten Sie auf die angegebenen Zeitintervalle.

Teilaufgabe 2.1
✒ Geben Sie $h(t)$ in den Funktionseditor ein. Berechnen Sie $h(20)$.

Teilaufgabe 2.2
✒ Untersuchen Sie das Verhalten des Funktionsterms von $h(t)$ für sehr große Werte von t.

Teilaufgabe 2.3
✒ Bestimmen Sie die 1. und 2. (sowie eventuell die 3.) Ableitungsfunktion von $h(t)$.

✒ Bestimmen Sie mithilfe des notwendigen und eines hinreichenden Kriteriums die Wendestelle von $h(t)$.

✒ Bestimmen und erläutern Sie die (größte) Steigung von $h(t)$ an der Wendestelle in Bezug auf den Sachkontext.

Teilaufgabe 3.1
✒ Analysieren Sie den gegebenen Integralterm in (1) in Bezug auf den Sachkontext.

✒ Denken Sie bei (3) bzw. (4) an die Logarithmus-Rechenregeln.

Teilaufgabe 3.2
✒ Achten Sie bei der Festlegung der Integrationsgrenzen und der Intervalllänge für die Mittelwertbildung auf die Formulierung „bis einschließlich 2015".

Lösung

Vorbemerkung: Die Aufgabenstellung gilt für die Rechnertechnologie CAS. An Stellen, an denen ein CAS-Einsatz sinnvoll und möglich ist, sind die Lösungsmöglichkeiten mit CAS-Unterstützung dokumentiert.

1 Eine Trendlinie soll zunächst durch die Funktion
$$f_1(t) = 1{,}7627 \cdot e^{0{,}6074 \cdot t}, \quad -5 \leq t \leq 10,$$
beschrieben werden.

1.1 Berechnung des Wertes für Δ mit CAS:
$$\Delta \approx 4\,648$$

Mit dem Term Δ wird die – bezogen auf die sechs verwendeten Werte – gemittelte quadratische Abweichung zwischen den Tabellenwerten und den entsprechenden Funktionswerten von $f_1(t)$ berechnet. Da $t = 0$ dem Jahr 2000 entspricht, entspricht $t = -5$ dem Jahr 1995 und $t = 10$ dem Jahr 2010. Die Berechnung erfolgt also für den Zeitraum 1995 bis (einschließlich) 2010, wobei nur für 6 Jahre in diesem Zeitraum Werte vorliegen.

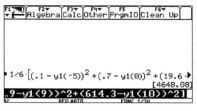

Je größer diese mittlere quadratische Abweichung ist, desto schlechter ist die Modellierung durch eine Funktion, die eine Trendlinie beschreiben soll.

Zur Veranschaulichung: Plots des Datensatzes und des Graphen von f_1

Es ist deutlich zu sehen, dass der Funktionsgraph ab 2010 ($t = 10$) stark von den realen Werten abweicht.

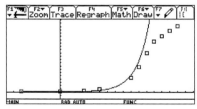

1.2 Durch eine andere Methode wurde die Funktion $f_2(t) = 3{,}615 \cdot e^{0{,}513 \cdot t}$, $-5 \leq t \leq 10$, als Beschreibung der Trendlinie gefunden. Mit $f_2(t)$ ergibt sich $\Delta \approx 81$.

Da die Abweichung hier deutlich niedriger ist als bei f_1, ist diese Funktion offenbar besser zur Modellierung der Entwicklung geeignet.

Zur Veranschaulichung: Plots des Datensatzes und des Graphen von f_2

Diese Funktion ist offenbar bis zum Jahr 2011 ($t = 11$) als Modellfunktion ganz gut geeignet.

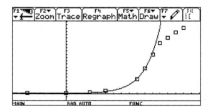

1.3 Für den Zeitraum [10; 15] kann eine andere Modellfunktion
$g(t) = 1\,739{,}698 - 1\,128{,}845 \cdot e^{-0{,}407 \cdot (t-10)}$,
$10 \leq t \leq 15$, verwendet werden (Modellierung durch eine Funktion, die begrenztes Wachstum beschreibt).

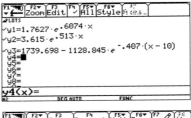

Zur Veranschaulichung: Plots des Datensatzes und des Graphen von g

Es ist gut zu sehen, dass der Graph von g die Daten ab 2010 (ab t = 10) gut erfasst.

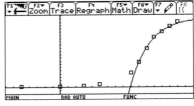

Für t = 10 gilt:
$$f_2(10) = 3{,}615 \cdot e^{0{,}513 \cdot 10}$$
$$\approx 610{,}997 \approx 611$$

$$g(10) = 1\,739{,}698 - 1\,128{,}845 \cdot e^{-0{,}407 \cdot 0}$$
$$= 1\,739{,}698 - 1\,128{,}845$$
$$= 610{,}853 \approx 611$$

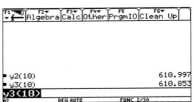

Die Differenz beträgt nur ca. 0,144. Daher stimmen die Funktionswerte dieser beiden Funktionen für t = 10 sehr gut überein.

Damit die Funktionen f_2 und g an der Stelle t = 10 knickfrei ineinander übergehen, müssen die Steigungswinkel der zugehörigen Graphen bzw. die Werte der 1. Ableitungsfunktionen an der Stelle t = 10 übereinstimmen.

Bestimmung von $f_2'(t)$ und $g'(t)$ sowie von $f_2'(10)$ und $g'(10)$:

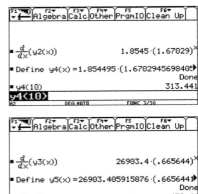

Also ist $f_2'(10) \approx 313{,}441$ und $g'(10) \approx 459{,}44$.

Diese Werte unterscheiden sich zwar deutlich, aber die Berechnung der Steigungswinkel liefert einen anderen Befund:

Da $f_2'(10) = \tan(\varphi_1) \approx 313{,}441$ bzw.
$g'(10) = \tan(\varphi_2) \approx 459{,}44$ gilt, ergibt sich

$\varphi_1 = \arctan(313{,}441) \approx 89{,}8172°$

bzw.

$\varphi_2 = \arctan(459{,}44) \approx 89{,}8753°$

und damit beträgt die Differenz der Steigungswinkel nur rund $0{,}06°$.

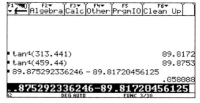

Da $\tan(\varphi)$ für $\varphi \to 90°$ (mit $\varphi < 90°$) gegen unendlich geht, werden die Differenzen zwischen den Tangenswerten von Winkeln nahe $90°$ immer größer, obwohl sich die zugehörigen Winkel nur um sehr wenig unterscheiden.

Hinweis zur Modellierung: Da es sich bei f_1 und f_2 um (reine) Exponentialfunktionen handelt, die eine „Sättigung" der Energieerzeugung durch Photovoltaik-Anlagen nicht erfassen können, kann es sinnvoll sein, zwei Modelle – wie hier exponentielles Wachstum und begrenztes Wachstum – zu kombinieren. Dabei muss aber an der „Anschlussstelle" (hier $t = 10$) auf Passung, auch was die Steigung betrifft, geachtet werden.

Zur Veranschaulichung: Plots des Datensatzes und der Graphen von f_2 und g

Eine gut geeignete Modellfunktion wäre also die stückweise definierte Funktion:

$$f(t) = \begin{cases} 3{,}615 \cdot e^{0{,}513 \cdot t} & \text{für } -5 \leq t \leq 10 \\ 1\,739{,}698 - 1\,128{,}845 \cdot e^{-0{,}407 \cdot (t-10)} & \text{für } 10 < t \leq 15 \end{cases}$$

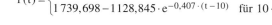

2   Ein weiterer Modellierungsansatz lautet:

$$h(t) = \frac{A}{1 + B \cdot e^{-k \cdot t}}$$

Die Parameter A, B, k sind gegeben (Modellierung durch eine Funktion, die logistisches Wachstum beschreibt).

2.1 h(t) konkret:

$$h(t) = \frac{1\,643{,}35}{1 + 4\,840{,}21 \cdot e^{-0{,}8 \cdot t}}$$

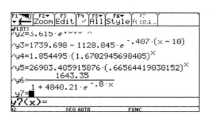

Zur Veranschaulichung: Plots des Datensatzes und des Graphen von h

Der Graph dieser Funktion erfasst die bekannten Daten sehr gut, scheint aber eine weitere Entwicklung nicht gut voraussagen zu können (vgl. Abweichung nach unten für 2015 ($t = 15$)).

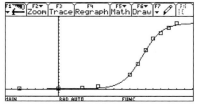

2020 entspricht t = 20, also ist:
$$h(20) = \frac{1\,643{,}35}{1 + 4\,840{,}21 \cdot e^{-0{,}8 \cdot 20}}$$
$$\approx 1\,642{,}46 \text{ (Millionen kWh)}$$

Im Jahr 2020 ist nach diesem Modell die mögliche Energiemenge pro Jahr schon fast an der angenommenen oberen Grenze von 1 643,35 angekommen. Eine weitere Zunahme wird in diesem Modell als nur sehr langsam prognostiziert.

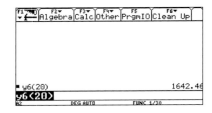

2.2 $h(t) = \frac{1\,643{,}35}{1 + 4\,840{,}21 \cdot e^{-0{,}8 \cdot t}}$ geht für $t \to \infty$ gegen den Wert 1 643,35, weil der Nennerterm $e^{-0{,}8 \cdot t}$ in diesem Fall gegen 0 geht und damit nur der Restterm $\frac{1\,643{,}35}{1}$ übrig bleibt.
Der Restterm bedeutet konkret die in der Modellierung angenommene obere Grenze der erzeugten Energiemenge.

2.3 Der Zeitpunkt des größten Wachstums ist derjenige, an dem der größte Wert der Steigung bzw. der ersten Ableitungsfunktion auftritt, also eine Nullstelle der zweiten Ableitungsfunktion von h(t) (Wendepunkt des Graphen von h(t)).
Bestimmung der 1. und 2. Ableitungsfunktion von h(t):

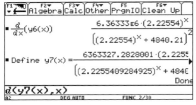

Bestimmung und Absicherung der Wendestelle:

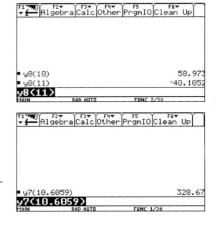

Die Wendestelle ist bei $t \approx 10{,}6059$. Dort weist h"(t) einen Vorzeichenwechsel von positivem zu negativem Vorzeichen auf. Also liegt hier ein (relatives) Maximum von h'(t) und damit das größte Wachstum vor.

Das größte Wachstum beträgt rund 328,67 Millionen kWh pro Jahr und tritt etwa in der Mitte des Jahres 2010 auf.

3.1 Zeile (1):

$\overline{E} = \frac{1}{b-a} \cdot \int_a^b h(t)\, dt$ ist ein bestimmtes Integral und beschreibt die mittlere Energieerzeugung (den mittleren Wert von h(t)) mithilfe von Photovoltaik im Zeitraum von t = a bis t = b bezogen auf die Modellfunktion h(t).

Zeile (2):
Hier wird für das Integral eine Stammfunktion von h eingesetzt.

Zeile (3):
Die Integrationsgrenzen a und b werden eingesetzt.

Zeile (4):
Das Logarithmusgesetz $\log\left(\frac{x}{y}\right) = \log(x) - \log(y)$ wird angewendet.

3.2 Konkretisierung des Terms aus Zeile (4) mit den entsprechenden Parameterwerten:

$$\overline{E} = \frac{1}{15{,}5+5{,}5} \cdot \frac{1\,643{,}35}{0{,}8} \cdot \ln\left(\frac{4\,840{,}21 + e^{0{,}8 \cdot 15{,}5}}{4\,840{,}21 + e^{0{,}8 \cdot (-5{,}5)}}\right) \approx 384{,}918$$

Alternativ:

$$\overline{E} = \frac{1}{15{,}5+5{,}5} \cdot \int_{-5{,}5}^{15{,}5} \frac{1\,643{,}35}{1+4\,840{,}21 \cdot e^{-0{,}8 \cdot t}}\, dt \approx 384{,}918$$

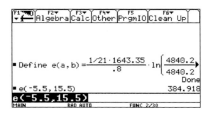 

a = −5,5 und b = 15,5, da jeweils die Mitten der entsprechenden Säulen als Zeitpunkte gewählt werden sollten. Möglich (laut offizieller Musterlösung) sind auch a = −5 und b = 16 bzw. a = −5 und b = 15 als Integrationsgrenzen. Dabei ist zu beachten, dass der Zeitraum von 1995 bis (einschließlich) 2015 21 Jahre umfasst!

Mit den anderen beiden Möglichkeiten ergeben sich folgende Terme und Werte:

$$\overline{E} = \frac{1}{21} \cdot \frac{1\,643{,}35}{0{,}8} \cdot \ln\left(\frac{4\,840{,}21 + e^{0{,}8 \cdot 16}}{4\,840{,}21 + e^{0{,}8 \cdot (-5)}}\right) \approx 423{,}413 \quad \text{bzw.}$$

$$\overline{E} = \frac{1}{21} \cdot \frac{1\,643{,}35}{0{,}8} \cdot \ln\left(\frac{4\,840{,}21 + e^{0{,}8 \cdot 15}}{4\,840{,}21 + e^{0{,}8 \cdot (-5)}}\right) \approx 346{,}726$$

Alternativ:

$$\overline{E} = \frac{1}{21} \cdot \int_{-5}^{16} \frac{1\,643{,}35}{1+4\,840{,}21 \cdot e^{-0{,}8 \cdot t}}\, dt \approx 423{,}413 \quad \text{bzw.}$$

$$\overline{E} = \frac{1}{21} \cdot \int_{-5}^{15} \frac{1\,643{,}35}{1+4\,840{,}21 \cdot e^{-0{,}8 \cdot t}}\, dt \approx 346{,}726$$

Hessen – Grundkurs Mathematik
2018 – B1: Analytische Geometrie (WTR / GTR / CAS)

Vor dem Firmengebäude der Firma Kugel Glasbau steht zu Werbezwecken eine gläserne Pyramide mit quadratischer Grundfläche (Material). In einem an dem Gebäude orientierten Koordinatensystem sind die Punkte $A(10 \mid 2 \mid 0)$, $B(18 \mid 8 \mid 0)$ und $C(12 \mid 16 \mid 0)$ drei der Eckpunkte der Pyramidengrundfläche. Die Spitze der Pyramide befindet sich in der Höhe $h = 10$ m senkrecht über der Mitte der Pyramidengrundfläche. Eine Längeneinheit entspricht einem Meter.

1.1 Berechnen Sie die Koordinaten des Eckpunkts D der Pyramidengrundfläche und die Koordinaten der Spitze S der Pyramide.
[zur Kontrolle: $S(11 \mid 9 \mid 10)$] **(4 BE)**

1.2 Die von jedem der Eckpunkte A, B, C und D jeweils zur Spitze S verlaufenden Seitenkanten der Pyramide sind durch Metallschienen verstärkt. Berechnen Sie die Gesamtlänge aller Schienen. **(2 BE)**

2 Die Eckpunkte A und B sowie die Spitze S liegen in einer Ebene E_{ABS}.

2.1 Bestimmen Sie eine Koordinatengleichung der Ebene E_{ABS}.
[zur Kontrolle: Eine mögliche Koordinatengleichung von E_{ABS} lautet $6x - 8y + 5z = 44$.] **(5 BE)**

2.2 Eine benachbarte Seitenfläche enthält die Punkte A, D und S und liegt in der Ebene E_{ADS}: $8x + 6y - 5z = 92$.
Berechnen Sie den Schnittwinkel der Ebenen E_{ABS} und E_{ADS}. **(4 BE)**

3 Im Inneren der Pyramide ist in Anlehnung an das Firmenlogo eine Kugel mit einem Durchmesser von 4 m so aufgehängt, dass der Kugelmittelpunkt in einem Abstand von 5 m vertikal unterhalb der Pyramidenspitze S liegt.

3.1 Erklären Sie, warum der Punkt $M(11 \mid 9 \mid 5)$ der Mittelpunkt der Kugel ist. **(2 BE)**

3.2 Untersuchen Sie, ob die Kugel die Seitenflächen der Pyramide berührt. **(6 BE)**

4 Um einen besseren Werbeeffekt zu erzielen, soll die Pyramide abends beleuchtet werden. Die Lichtquelle befindet sich im Punkt $P(a \mid 0 \mid 0)$ mit $a > 0$. Der Schatten der Pyramide fällt dabei auf den 20 m hohen und 30 m breiten, größeren Teil des Firmengebäudes.

4.1 Zeichnen Sie einen der Punkte $P(a \mid 0 \mid 0)$ sowie einen der Punkte $Q(0 \mid y \mid 20)$ mit $0 < y \leq 20$ in das Koordinatensystem im Material. **(2 BE)**

4.2 Erläutern Sie die Rechenschritte in den Zeilen (1) bis (3) und deuten Sie das Ergebnis in Zeile (4) im Sachzusammenhang.

(1) $S(11|9|10);\quad \vec{x} = \begin{pmatrix} a \\ 0 \\ 0 \end{pmatrix} + t \cdot \begin{pmatrix} 11-a \\ 9 \\ 10 \end{pmatrix}$

(2) $Q(0|y|20);\quad \begin{matrix} \text{I} \\ \text{II} \\ \text{III} \end{matrix} \left| \begin{matrix} a + 11t - a \cdot t = 0 \\ 9t = y \\ 10t = 20 \end{matrix} \right| \Leftrightarrow t = 2$

(3) $a + 22 - 2a = 0 \Leftrightarrow a = 22$

(4) also: $P(22|0|0)$ **(5 BE)**

Material

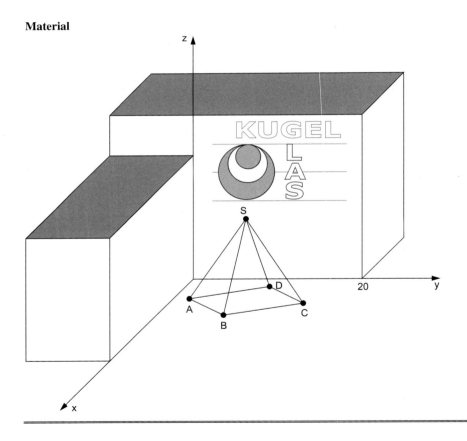

Hinweise und Tipps

Teilaufgabe 1.1

Skizzieren Sie das Quadrat ABCD und finden Sie einen Weg, der zu D führt.

Für S benötigen Sie zunächst den Mittelpunkt einer Diagonalen.

Teilaufgabe 1.2

Aus Symmetriegründen sind alle Schienen gleich lang. Berechnen Sie die Länge einer Schiene unter Verwendung der vorgegebenen Punkte und multiplizieren Sie diese Länge mit der Anzahl der Schienen.

Teilaufgabe 2.1

Verwenden Sie die Punktkoordinaten von A, B und S, um eine Parametergleichung der Ebene aufzustellen; Sie benötigen dazu einen Ortsvektor und zwei Richtungsvektoren. Ermitteln Sie einen Normalenvektor der Ebene und verwenden Sie die Gleichung $\vec{n} \circ \vec{x} = \vec{n} \circ \vec{a}$.

Teilaufgabe 2.2

Der Schnittwinkel zweier Ebenen ist der Schnittwinkel der beiden Normalenvektoren.

Teilaufgabe 3.1

Nutzen Sie die Punktkoordinaten von S (siehe Teilaufgabe 1.1) sowie die Informationen zur Lage von M. Beschreiben Sie konkret die Auswirkung auf die x-, y- und z-Koordinate.

Teilaufgabe 3.2

Die Kugel berührt eine Seitenfläche, wenn der Abstand der Fläche zum Mittelpunkt dem Radius entspricht. Aus Symmetriegründen sind alle Seitenflächen gleichweit vom Mittelpunkt entfernt. Berechnen Sie den Abstand von M zu einer Seitenfläche (z. B. ABS aus Teilaufgabe 2.1 oder ADS aus Teilaufgabe 2.2) und vergleichen Sie ihn mit dem Radius.

Teilaufgabe 4.1

Beachten Sie, dass die Punkte nicht eindeutig vorgegeben sind. Sie können – unter Beachtung der Vorgaben – für a ($a > 0$) und y ($0 < y \leq 20$) jeweils einen Wert einsetzen und die Punkte einzeichnen.

Teilaufgabe 4.2

(1) Welches Objekt wird beschrieben? Beachten Sie, dass Punkt S explizit genannt wird.

(2) Welcher Sachverhalt wird mit einem solchen linearen Gleichungssystem überprüft? Beachten Sie, dass Punkt Q explizit genannt wird. Welche Bedeutung hat es, dass t bestimmt wird?

(3) Wie ergibt sich die Gleichung aus den vorher durchgeführten Berechnungen?

Nutzen Sie die Informationen aus dem Aufgabentext, der Skizze aus 4.1 und den Rechenschritten (1) bis (3), um den Gesamtzusammenhang herzustellen.

Lösung

1.1 Betrachtet man die quadratische Grundfläche der Pyramide, so ergibt sich nebenstehende Skizze.

Da $\overrightarrow{BC} = \begin{pmatrix} 12 \\ 16 \\ 0 \end{pmatrix} - \begin{pmatrix} 18 \\ 8 \\ 0 \end{pmatrix} = \begin{pmatrix} -6 \\ 8 \\ 0 \end{pmatrix}$, ergibt sich für den Ortsvektor zum

Eckpunkt D

$$\overrightarrow{OD} = \overrightarrow{OA} + \overrightarrow{AD} = \overrightarrow{OA} + \overrightarrow{BC} = \begin{pmatrix} 10 \\ 2 \\ 0 \end{pmatrix} + \begin{pmatrix} -6 \\ 8 \\ 0 \end{pmatrix} = \begin{pmatrix} 4 \\ 10 \\ 0 \end{pmatrix},$$

also D(4 | 10 | 0).

S liegt über dem Mittelpunkt M_{AC} der Strecke $\overline{AC}$, den man über den Ansatz

$$\overrightarrow{OM_{AC}} = \frac{1}{2}\left(\begin{pmatrix} 10 \\ 2 \\ 0 \end{pmatrix} + \begin{pmatrix} 12 \\ 16 \\ 0 \end{pmatrix} \right) = \begin{pmatrix} 11 \\ 9 \\ 0 \end{pmatrix}$$ als $M_{AC}(11 | 9 | 0)$ berechnet. Da S 10 m über M_{AC}

liegen soll, ist S(11 | 9 | 10).

1.2 Aus Symmetriegründen reicht es aus, die Länge einer Seitenkante zu berechnen und anschließend zu vervierfachen.

$$|\overrightarrow{AS}| = \left| \begin{pmatrix} 11 \\ 9 \\ 10 \end{pmatrix} - \begin{pmatrix} 10 \\ 2 \\ 0 \end{pmatrix} \right| = \left| \begin{pmatrix} 1 \\ 7 \\ 10 \end{pmatrix} \right| = \sqrt{1^2 + 7^2 + 10^2} = \sqrt{150} \approx 12,25$$

Die Gesamtlänge aller Schienen ist damit $\ell = 4 \cdot \sqrt{150} \approx 49$ Meter.

2.1 Mit $\overrightarrow{OA}$ als Ortsvektor sowie $\overrightarrow{AB} = \begin{pmatrix} 18 \\ 8 \\ 0 \end{pmatrix} - \begin{pmatrix} 10 \\ 2 \\ 0 \end{pmatrix} = \begin{pmatrix} 8 \\ 6 \\ 0 \end{pmatrix}$ und $\overrightarrow{AS} = \begin{pmatrix} 1 \\ 7 \\ 10 \end{pmatrix}$ (siehe 1.2) als Rich-

tungsvektoren erhält man die Parameterdarstellung:

$$E_{ABS} : \vec{x} = \begin{pmatrix} 10 \\ 2 \\ 0 \end{pmatrix} + r \cdot \begin{pmatrix} 8 \\ 6 \\ 0 \end{pmatrix} + s \cdot \begin{pmatrix} 1 \\ 7 \\ 10 \end{pmatrix}, \; r, s \in \mathbb{R}$$

Gesucht ist nun ein Normalenvektor $\vec{n} = \begin{pmatrix} n_1 \\ n_2 \\ n_3 \end{pmatrix}$ der Ebene. Da $\vec{n} \perp \overrightarrow{AB}$ und $\vec{n} \perp \overrightarrow{AS}$, gilt:

(I) $\vec{n} \circ \begin{pmatrix} 8 \\ 6 \\ 0 \end{pmatrix} = 0,$ also $8n_1 + 6n_2 = 0$

(II) $\vec{n} \circ \begin{pmatrix} 1 \\ 7 \\ 10 \end{pmatrix} = 0,$ also $n_1 + 7n_2 + 10n_3 = 0$

Aus (I) ergibt sich $n_1 = -\frac{3}{4} n_2$. Da lediglich eine spezielle Lösung des Gleichungssystems gesucht ist, kann eine Variable frei gewählt werden.

Wählt man $n_2 = 4$, dann ist $n_1 = -3$. Dies eingesetzt in (II) liefert:

$$-3 + 7 \cdot 4 + 10n_3 = 0, \; \text{also} \; n_3 = -2,5$$

$\vec{n} = \begin{pmatrix} -3 \\ 4 \\ -2,5 \end{pmatrix}$ ist ein Normalenvektor der Ebene. Zur Vereinfachung der weiteren Berechnun-

gen kann auch das Doppelte $2\vec{n} = \begin{pmatrix} -6 \\ 8 \\ -5 \end{pmatrix}$ dieses Vektors verwendet werden.

2018-32

Mit $\vec{n} \circ \vec{x} = \vec{n} \circ \vec{a}$ ergibt sich schließlich:

$$\begin{pmatrix} -6 \\ 8 \\ -5 \end{pmatrix} \circ \begin{pmatrix} x \\ y \\ z \end{pmatrix} = \begin{pmatrix} -6 \\ 8 \\ -5 \end{pmatrix} \circ \begin{pmatrix} 10 \\ 2 \\ 0 \end{pmatrix}$$

$$-6x + 8y - 5z = -60 + 16$$

$$-6x + 8y - 5z = -44$$

Dies ist äquivalent zum angegebenen Kontrollergebnis.

2.2 Den Schnittwinkel zweier Ebenen berechnet man mithilfe des Schnittwinkels der beiden Normalenvektoren der Ebenen. Ein Normalenvektor von E_{ABS} wurde in 2.1 bestimmt, einen Normalenvektor von E_{ADS} entnimmt man der vorgegebenen Koordinatengleichung.

$$\cos \alpha = \frac{|\vec{n}_{ABS} \circ \vec{n}_{ADS}|}{|\vec{n}_{ABS}| \cdot |\vec{n}_{ADS}|} = \frac{\left| \begin{pmatrix} -6 \\ 8 \\ -5 \end{pmatrix} \circ \begin{pmatrix} 8 \\ 6 \\ -5 \end{pmatrix} \right|}{\sqrt{(-6)^2 + 8^2 + (-5)^2} \cdot \sqrt{8^2 + 6^2 + (-5)^2}}$$

$$= \frac{|-48 + 48 + 25|}{\sqrt{125} \cdot \sqrt{125}} = \frac{25}{125} = \frac{1}{5}$$

Für diesen Cosinuswert liefert der Taschenrechner die Winkelgröße $\alpha \approx 78{,}46°$.

3.1 $S(11 \mid 9 \mid 10)$ ist laut Teilaufgabe 1.1 die Pyramidenspitze. Der Kugelmittelpunkt soll nun „5 m vertikal unterhalb der Pyramidenspitze" liegen. Damit bleiben die x- und die y-Koordinaten unverändert und die z-Koordinate muss um 5 Einheiten reduziert werden. Man erhält also $M(11 \mid 9 \mid (10-5))$, das ist $M(11 \mid 9 \mid 5)$.

3.2 Die Kugel berührt die Seitenflächen der Pyramide, wenn der Abstand der Seitenflächen zum Mittelpunkt dem Radius entspricht.

Da der Abstand des Mittelpunktes zu allen Seitenflächen gleich ist, soll im Folgenden der Abstand des Mittelpunktes nur zu einer Seitenfläche, nämlich ADS, mit dem Lotfußpunktverfahren bestimmt werden.

Die Lotgerade durch M wird unter Verwendung des Normalenvektors $\vec{n}_{ADS}$ beschrieben durch:

$$g: \vec{x} = \begin{pmatrix} x \\ y \\ z \end{pmatrix} = \begin{pmatrix} 11 \\ 9 \\ 5 \end{pmatrix} + r \cdot \begin{pmatrix} 8 \\ 6 \\ -5 \end{pmatrix}$$

Zur Ermittlung des Schnittpunktes F setzt man die Komponenten x, y und z der Gerade in die Koordinatengleichung der Ebene ein und erhält:

$$8 \cdot (11 + 8r) + 6 \cdot (9 + 6r) - 5 \cdot (5 - 5r) = 92$$

$$88 + 64r + 54 + 36r - 25 + 25r = 92$$

$$117 + 125r = 92$$

$$125r = -25$$

$$r = -\frac{1}{5}$$

Dies eingesetzt in die Geradengleichung liefert den Ortsvektor zum Lotfußpunkt:

$$\overrightarrow{OF} = \begin{pmatrix} 11 \\ 9 \\ 5 \end{pmatrix} - \frac{1}{5}\begin{pmatrix} 8 \\ 6 \\ -5 \end{pmatrix} = \begin{pmatrix} 9,4 \\ 7,8 \\ 6 \end{pmatrix}$$

Damit lässt sich der Abstand des Mittelpunktes zur Seitenfläche ADS ermitteln als:

$$|\overrightarrow{FM}| = \left|\begin{pmatrix} 11 \\ 9 \\ 5 \end{pmatrix} - \begin{pmatrix} 9,4 \\ 7,8 \\ 6 \end{pmatrix}\right| = \left|\begin{pmatrix} 1,6 \\ 1,2 \\ -1 \end{pmatrix}\right| = \sqrt{1,6^2 + 1,2^2 + (-1)^2} = \sqrt{5} \approx 2,24$$

Laut Vorgabe hat die Kugel einen Durchmesser von 4 m, also einen Radius von 2 m. Der Abstand vom Mittelpunkt zu den Seitenflächen beträgt ca. 2,24 m. Damit liegt die Kugel komplett im Inneren der Pyramide und sie berührt die Seitenflächen nicht.

4.1 Beim Einzeichnen der Punkte ist zu beachten, dass keine eindeutigen Punkte vorgegeben sind. Allerdings muss P(a|0|0) mit a > 0 auf der positiven x-Achse liegen. Die Vorgaben für Punkt Q mit $x_Q = 0$, $0 < y_Q \leq 20$ und $z_Q = 20$ haben zur Folge, dass der Punkt auf der oberen, der Pyramide zugewandten Kante des größeren Gebäudes liegen muss.

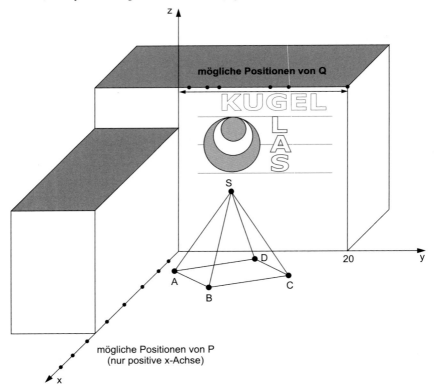

2018-34

4.2 (1) Die Gerade durch die Punkte P und S wird mithilfe einer Parameterdarstellung beschrieben; dabei wird $\overrightarrow{OP}$ als Ortsvektor und $\overrightarrow{PS}$ als Richtungsvektor verwendet.

(2) Es wird der Ansatz für eine Punktprobe formuliert. Dieser führt zu dem angegebenen Gleichungssystem. Die dritte Zeile des Gleichungssystems liefert $t = 2$, für diesen Fall liegt Q also auf der Geraden aus (1).

(3) Mit $t = 2$ lässt sich unter Verwendung der ersten Zeile des Gleichungssystems $a = 22$ berechnen und man erhält in (4) P(22|0|0).

Positioniert man also eine Lichtquelle in P(22|0|0), so fällt der Schatten der Pyramidenspitze exakt auf die obere, der Pyramide zugewandten Gebäudekante.

Die Bedingung $0 < y \leq 20$ für den Punkt Q ist erfüllt, da wegen $t = 2$ aus der zweiten Zeile des Gleichungssystems $y = 18$ folgt.

Hessen – Grundkurs Mathematik
2018 – B2: Analytische Geometrie (WTR/GTR/CAS)

Auf dem Rollfeld eines Flughafens steht ein Flugzeug vom Typ Cessna. Für eine mathematische Betrachtung wird diese Situation in einem Koordinatensystem dargestellt: Die Längsachse des Flugzeugs verläuft parallel zur x-Achse. Der linke und der rechte Flugzeugflügel sind symmetrisch zur x-z-Ebene angeordnet. Die Punkte A(1 | 1 | 1), B(0 | 7 | 2), C(–1 | 7 | 2) und D(–2 | 1 | 1) bilden die Eckpunkte der Oberseite des linken Flugzeugflügels (Material 1 und 2). Das Rollfeld liegt in der x-y-Ebene. Eine Einheit entspricht einem Meter.

1.1 Die durch die Eckpunkte A, B, C und D gegebene Oberseite des linken Flugzeugflügels liegt in einer Ebene E. Geben Sie eine Parametergleichung dieser Ebene an. **(3 BE)**

1.2 Eine mögliche Koordinatengleichung der Ebene E lautet E: $y - 6z = -5$.
Bestimmen Sie den Neigungswinkel der Ebene E gegenüber der Ebene des Rollfelds.
(3 BE)

1.3 Begründen Sie unter Angabe einer Rechnung, dass die durch die Punkte A, B, C und D beschriebene Oberseite des Flugzeugflügels trapezförmig ist. **(2 BE)**

2 Die Koordinaten der Eckpunkte der Oberseite des rechten Flugzeugflügels erhält man durch Spiegelung von A, B, C und D an der x-z-Ebene. Geben Sie die Koordinaten der Spiegelpunkte A', B', C' und D' an und bestimmen Sie den größtmöglichen Abstand zwischen zwei einander gegenüberliegenden Eckpunkten der Flugzeugflügel, die sogenannte Spannweite der Cessna. **(4 BE)**

3 Die Größe der Oberfläche des linken Flugzeugflügels soll berechnet werden.
Erläutern Sie hierzu die im Kasten dargestellte Vorgehensweise in den Zeilen (I) bis (V) und deuten Sie die Zeile (V) im Sachzusammenhang.
Geben Sie in den Zeilen (III) und (V) die durch Auslassungspunkte gekennzeichneten fehlenden Berechnungen an.

$$\text{(I)} \quad g: \vec{x} = \begin{pmatrix} 1 \\ 1 \\ 1 \end{pmatrix} + r \cdot \begin{pmatrix} -3 \\ 0 \\ 0 \end{pmatrix}$$

$$\text{(II)} \quad \left(\begin{pmatrix} 1 \\ 1 \\ 1 \end{pmatrix} + r \cdot \begin{pmatrix} -3 \\ 0 \\ 0 \end{pmatrix} - \begin{pmatrix} 0 \\ 7 \\ 2 \end{pmatrix} \right) \cdot \begin{pmatrix} -3 \\ 0 \\ 0 \end{pmatrix} = 0$$

$$\text{(III)} \quad \ldots \Leftrightarrow r = \frac{1}{3}$$

Einsetzen von r in g liefert F(0 | 1 | 1).

$$\text{(IV)} \quad h_T = | \overrightarrow{BF} | \approx 6,08$$

$$\text{(V)} \quad A_T = \frac{1}{2} \cdot (| \overrightarrow{AD} | + | \overrightarrow{BC} |) \cdot | \overrightarrow{BF} | \approx \ldots$$

(9 BE)

4 Die Oberseite der Flugzeugflügel soll mit einer Aluminiumlegierung versehen werden. Sie besteht aus 80 % Aluminium, 6 % Zink und 14 % sonstigen Bestandteilen. Gemischt werden soll diese Aluminiumlegierung aus drei Grundstoffen G1, G2 und G3, die die in der Tabelle dargestellten Anteile an Aluminium, Zink und den sonstigen Bestandteilen besitzen.

	G1	G2	G3
Aluminiumanteil (in %)	60	90	92
Zinkanteil (in %)	10	5	2
sonstige Bestandteile (in %)	30	5	6

Um zu prüfen, ob die gewünschte Aluminiumlegierung aus den Grundstoffen G1, G2 und G3 hergestellt werden kann, wird folgendes lineares Gleichungssystem erstellt:

I $60x + 90y + 92z = 80$
II $10x + 5y + 2z = 6$
III $30x + 5y + 6z = 14$

4.1 Erläutern Sie die Bedeutung der Gleichung II im Sachzusammenhang. **(3 BE)**

4.2 Berechnen Sie die Lösung des linearen Gleichungssystems und deuten Sie das Ergebnis im Sachzusammenhang. **(6 BE)**

Material 1
Flugzeug vom Typ Cessna von oben gesehen (die z-Achse zeigt direkt auf den Betrachter zu)

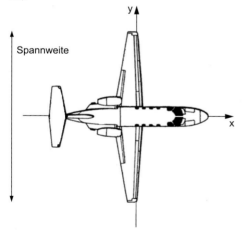

Material 2
Idealisierte Skizze des linken Flugzeugflügels von oben gesehen (die z-Achse zeigt direkt auf den Betrachter zu)

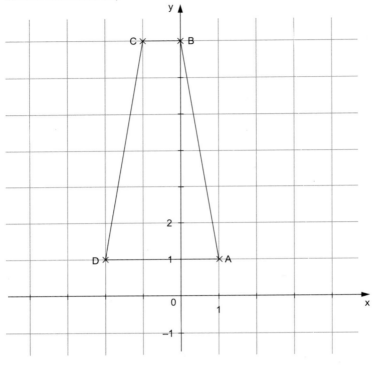

Hinweise und Tipps

Teilaufgabe 1.1

Ermitteln Sie unter Verwendung von drei der vorgegebenen Punkte einen Ortsvektor sowie zwei Richtungsvektoren und setzen Sie diese in die Grundform der Parameterdarstellung ein.

Teilaufgabe 1.2

Der Schnittwinkel zweier Ebenen entspricht dem Schnittwinkel der Normalenvektoren der beiden Ebenen. Entnehmen Sie einen Normalenvektor von E der vorgegebenen Koordinatengleichung. Zudem benötigen Sie einen Normalenvektor der x-y-Ebene. Dieser lässt sich ohne aufwendige Berechnung angeben.

Teilaufgabe 1.3

Ein Trapez ist ein Viereck mit einem Paar paralleler Seiten. Weisen Sie nach, dass zwei Seiten parallel sind. Verwenden Sie die Abbildung in Material 2.

Teilaufgabe 2

Machen Sie sich klar: Wird ein Punkt an der x-z-Ebene gespiegelt, dann bleiben x- und z-Koordinate unverändert, die y-Koordinate wechselt das Vorzeichen.

Teilaufgabe 3

Es geht um die Berechnung des Flächeninhalts des Flugzeugflügels. Machen Sie sich zunächst mit (V) klar, welche Größen benötigt werden und welche davon mit den Schritten (I) bis (IV) ermittelt werden. Welche besondere Lage hat der Punkt F bezogen auf die Gerade g aus (I) und den Punkt B? Welche Bedeutung hat, dass das Skalarprodukt in (II) null gesetzt wird? Welche Vektoren werden hier betrachtet?

Lösen Sie zur Berechnung in (III) das Skalarprodukt auf, nachdem Sie den Term vereinfacht haben. Lösen Sie die Gleichung dann nach r auf.

In (V) reicht es aus, die Größen einzusetzen und den Flächeninhalt zu bestimmen.

Teilaufgabe 4.1

Erläutern Sie die Bedeutung der einzelnen Terme der Gleichung. Verwenden Sie dazu die Angaben im Aufgabentext und in der Tabelle.

Teilaufgabe 4.2

Eliminieren Sie nach und nach die Variablen aus den Gleichungen, indem Sie sie geeignet miteinander verrechnen. Sowie eine Gleichung mit nur noch einer Unbekannten vorliegt, können Sie die erste Variable ermitteln. Die beiden anderen Variablen berechnen Sie dann durch sukzessives Einsetzen.

Vergessen Sie nicht die Deutung des Ergebnisses im Sachzusammenhang.

Lösung

1.1 Zur Ermittlung einer Parametergleichung einer Ebene benötigt man lediglich drei Punkte, die in der Ebene liegen. Man wählt also drei Punkte aus A, B, C und D aus.

Mit $\overrightarrow{OA}$ als Ortsvektor sowie

$$\overrightarrow{AB} = \begin{pmatrix} 0 \\ 7 \\ 2 \end{pmatrix} - \begin{pmatrix} 1 \\ 1 \\ 1 \end{pmatrix} = \begin{pmatrix} -1 \\ 6 \\ 1 \end{pmatrix} \quad \text{und} \quad \overrightarrow{AC} = \begin{pmatrix} -1 \\ 7 \\ 2 \end{pmatrix} - \begin{pmatrix} 1 \\ 1 \\ 1 \end{pmatrix} = \begin{pmatrix} -2 \\ 6 \\ 1 \end{pmatrix}$$

als Richtungsvektoren erhält man die Parameterdarstellung:

$$E: \vec{x} = \begin{pmatrix} 1 \\ 1 \\ 1 \end{pmatrix} + r \cdot \begin{pmatrix} -1 \\ 6 \\ 1 \end{pmatrix} + s \cdot \begin{pmatrix} -2 \\ 6 \\ 1 \end{pmatrix}, \; r, s \in \mathbb{R}$$

1.2 Den Schnittwinkel zweier Ebenen berechnet man mithilfe des Schnittwinkels der beiden Normalenvektoren der Ebenen. Ein Normalenvektor von E lässt sich aus der angegebenen Koordinatengleichung als $\vec{n}_E = \begin{pmatrix} 0 \\ 1 \\ -6 \end{pmatrix}$ ablesen. Laut Aufgabenstellung liegt das Rollfeld in der x-y-Ebene. Ein Normalenvektor dieser Ebene ist $\vec{n}_{xy} = \begin{pmatrix} 0 \\ 0 \\ 1 \end{pmatrix}$. Damit ergibt sich:

$$\cos\alpha = \frac{\left| \vec{n}_E \circ \vec{n}_{xy} \right|}{\left| \vec{n}_E \right| \cdot \left| \vec{n}_{xy} \right|} = \frac{\left| \begin{pmatrix} 0 \\ 1 \\ -6 \end{pmatrix} \circ \begin{pmatrix} 0 \\ 0 \\ 1 \end{pmatrix} \right|}{\sqrt{0^2 + 1^2 + (-6)^2} \cdot \sqrt{0^2 + 0^2 + 1^2}}$$

$$= \frac{|0 + 0 - 6|}{\sqrt{37} \cdot \sqrt{1}} = \frac{6}{\sqrt{37}} \approx 0{,}9864$$

Für diesen Cosinuswert liefert der Taschenrechner die Winkelgröße $\alpha \approx 9{,}46°$.

1.3 Ein Trapez ist ein Viereck mit einem Paar paralleler Seiten. Unter Verwendung der Abbildung in Material 2 erscheint es naheliegend, die Seiten $\overline{BC}$ und $\overline{AD}$ auf Parallelität zu prüfen:

$$\overrightarrow{BC} = \begin{pmatrix} -1 \\ 7 \\ 2 \end{pmatrix} - \begin{pmatrix} 0 \\ 7 \\ 2 \end{pmatrix} = \begin{pmatrix} -1 \\ 0 \\ 0 \end{pmatrix} \quad \text{und} \quad \overrightarrow{AD} = \begin{pmatrix} -2 \\ 1 \\ 1 \end{pmatrix} - \begin{pmatrix} 1 \\ 1 \\ 1 \end{pmatrix} = \begin{pmatrix} -3 \\ 0 \\ 0 \end{pmatrix}$$

Es gilt $\overrightarrow{AD} = 3 \cdot \overrightarrow{BC}$. Damit sind die beiden Seiten parallel und das Viereck ABCD ist ein Trapez.

2 Wird ein Punkt an der x-z-Ebene gespiegelt, bleiben seine x- und z-Koordinate unverändert und die y-Koordinate wechselt das Vorzeichen.

Damit ergeben sich die Spiegelpunkte:

A'(1|−1|1), B'(0|−7|2), C'(−1|−7|2) und D'(−2|−1|1)

Unter Verwendung der Abbildung in Material 2 wird klar, dass der größtmögliche Abstand zwischen den Punkten C und C' bzw. B und B' vorliegt und man erhält:

$$\left| \overrightarrow{BB'} \right| = \left| \begin{pmatrix} 0 \\ -7 \\ 2 \end{pmatrix} - \begin{pmatrix} 0 \\ 7 \\ 2 \end{pmatrix} \right| = \left| \begin{pmatrix} 0 \\ -14 \\ 0 \end{pmatrix} \right| = 14$$

Die Spannweite des Flugzeuges beträgt 14 m.

3   In (I) wird eine Gerade mithilfe einer Parameterdarstellung beschrieben. Aufpunkt der Geraden ist Punkt A. Der Richtungsvektor ist ein Vielfaches von $\begin{pmatrix} 1 \\ 0 \\ 0 \end{pmatrix}$, zeigt also in x-Richtung. Die Seite $\overline{AD}$ ist damit Teil dieser Geraden.

In (II) wird das Skalarprodukt zweier Vektoren gleich null gesetzt. Konkret bedeutet das, dass der Vektor $\begin{pmatrix} -3 \\ 0 \\ 0 \end{pmatrix}$ senkrecht zu dem Vektor $\left(\begin{pmatrix} 1 \\ 1 \\ 1 \end{pmatrix} + r \cdot \begin{pmatrix} -3 \\ 0 \\ 0 \end{pmatrix} - \begin{pmatrix} 0 \\ 7 \\ 2 \end{pmatrix} \right)$ stehen soll; dieser Vektor zeigt von Punkt B auf einen beliebigen Punkt auf der Geraden g.

In (III) wird das Ergebnis für den in (II) formulierten Ansatz angegeben. Für $r = \frac{1}{3}$ und den damit berechneten Punkt F stehen die Vektoren also senkrecht zueinander.

(IV) F ist der Fußpunkt des von B aus gefällten Lotes auf die Gerade durch A und D. $|\overrightarrow{BF}|$ ist also die zur Berechnung des Flächeninhalts benötigte Höhe des Trapezes.

In (V) wird die Formel zur Berechnung des Flächeninhalts eines Trapezes für den konkret vorliegenden Fall formuliert.

Ergänzung der als fehlend gekennzeichneten Berechnungen:

(III) Zunächst lässt sich der Ansatz

$$\left(\begin{pmatrix} 1 \\ 1 \\ 1 \end{pmatrix} + r \cdot \begin{pmatrix} -3 \\ 0 \\ 0 \end{pmatrix} - \begin{pmatrix} 0 \\ 7 \\ 2 \end{pmatrix} \right) \circ \begin{pmatrix} -3 \\ 0 \\ 0 \end{pmatrix} = 0$$

vereinfachen zu

$$\left(\begin{pmatrix} 1 \\ -6 \\ -1 \end{pmatrix} + r \cdot \begin{pmatrix} -3 \\ 0 \\ 0 \end{pmatrix} \right) \circ \begin{pmatrix} -3 \\ 0 \\ 0 \end{pmatrix} = 0$$

und die Anwendung des Skalarprodukts liefert:

$$(1 - 3r) \cdot (-3) + (-6) \cdot 0 + (-1) \cdot 0 = 0$$
$$-3 + 9r = 0$$
$$r = \frac{1}{3}$$

(V) Mit

$$|\overrightarrow{AD}| = \left| \begin{pmatrix} -3 \\ 0 \\ 0 \end{pmatrix} \right| = 3 \text{ und } |\overrightarrow{BC}| = \left| \begin{pmatrix} -1 \\ 0 \\ 0 \end{pmatrix} \right| = 1 \text{ (vgl. Teilaufgabe 1.3)}$$

ergibt sich:

$$A_T = \frac{1}{2} \cdot \left(|\overrightarrow{AD}| + |\overrightarrow{BC}| \right) \cdot |\overrightarrow{BF}| \approx \frac{1}{2} \cdot (3 + 1) \cdot 6{,}08 = 12{,}16$$

Die Oberfläche des linken Flugzeugflügels hat einen Flächeninhalt von ca. 12,16 m^2.

4.1   Gleichung II formuliert die Forderung, dass die durch Mischung der drei Grundstoffe G1, G2 und G3 herzustellende Legierung 6 % Zinkanteil enthalten soll. x, y und z stehen dabei für die von den jeweiligen Grundstoffen benötigten Anteile. Die Zinkanteile der Grundstoffe sind der Tabelle zu entnehmen. Grundstoff G1 liefert damit 10x, G2 liefert 5y und G3 liefert 2z Zinkanteil.

2018-41

4.2 (I) $\left|\begin{array}{l} 60x + 90y + 92z = 80 \end{array}\right.$
     (II) $10x + 5y + 2z = 6$
     (III) $\left.30x + 5y + 6z = 14 \end{array}\right|$

Zur Eliminierung von x in (II) und (III) rechnet man (I) $- 6 \cdot$ (II) und (I) $- 2 \cdot$ (III):

$$\left|\begin{array}{l} 60x + 90y + 92z = 80 \\ 60y + 80z = 44 \\ 80y + 80z = 52 \end{array}\right|$$

Um z in (III) zu eliminieren, rechnet man nun (II)' $-$ (III)':

$$\left|\begin{array}{l} 60x + 90y + 92z = 80 \\ 60y + 80z = 44 \\ -20y = -8 \end{array}\right|$$

Die dritte Zeile liefert:

$$y = \frac{8}{20} = 0,4$$

Damit ergibt sich in der zweiten Zeile:

$$60 \cdot 0,4 + 80z = 44, \ \text{also } z = \frac{1}{4} = 0,25$$

Schließlich liefert die erste Zeile:

$$60x + 90 \cdot 0,4 + 92 \cdot 0,25 = 80, \ \text{also } x = \frac{7}{20} = 0,35$$

Zur Herstellung der Legierung benötigt man also 35 % des Grundstoffes G1, 40 % des Grundstoffes G2 und 25 % des Grundstoffes G3.

Hessen – Grundkurs Mathematik
2018 – C: Stochastik (WTR/GTR/CAS)

1   Bei einem 12-seitigen Spielwürfel fallen alle Seiten bei einem Wurf jeweils mit der gleichen Wahrscheinlichkeit. Jede Seite des Spielwürfels ist gemäß dem abgebildeten Netz mit einer der Zahlen 1 und 2 beschriftet.

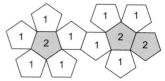

1.1   Bestimmen Sie unter Angabe einer geeigneten Zufallsgröße die Wahrscheinlichkeiten der folgenden Ereignisse:

A: Bei 100 Würfen fällt genau 77-mal die Zahl 1.

B: Bei 100 Würfen fällt mindestens 73-mal aber höchstens 81-mal die Zahl 1.   **(5 BE)**

1.2   Für ein Gewinnspiel wird der Spielwürfel bei jedem Spiel viermal geworfen. Man betrachtet die Augensumme der vier Würfe.

1.2.1   Begründen Sie, dass die Wahrscheinlichkeit dafür, dass die Summe der geworfenen Zahlen 4 ist, größer ist als die Wahrscheinlichkeit dafür, dass die Summe der geworfenen Zahlen 8 ist.   **(2 BE)**

1.2.2   Einen Hauptpreis erhält eine Spielerin bzw. ein Spieler, wenn die Summe der geworfenen Zahlen mindestens 7 ist. Zeigen Sie, dass auf lange Sicht im Mittel etwa bei einem von zwanzig Spielen ein Hauptpreis vergeben wird.   **(3 BE)**

1.2.3   Die Wahrscheinlichkeit dafür, dass bei einem Spiel ein Trostpreis vergeben wird, beträgt $\frac{81}{256}$. Geben Sie den Spielausgang an, bei dem die Spielerin bzw. der Spieler einen Trostpreis erhält, und begründen Sie Ihre Angabe.   **(2 BE)**

1.2.4   Beurteilen Sie jede der beiden folgenden Aussagen:

A1: Wird bei einmaligem Werfen des Spielwürfels die geworfene Zahl betrachtet, so handelt es sich um ein Bernoulli-Experiment.

A2: Wird bei mehrfacher Durchführung des beschriebenen Spiels jeweils festgehalten, ob ein Trostpreis oder ob ein Hauptpreis vergeben wird, so handelt es sich um eine Bernoulli-Kette.   **(4 BE)**

2   Ein Supermarkt bietet Nass- und Trockenfutter für Hunde jeweils in einer normalen Variante und in einer energiereduzierten Light-Variante an. Im Folgenden werden ausschließlich Kundinnen und Kunden betrachtet, die sich bei einem Kauf von Hundefutter für genau eine dieser vier Varianten entscheiden. Zwei Drittel dieser Personen kaufen Trockenfutter, 40 % davon entscheiden sich für die Light-Variante. Von den Personen, die Nassfutter kaufen, entscheiden sich nur 25 % für die Light-Variante.
Von den betrachteten Kundinnen und Kunden wird eine Person zufällig ausgewählt. Untersucht werden die folgenden Ereignisse:

T: „Die Person kauft Trockenfutter."

L: „Die Person entscheidet sich für eine der beiden Light-Varianten."

2.1   Stellen Sie den Sachzusammenhang in einem beschrifteten Baumdiagramm dar.   **(4 BE)**

2.2   Zeigen Sie, dass die Wahrscheinlichkeit dafür, dass das Ereignis L eintritt, 35 % beträgt.   **(2 BE)**

2.3 Die zufällig ausgewählte Person entscheidet sich für eine der beiden Light-Varianten. Berechnen Sie die Wahrscheinlichkeit dafür, dass es sich um Nassfutter handelt.

(4 BE)

2.4 Der Leiter des Supermarktes vermutet, dass der Anteil der Personen, die Trockenfutter kaufen, gestiegen ist, und möchte die Bestellmengen von Trockenfutter erhöhen. Vorher soll die Vermutung des Leiters mit Hilfe eines geeigneten Hypothesentests überprüft werden. Dazu werden 100 zufällig ausgewählte Käuferinnen und Käufer von Hunde-futter betrachtet, die sich entweder für Trockenfutter oder für Nassfutter entscheiden. Getestet wird die Nullhypothese H_0: $p < \dfrac{2}{3}$.

Entwickeln Sie im Sachzusammenhang eine Entscheidungsregel auf einem Signifikanz-niveau von 5 %.

(4 BE)

Hinweise und Tipps

Teilaufgabe 1

 Bestimmen Sie mithilfe der Abbildung des Würfelnetzes die Wahrscheinlichkeiten, eine 1 bzw. eine 2 zu würfeln.

Teilaufgabe 1.1

 Legen Sie eine geeignete Zufallsvariable fest.

 Die Wahrscheinlichkeiten der Ereignisse A bzw. B lassen sich mithilfe der Annahme, dass eine Binomialverteilung vorliegt, mit den entsprechenden Formeln berechnen. Beachten Sie dabei „genau" bzw. „mindestens" und „höchstens" in der Formulierung.

 Verwenden Sie die passende Tabelle zur Binomialverteilung oder die passende Funktion des WTR (bzw. CAS).

Teilaufgabe 1.2

 Es geht nun um die Augensumme bei viermaligem Würfeln.

Teilaufgabe 1.2.1

 Stellen Sie fest, welche Würfelergebnisse zu den angesprochenen Ereignissen führen.

Teilaufgabe 1.2.2

 Stellen Sie fest, welche Würfelergebnisse zu dem angesprochenen Ereignis führen.

 Bestimmen Sie die zugehörige Wahrscheinlichkeit.

Teilaufgabe 1.2.3

 Vergleichen Sie mit Ihren Erkenntnissen aus 1.2.1.

Teilaufgabe 1.2.4

 Überprüfen Sie bezüglich der Aussage A2, ob mit den Ereignissen „Gewinn eines Hauptpreises" und „Gewinn eines Trostpreises" alle möglichen Würfelereignisse abgedeckt werden.

Teilaufgabe 2

 Stellen Sie die gegebenen Informationen übersichtlich zusammen.

Teilaufgabe 2.1

 Achten Sie bei der Erstellung des Baumdiagramms darauf, ob es sich um totale oder bedingte Wahrscheinlichkeiten handelt.

 Verwenden Sie die angegebenen Abkürzungen für die Ereignisse und ergänzen Sie durch passende Bezeichnungen für die nicht aufgeführten Ereignisse.

Teilaufgabe 2.2

 Bestimmen Sie mithilfe des Baumdiagramms die totale Wahrscheinlichkeit für das Ereignis L.

Teilaufgabe 2.3

 Machen Sie sich klar, dass es sich hier um eine bedingte Wahrscheinlichkeit unter der Voraussetzung L handelt.

Teilaufgabe 2.4

- Stellen Sie fest, ob eine Abweichung von der ursprünglich angenommenen Wahrscheinlichkeit nach oben oder nach unten vermutet wird.
- Legen Sie eine geeignete Zufallsvariable fest.
- Formulieren Sie die Rahmendaten des Hypothesentests.
- Bestimmen Sie eine Entscheidungsregel bzw. den Annahme- und Ablehnungsbereich für H_0 in Bezug auf das gegebene Signifikanzniveau.

Lösung

1   Mithilfe der Abbildung des Würfels ergeben sich die Wahrscheinlichkeiten, die man benötigt: Die Wahrscheinlichkeit, eine 2 zu würfeln, ist $\frac{3}{12} = \frac{1}{4}$ und daraus folgt, dass die Wahrscheinlichkeit, eine 1 zu würfeln, $\frac{9}{12} = \frac{3}{4}$ beträgt.

1.1   X sei nun die Anzahl der gewürfelten Einsen. Dem erläuternden Text zufolge ist X mit $n = 100$ und den oben bestimmten Wahrscheinlichkeiten binomialverteilt. Damit gilt also für A:

$$P(A) = P(X = 77) = \binom{100}{77} \cdot \left(\frac{3}{4}\right)^{77} \cdot \left(\frac{1}{4}\right)^{23} \approx 0,0847 = 8,47\,\%$$

Für B gilt:

$$P(B) = P(73 \leq X \leq 81) = P(X \leq 81) - P(X \leq 72)$$

$$= \sum_{i=0}^{81} \binom{100}{i} \cdot \left(\frac{3}{4}\right)^{i} \cdot \left(\frac{1}{4}\right)^{100-i} - \sum_{i=0}^{72} \binom{100}{i} \cdot \left(\frac{3}{4}\right)^{i} \cdot \left(\frac{1}{4}\right)^{100-i}$$

$$\approx 0,9370 - 0,2776 = 0,6594 = 65,94\,\%$$

1.2   Nun wird die Augensumme bei vier Würfen mit dem gleichen Würfel betrachtet.

1.2.1   Die Wahrscheinlichkeit, die Augensumme 4 (dazu muss man 4-mal die 1 würfeln) zu erzielen, ist größer als für die Augensumme 8 (4-mal die 2), da bei jedem Wurf die Wahrscheinlichkeit für eine 1 mit $\frac{3}{4}$ größer ist als die Wahrscheinlichkeit für eine 2 mit $\frac{1}{4}$. Konkret gilt beim viermaligen Würfeln:

$$\left(\frac{3}{4}\right)^{4} = \frac{81}{256} > \frac{1}{256} = \left(\frac{1}{4}\right)^{4}$$

1.2.2   Die Augensumme 7 tritt auf, wenn bei drei Würfen eine 2 und bei einem Wurf eine 1 erzielt wird, egal bei welchem Wurf die 1 auftritt. Dafür gibt es vier Möglichkeiten. Also ist:

$$P(\text{„Augensumme 7“}) = 4 \cdot \left(\frac{1}{4}\right)^{3} \cdot \frac{3}{4} = \frac{3}{64} \approx 0,0469 = 4,69\,\%$$

Für die Augensumme 8 muss 4-mal die 2 gewürfelt werden. Die Wahrscheinlichkeit dafür ist (siehe oben):

$$P(\text{„Augensumme 8“}) = \left(\frac{1}{4}\right)^{4} = \frac{1}{256} \approx 0,0039 = 0,39\,\%$$

Daher beträgt die Wahrscheinlichkeit dafür, dass mindestens die Augensumme 7, also die Augensumme 7 oder die Augensumme 8, erreicht wird, rund 5,1 %. Dies bestätigt die Angabe in der Aufgabenstellung.

Alternativ:
Für einen Hauptgewinn darf keine 1 oder höchstens eine 1 gewürfelt werden. Wenn man nun die in 1.1 festgelegte Zufallsgröße verwendet, kann X hier als mit $n = 4$ und $p = \frac{3}{4}$ binomialverteilt angenommen werden. Die gesuchte Wahrscheinlichkeit ist:

$$P(X \leq 1) = \left(\frac{1}{4}\right)^{4} + 4 \cdot \left(\frac{1}{4}\right)^{3} \cdot \frac{3}{4} = \frac{13}{256} \approx 0,0508 \approx 5,1\,\%$$

2018-47

1.2.3 Die Wahrscheinlichkeit für einen Trostpreis ist laut Aufgabenstellung $\frac{81}{256}$.
Dies ist die Wahrscheinlichkeit dafür, dass nur Einsen gewürfelt werden, die Augensumme also 4 beträgt.

Vergleiche 1.2.1 bzw. $P(X=4)$ mit der Zufallsgröße von oben.

1.2.4 A1 ist richtig, da für das beschriebene Zufallsexperiment nur zwei Ergebnisse möglich sind.
A2 ist falsch, da es außer den beiden beschriebenen Ereignissen noch ein drittes gibt, nämlich dass man keinen Preis gewinnt. Dies ist der Fall, wenn man weder eine Augensumme von 4 noch eine Augensumme von mindestens 7 erzielt.

Dies belegt auch die Gesamtwahrscheinlichkeit für einen Preis:

$$\frac{13}{256} + \frac{81}{256} = \frac{94}{256} \approx 0{,}3672 \neq 1$$

2 Informationsentnahme:
   - 4 Varianten von Hundefutter
   - $\frac{2}{3}$ kaufen Trockenfutter
   - Von den Trockenfutterkäufern kaufen 40 % die Light-Variante.
   - Von den Nassfutterkäufern ($\frac{1}{3}$ der Käufer) kaufen 25 % die Light-Variante.

2.1 Festlegung von Abkürzungen für die Ereignisse (den Vorgaben entsprechend und ergänzt):
T: Die Person kauft Trockenfutter.
N: Die Person kauft Nassfutter.
L: Die Person kauft die Light-Variante.
V: Die Person kauft die Voll-Variante.

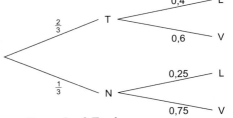

2.2 Das Ereignis L setzt sich aus den Ereignissen „Person kauft Trockenfutter und davon die Light-Variante" und „Person kauft Nassfutter und davon die Light-Variante" zusammen. Dies ist die Gesamtwahrscheinlichkeit des ersten und dritten Pfades im Baumdiagramm.
Es ist also die Wahrscheinlichkeit $P(L)$ gesucht. Diese ergibt sich als totale Wahrscheinlichkeit mithilfe der bedingten Wahrscheinlichkeiten durch:

$$P(L) = P(T) \cdot P_T(L) + P(N) \cdot P_N(L) = \frac{2}{3} \cdot \frac{4}{10} + \frac{1}{3} \cdot \frac{25}{100} = \frac{7}{20} = 0{,}35 = 35\,\%$$

2.3 Hier ist die Wahrscheinlichkeit dafür gesucht, dass eine Person, von der man weiß, dass sie die Light-Variante gekauft hat, sich für Nassfutter entschieden hat. Es ist also die bedingte Wahrscheinlichkeit $P_L(N)$ gesucht.
Mithilfe des Satzes von Bayes lässt sich das Baumdiagramm invertieren.
Mit $P(L \cap N) = P(N) \cdot P_N(L) = P(L) \cdot P_L(N)$ ergibt sich nach Umformung:

$$P_L(N) = \frac{P(N) \cdot P_N(L)}{P(L)} = \frac{\frac{1}{3} \cdot \frac{25}{100}}{0{,}35} = \frac{5}{21} \approx 0{,}2381 = 23{,}81\,\%$$

2018-48

Alternativ: Vierfeldertafel

	T	N	gesamt
L	$\dfrac{2}{3} \cdot \dfrac{4}{10} = \dfrac{4}{15}$	$\dfrac{1}{3} \cdot \dfrac{25}{100} = \dfrac{1}{12}$	0,35
V	(wird nicht benötigt)	(wird nicht benötigt)	0,65
gesamt	$\dfrac{2}{3}$	$\dfrac{1}{3}$	1

In den Zellen der Vierfeldertafel stehen jeweils die Wahrscheinlichkeiten der „UND"-Ereignisse, also ergibt sich:

$$P_L(N) = \frac{P(N \cap L)}{P(L)} = \frac{\frac{1}{12}}{0,35} = \frac{5}{21} \approx 0,2381 = 23,81\,\%$$

2.4 Es besteht der Verdacht, dass sich der Bedarf an Trockenfutter erhöht hat. Dazu soll nun ein Experiment mit 100 Hundefutter-Käufern für einen Hypothesentest durchgeführt werden.

Y sei die Anzahl der Trockenfutterkäufer.

Nullhypothese H_0: Der Anteil der Käufer, die Trockenfutter bevorzugen, hat sich nicht verändert.
Damit wird also angenommen, dass Y mit $n = 100$ und $p \leq \frac{2}{3}$ binomialverteilt ist.

Gegenhypothese H_1: Der Anteil der Käufer, die Trockenfutter bevorzugen, ist gestiegen.
Damit wird angenommen, dass Y mit $n = 100$ und $p > \frac{2}{3}$ binomialverteilt ist.

H_0 soll getestet werden und es werden die Grenzen des Annahme- bzw. des Ablehnungsbereichs für H_0 zum vorgegebenen Signifikanzniveau von 5 % gesucht. Es wird nun ermittelt, wie viele Käufer sich im Experiment mindestens für Trockenfutter entscheiden müssten – unter der Annahme, H_0 ist in der Realität richtig –, damit bei der Ablehnung von H_0 höchstens ein Irrtums-Risiko (Risiko für einen Fehler 1. Art) von 5 % besteht.

$$P(Y \geq k) \leq 0,05$$
$$\Leftrightarrow \quad 1 - P(Y < k) \leq 0,05$$
$$\Leftrightarrow \quad 1 - P(Y \leq k-1) \leq 0,05$$
$$\Leftrightarrow \quad -P(Y \leq k-1) \leq -0,95$$
$$\Leftrightarrow \quad P(Y \leq k-1) \geq 0,95$$

Konkret ergibt sich:

$$\sum_{i=0}^{k-1} \binom{100}{i} \cdot \left(\frac{2}{3}\right)^i \cdot \left(\frac{1}{3}\right)^{100-i} \geq 0,95$$

Die Bestimmung von k erfolgt mit $p = \frac{2}{3}$, da diese Wahrscheinlichkeit der Erfahrungswert ist, ein Sinken des Käuferinteresses an Trockenfutter nicht vermutet wird und sich für Werte für $p < \frac{2}{3}$ kleinere Werte für k ergeben würden.

Mithilfe der Tabelle zu kumulierten Binomialverteilungen oder durch systematisches Probieren mit den entsprechenden Funktionalitäten des Taschenrechners ergibt sich $k - 1 \geq 74$ und damit $k \geq 75$.

Denn es gilt:

$$\sum_{i=0}^{74} \binom{100}{i} \cdot \left(\frac{2}{3}\right)^i \cdot \frac{1}{3}^{100-i} \approx 0{,}9542 > 0{,}95$$

bzw.

$$\sum_{i=0}^{73} \binom{100}{i} \cdot \left(\frac{2}{3}\right)^i \cdot \frac{1}{3}^{100-i} \approx 0{,}9285 < 0{,}95$$

Wenn sich also 75 oder mehr Kunden für Trockenfutter entscheiden, kann die Nullhypothese mit einer Irrtumswahrscheinlichkeit von höchstens 5 % abgelehnt werden.

Ablehnungsbereich für H_0: [75; 100]
Annahmebereich für H_0: [0; 74]

Alternativ:
Der Ansatz

$$P(Y > k) \leq 0{,}05$$
$$\Leftrightarrow \quad 1 - P(Y \leq k) \leq 0{,}05$$
$$\Leftrightarrow \quad -P(Y \leq k) \leq -0{,}95$$
$$\Leftrightarrow \quad P(Y \leq k) \geq 0{,}95$$

führt auf

$$\sum_{i=0}^{k} \binom{100}{i} \cdot \left(\frac{2}{3}\right)^i \cdot \left(\frac{1}{3}\right)^{100-i} \geq 0{,}95$$

und damit auf $k = 74$ als obere Grenze des Annahmebereichs von H_0. Folgerichtig ist demnach $k = 75$ (wegen $Y > k$) die untere Grenze des Ablehnungsbereichs für H_0.

Hessen – Grundkurs Mathematik
2019 – A: hilfsmittelfreier Teil

Analysis – Niveau 1

1. In Material 1 sind der Graph der Funktion g mit $g(x) = \frac{1}{3}x^2 - \frac{2}{3}x + \frac{4}{3}$ sowie der Graph einer weiteren Funktion f dargestellt.

1.1 Berechnen Sie $\int_0^3 g(x)\,dx$ und zeichnen Sie die Fläche, deren Inhalt mit dem Integral berechnet wird, in Material 1. **(3 BE)**

1.2 Entscheiden Sie nur anhand der Abbildung in Material 1, ob der Wert des Integrals $\int_2^5 (f(x) - g(x))\,dx$ eine positive Zahl, eine negative Zahl oder gleich null ist. **(2 BE)**

Material 1

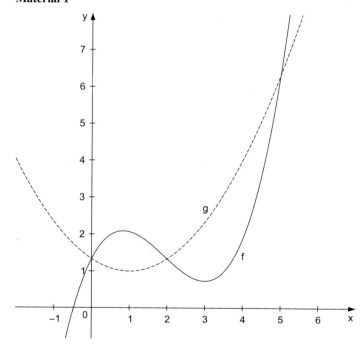

Stochastik – Niveau 1

2   In einem Behälter befinden sich 2 blaue und 3 weiße Kugeln.

2.1 Zwei Kugeln werden nacheinander zufällig ohne Zurücklegen gezogen.
Geben Sie für die folgenden Ereignisse jeweils einen Term zur Berechnung der Wahrscheinlichkeit an:
A: „Beide Kugeln sind blau."
B: „Mindestens eine Kugel ist weiß."
C: „Eine Kugel ist weiß und eine blau." **(3 BE)**

2.2 Bestimmen Sie, wie viele grüne Kugeln zusätzlich in den Behälter gelegt werden müssen, damit die Wahrscheinlichkeit, beim einmaligen Ziehen zufällig eine grüne Kugel zu ziehen, $\frac{2}{3}$ beträgt. **(2 BE)**

Lineare Algebra / Analytische Geometrie – Niveau 1

3   Gegeben sind die Punkte A(5 | 7 | 2), B(3 | 10 | 3), C(4 | 7 | 7) und D(6 | 4 | 6).

3.1 Zeigen Sie, dass das Viereck ABCD ein Parallelogramm, aber kein Rechteck ist. **(3 BE)**

3.2 Bestimmen Sie die Koordinaten des Mittelpunkts M der Diagonalen $\overline{AC}$. **(2 BE)**

Lineare Algebra / Analytische Geometrie – Niveau 2

4   Gegeben sind die Punkte A(–6 | 8 | 1) und B(–3 | 8 | –5) sowie eine Gleichung der Geraden g

mit g: $\vec{x} = \begin{pmatrix} -1 \\ 2 \\ 1 \end{pmatrix} + r \begin{pmatrix} 2 \\ -3 \\ 1 \end{pmatrix}$, $r \in \mathbb{R}$.

Bestätigen Sie, dass die Strecke $\overline{AB}$ von der Geraden g geschnitten wird. **(5 BE)**

Lösung

1.1 Berechnung des Integrals mit dem Hauptsatz der Differenzial- und Integralrechnung:

$$\int_0^3 \left(\frac{1}{3} \cdot x^2 - \frac{2}{3} \cdot x^1 + \frac{4}{3}\right) dx = \left[\frac{1}{9} \cdot x^3 - \frac{1}{3} \cdot x^2 + \frac{4}{3} \cdot x^1\right]_0^3$$

$$= \frac{1}{9} \cdot 3^3 - \frac{1}{3} \cdot 3^2 + \frac{4}{3} \cdot 3 - (0 - 0 + 0) = 3 - 3 + 4 = 4$$

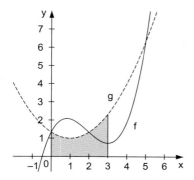

1.2 Der Graph von f verläuft im Inneren des zu untersuchenden Intervalls [2; 5] ausschließlich unterhalb des Graphen von g. Daher ist die zu ihm gehörende Flächenmaßzahl kleiner als die entsprechende Maßzahl von g und der Wert des Integrals ist somit negativ.

2   Informationsentnahme:
Im Behälter befinden sich 5 Kugeln, davon sind 2 blau und 3 weiß.

2.1 Zwei Kugeln werden ohne Zurücklegen gezogen.

Es ist nur die Angabe der entsprechenden Terme verlangt, eine weitere Rechnung ist, genau wie eine Begründung, nicht notwendig.

Ereignis A: Beim ersten Ziehen sind 2 von 5 Kugeln blau, beim zweiten Ziehen ist nur noch eine von 4 verbliebenen Kugeln blau. Daher gilt:

$$P(A) = P(\text{„beide Kugeln sind blau"}) = \frac{2}{5} \cdot \frac{1}{4} \left(= \frac{1}{10}\right)$$

Ereignis B:

$$P(B) = P(\text{„mindestens eine Kugel ist weiß"}) = 1 - P(\text{„keine Kugel ist weiß"})$$

$$= 1 - P(\text{„beide Kugeln sind blau"}) = 1 - \frac{2}{5} \cdot \frac{1}{4} \left(= 1 - \frac{1}{10} = \frac{9}{10}\right)$$

Alternativ:

$$P(B) = P(\text{„mindestens eine Kugel ist weiß"})$$

$$= \frac{3}{5} \cdot \frac{2}{4} + \frac{2}{5} \cdot \frac{3}{4} + \frac{3}{5} \cdot \frac{2}{4} \left(= 3 \cdot \frac{3 \cdot 2}{5 \cdot 4} = \frac{9}{10}\right)$$

Erläuterung: Zum Ereignis B gehören folgende Ergebnisse: Die erste gezogene Kugel ist weiß und die zweite ist blau *oder* die erste ist blau und die zweite ist weiß *oder* beide gezogenen Kugeln sind weiß.

Ereignis C: Entweder ist die erste gezogene Kugel weiß oder die zweite Kugel; zwei gleichfarbige Kugel sollen nicht vorkommen. Daher gilt:

P(C) = P(„eine Kugel ist weiß und eine Kugel ist blau")

$$= \frac{3}{5} \cdot \frac{2}{4} + \frac{2}{5} \cdot \frac{3}{4} \left(= 2 \cdot \frac{3}{5} \cdot \frac{1}{2} = \frac{3}{5}\right)$$

2.2 Hier ist die Anzahl n der zusätzlichen grünen Kugeln gesucht, die hinzugefügt werden müssen, damit die Wahrscheinlichkeit für das Ziehen einer grünen Kugel beim einmaligen Ziehen $\frac{2}{3}$ ist.

Die neue Anzahl aller Kugeln ist nun also 5 + n. Daher muss $\frac{n}{5+n} = \frac{2}{3}$ gelten. Durch die Umformungen

$$\frac{n}{5+n} = \frac{2}{3} \quad | \cdot (5+n) \cdot 3$$

$$\Leftrightarrow \quad 3 \cdot n = 2 \cdot (5+n)$$

$$\Leftrightarrow \quad 3 \cdot n = 10 + 2 \cdot n \quad | -2 \cdot n$$

$$\Leftrightarrow \quad n = 10$$

ergibt sich, dass 10 grüne Kugeln hinzugefügt werden müssen.

Anhand des Ansatzes $\frac{n}{5+n} = \frac{2}{3}$ kann man auch argumentieren, dass n = 10 die Anzahl von grünen Kugeln ist, die diese Verhältnisgleichung erfüllt. Da zwei Anteile n Stück sind und 5 + n Stück drei Anteilen entsprechen müssen, muss n = 2 · 5 = 10 sein.

3.1 Das Viereck ABCD ist ein Parallelogramm, wenn für die Seitenvektoren gilt:

$\overrightarrow{AB} = \overrightarrow{DC}$

Alternativ kann man auch $\overrightarrow{AD}$ und $\overrightarrow{BC}$ auf Gleichheit überprüfen.

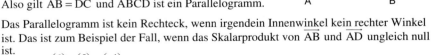

$$\overrightarrow{AB} = \begin{pmatrix} 3 \\ 10 \\ 3 \end{pmatrix} - \begin{pmatrix} 5 \\ 7 \\ 2 \end{pmatrix} = \begin{pmatrix} -2 \\ 3 \\ 1 \end{pmatrix} \text{ und } \overrightarrow{DC} = \begin{pmatrix} 4 \\ 7 \\ 7 \end{pmatrix} - \begin{pmatrix} 6 \\ 4 \\ 6 \end{pmatrix} = \begin{pmatrix} -2 \\ 3 \\ 1 \end{pmatrix}$$

Also gilt $\overrightarrow{AB} = \overrightarrow{DC}$ und ABCD ist ein Parallelogramm.

Das Parallelogramm ist kein Rechteck, wenn irgendein Innenwinkel kein rechter Winkel ist. Das ist zum Beispiel der Fall, wenn das Skalarprodukt von $\overrightarrow{AB}$ und $\overrightarrow{AD}$ ungleich null ist.

Mit $\overrightarrow{AD} = \begin{pmatrix} 6 \\ 4 \\ 6 \end{pmatrix} - \begin{pmatrix} 5 \\ 7 \\ 2 \end{pmatrix} = \begin{pmatrix} 1 \\ -3 \\ 4 \end{pmatrix}$ gilt:

$$\overrightarrow{AB} \circ \overrightarrow{AD} = \begin{pmatrix} -2 \\ 3 \\ 1 \end{pmatrix} \circ \begin{pmatrix} 1 \\ -3 \\ 4 \end{pmatrix} = -2 \cdot 1 + 3 \cdot (-3) + 1 \cdot 4 = -7 \neq 0$$

Damit liegt also kein Rechteck vor.

3.2 Für den Mittelpunkt M als Schnittpunkt der Diagonalen gilt:

$$\overrightarrow{OM} = \overrightarrow{OA} + \frac{1}{2}(\overrightarrow{AD} + \overrightarrow{DC}) = \begin{pmatrix} 5 \\ 7 \\ 2 \end{pmatrix} + \frac{1}{2}\left(\begin{pmatrix} 1 \\ -3 \\ 4 \end{pmatrix} + \begin{pmatrix} -2 \\ 3 \\ 1 \end{pmatrix} \right) = \begin{pmatrix} 5 \\ 7 \\ 2 \end{pmatrix} + \frac{1}{2}\begin{pmatrix} -1 \\ 0 \\ 5 \end{pmatrix} = \begin{pmatrix} \frac{9}{2} \\ 7 \\ \frac{9}{2} \end{pmatrix}$$

$M\left(\frac{9}{2} \mid 7 \mid \frac{9}{2}\right)$ ist also der Mittelpunkt der Diagonalen.

4 Zunächst ermittelt man eine Parameterdarstellung der Geraden durch die Punkte A und B.

Mit dem Stützvektor $\overrightarrow{OA}$ und dem Richtungsvektor $\overrightarrow{AB} = \begin{pmatrix} -3 \\ 8 \\ -5 \end{pmatrix} - \begin{pmatrix} -6 \\ 8 \\ 1 \end{pmatrix} = \begin{pmatrix} 3 \\ 0 \\ -6 \end{pmatrix}$ erhält man:

$$\text{h: } \vec{x} = \begin{pmatrix} -6 \\ 8 \\ 1 \end{pmatrix} + s \cdot \begin{pmatrix} 3 \\ 0 \\ -6 \end{pmatrix}$$

Mit der Einschränkung $0 \le s \le 1$ beschreibt die Gleichung die Strecke $\overline{AB}$.

Nun überprüft man, ob sich die beiden Geraden schneiden und ob der ermittelte Parameterwert für s die Vorgabe erfüllt. Die Ermittlung des konkreten Schnittpunkts ist nicht nötig.

Der Ansatz

$$\begin{pmatrix} -1 \\ 2 \\ 1 \end{pmatrix} + r \cdot \begin{pmatrix} 2 \\ -3 \\ 1 \end{pmatrix} = \begin{pmatrix} -6 \\ 8 \\ 1 \end{pmatrix} + s \cdot \begin{pmatrix} 3 \\ 0 \\ -6 \end{pmatrix}$$

liefert die drei Gleichungen:

(I) $-1 + 2r = -6 + 3s$

(II) $2 - 3r = 8$

(III) $1 + r = 1 - 6s$

Gleichung (II) liefert unmittelbar $r = -2$.

Dies eingesetzt in (I) liefert:

$$-1 + 2 \cdot (-2) = -6 + 3s \;\Rightarrow\; -5 = -6 + 3s \;\Rightarrow\; 1 = 3s \;\Rightarrow\; s = \frac{1}{3}$$

Die Überprüfung in (III) ergibt eine wahre Aussage:

$$1 + (-2) = 1 - 6 \cdot \frac{1}{3} \;\Leftrightarrow\; -1 = 1 - 2$$

Also schneiden sich die beiden Geraden und da der Parameterwert von s die Vorgabe $0 \le s \le 1$ erfüllt, schneidet die Gerade g die Strecke $\overline{AB}$.

| Hessen – Grundkurs Mathematik |
| 2019 – B1: Analysis (WTR) |

Das in Material 1 im Schrägbild dargestellte Werkstück hat eine rechteckige Grundfläche und dazu senkrecht verlaufende Seitenflächen. Es besteht aus zwei unterschiedlich gefärbten Kunststoffen. Der obere Teil ist heller, der untere dunkler gefärbt. In Material 2 ist eine Querschnittsfläche des Werkstücks abgebildet.

1   Die obere Randkurve der Querschnittsfläche kann für $-2 \leq x \leq 10$ durch den Graphen der Funktion f mit $f(x) = 0{,}016x^3 - 0{,}18x^2 + 0{,}2x + 5$ beschrieben werden (alle Angaben in cm).

1.1 Berechnen Sie, auch unter Berücksichtigung der Randwerte des Intervalls, an welcher Stelle das Werkstück am höchsten ist, und geben Sie seine maximale Höhe an.   **(8 BE)**

1.2 Berechnen Sie den Inhalt A der gesamten Querschnittsfläche des Werkstücks.   **(4 BE)**

2   Die obere Randkurve des unteren, dunkler gefärbten Teils der Querschnittsfläche kann für $-2 \leq x \leq 10$ durch den Graphen der Funktion g mit $g(x) = (1{,}5 \cdot x + 4{,}5) \cdot e^{-0{,}3x}$ beschrieben werden (alle Angaben in cm).

2.1 Mithilfe des Formansatzes $G(x) = (a \cdot x + b) \cdot e^{-0{,}3x}$ soll eine Stammfunktion G der Funktion g ermittelt werden.
Berechnen Sie die Ableitungsfunktion G' der Funktion G.
Ermitteln Sie durch Vergleich der Funktionsterme von G' und g eine Stammfunktion G von g.

$\left[\text{zur Kontrolle: } G(x) = \left(-5x - \dfrac{95}{3} \right) \cdot e^{-0{,}3x} \right]$ **(6 BE)**

2.2 Bestimmen Sie das Volumen des oberen, heller gefärbten Teils des Werkstücks.   **(5 BE)**

2.3 Auf der rechten Seite wird ein Teil des Werkstücks durch einen ebenen Schnitt abgetrennt. Die Schnittebene E verläuft dabei senkrecht zur Querschnittsfläche und durch die Punkte $(9 \mid 0)$ und $(10 \mid 5)$.
Erläutern Sie eine Vorgehensweise, mit der man ermitteln kann, um wie viel Kubikzentimeter das in Aufgabe 2.2 bestimmte Volumen des oberen, heller gefärbten Werkstückteils dadurch kleiner wird.   **(5 BE)**

2.4 Für $x < -2$ hat der Graph von G einen relativen Extrempunkt. Berechnen Sie diesen nur anhand der notwendigen Bedingung und begründen Sie unter Verwendung der Abbildung in Material 2, dass es sich um einen relativen Tiefpunkt handeln muss.   **(5 BE)**

3   Die Funktion f gehört zu der Funktionenschar f_k mit $f_k(x) = k \cdot x^3 - 0{,}18x^2 + 0{,}2x + 5$ für $k > 0$.

3.1 Berechnen Sie die Wendestelle x_W des Graphen von f_k in Abhängigkeit von k.
Hinweis: Die Untersuchung der notwendigen Bedingung ist ausreichend.

$\left[\text{zur Kontrolle: } x_W(k) = \dfrac{3}{50k} \right]$ **(5 BE)**

3.2 Untersuchen Sie, wie sich die Lage von $x_W(k)$ für $k \to \infty$ ändert.   **(2 BE)**

2019-6

Material 1

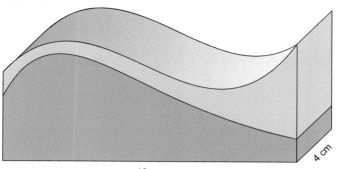

Material 2

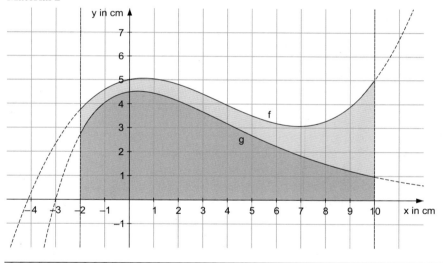

Hinweise und Tipps

Teilaufgabe 1.1

Gesucht ist ein Extremwert, genauer ein Maximum der Funktion f.

An Randpunkten eines Intervalls können auch Extremwerte erreicht werden. Dort muss die Steigung nicht den Wert null haben.

Teilaufgabe 1.2

Nutzen Sie den Hauptsatz der Differenzial- und Integralrechnung.

Teilaufgabe 2.1

Zur Berechnung unbekannter Parameter kann das Verfahren eines Koeffizientenvergleichs benutzt werden:
Aus $a \cdot x + b = c \cdot x + d$ kann $a = c$ und $b = d$ geschlossen werden.

Teilaufgabe 2.2

Verwenden Sie zur Berechnung der Differenzfläche den Hauptsatz der Differenzial- und Integralrechnung.

Das Volumen berechnet sich durch Grundfläche mal Breite.

Teilaufgabe 2.3

Eine Verlagerung des Problems vom Raum in die Ebene ist möglich. Sie betrachten dann eine Gerade statt der Schnittebene.

Teilaufgabe 2.4

Eine notwendige Bedingung für die Existenz eines Extrempunkts ist $G'(x) = 0$.

g ist die 1. Ableitungsfunktion von G. Der Graph von g liegt im Material 2 vor. Sein Verhalten „rund" um die berechnete Extremstelle gibt Aufschluss über die Existenz eines Tiefpunkts.

Teilaufgabe 3.1

Eine notwendige Bedingung für die Existenz eines Wendepunkts ist $f''(x) = 0$.

Teilaufgabe 3.2

Welche Stellung nimmt der Parameter k im Lösungsterm für x_W ein?

Lösung

1.1 Es ist das Maximum der Funktion f im angegebenen Intervall zu bestimmen. Notwendige Bedingung für die Existenz von Extrempunkten: $f'(x) = 0$
Die erste Ableitungsfunktion einer ganzrationalen Funktion ist zu bilden. Die Anwendung mehrerer Regeln (Summen-Differenzregel, konstante Faktorregel, Potenzregel und konstante Summandenregel) führt zu der Funktion:

$$f'(x) = 0,048x^2 - 0,36x + 0,2$$

Mit der notwendigen Bedingung ergibt sich folgende Gleichung:

$$0,048x^2 - 0,36x + 0,2 = 0$$

Die Lösung dieser quadratischen Gleichung erfolgt mit der p/q-Formel.

1. Schritt: Division durch 0,048

$$x^2 - \frac{15}{2}x + \frac{25}{6} = 0$$

2. Schritt: $p = -\frac{15}{2}$ und $q = \frac{25}{6}$

3. Schritt: Berechnung der beiden Ergebnisse mit der Formel

$$x_1 = \frac{15}{4} + \sqrt{\left(\frac{15}{4}\right)^2 - \frac{25}{6}} \approx 6,896$$

$$x_2 = \frac{15}{4} - \sqrt{\left(\frac{15}{4}\right)^2 - \frac{25}{6}} \approx 0,604$$

4. Schritt: Interpretation der beiden Resultate
Beide Werte liegen im angegebenen Intervall.

Es gilt nun, die notwendige Bedingung $f''(x_i) \neq 0$ zu überprüfen.

Mit den o. a. Regeln kann die 2. Ableitungsfunktion bestimmt werden:

$$f''(x) = 0,096x - 0,36$$

Mit der Berechnung der Funktionswerte $f''(x_1) \approx 0,302$ und $f''(x_2) \approx -0,302$ ergeben sich folgende Resultate:
– Wegen $0,302 > 0$ liegt an der Stelle x_1 ein Tiefpunkt vor.
– Wegen $-0,302 < 0$ liegt an der Stelle x_2 ein Hochpunkt vor.

Es gibt damit wegen $f(x_2) \approx 5,059$ den Hochpunkt $H(0,604 \,|\, 5,059)$.

Dieser Hochpunkt muss allerdings noch nicht die maximale Höhe beschreiben, da Randpunkte nicht durch die Methode der Differenzialrechnung untersucht werden können. Hier, an den Randpunkten, kann es durchaus die höchsten Funktionswerte geben. Jedoch hat hier nicht notwendigerweise die Steigung den Wert null.

Somit gilt es noch die Funktionswerte an den beiden Rändern des Intervalls zu berechnen:

$$f(-2) = 3,752 \quad \text{und} \quad f(10) = 5$$

Damit liegt die maximale Höhe des Werkstücks bei $x \approx 0,604$ und sie beträgt $h \approx 5,059$.

1.2 Für die Berechnung der Maßzahl der Querschnittsfläche des Werkstücks wird der Hauptsatz der Differenzial- und Integralrechnung angewendet. Da die angesprochene Fläche insgesamt oberhalb der x-Achse liegt, bedarf es keiner Intervallunterteilung. Es folgt:

$$A = \int_{-2}^{10} f(x)\,dx = \int_{-2}^{10} (0,016x^3 - 0,18x^2 + 0,2x + 5)\,dx$$

$$= \left[0,004x^4 - 0,06x^3 + 0,1x^2 + 5x\right]_{-2}^{10} = 40 - (-9,056) = 49,056\,[\text{cm}^2]$$

2.1 $G(x) = (a \cdot x + b) \cdot e^{-0,3x}$

Die erste Ableitungsfunktion einer Exponentialfunktion ist zu bilden. Die Anwendung der Produktregel, der Summen-Differenzregel, der konstanten Faktorenregel und der Kettenregel führt zu der Funktion:

$$G'(x) = a \cdot e^{-0,3x} + (a \cdot x + b) \cdot (-0,3) \cdot e^{-0,3x} = (-0,3a \cdot x + a - 0,3b) \cdot e^{-0,3x}$$

Die Funktionsgleichungen der Funktionen G und G' enthalten die Parameter a und b. Es gilt nun genau die Werte dieser Parameter zu bestimmen. Hierbei wird das Verfahren des Koeffizientenvergleichs gewählt.

Es gilt:

$$G'(x) = g(x)$$
$$(-0,3a \cdot x + a - 0,3b) \cdot e^{-0,3x} = (1,5 \cdot x + 4,5) \cdot e^{-0,3x}$$

Da $e^{-0,3x} > 0$ ist, ergibt die Division durch diesen Term die folgende Gleichung:

$$-0,3 \cdot a \cdot x + a - 0,3b = 1,5 \cdot x + 4,5$$

Hier ist der Koeffizientenvergleich möglich:

$$-0,3 \cdot a = 1,5 \text{ und } a - 0,3b = 4,5$$

Damit ergibt sich für die gesuchten Parameter:

$$a = -5 \text{ und } b = -\frac{95}{3}$$

Für die Funktionsgleichung der Stammfunktion G von g erhält man:

$$G(x) = \left(-5x - \frac{95}{3}\right) \cdot e^{-0,3x}$$

2.2 Berechnung der Maßzahl der Differenzfläche:

$$A_{hell} = A - A_{dunkel}$$

Die Fläche A wurde bereits in Teilaufgabe 1.2 berechnet:

$$A = \int_{-2}^{10} f(x)\,dx = 49,056$$

Für die Fläche A_{dunkel} gilt mit der Stammfunktion G:

$$A_{dunkel} = \int_{-2}^{10} g(x)\,dx = [G(x)]_{-2}^{10} = G(10) - G(-2)$$

Mit der Stammfunktion aus Teilaufgabe 2.1 erhält man:

$$G(10) = \left(-50 - \frac{95}{3}\right) \cdot e^{-3} \approx -4{,}066, \quad G(-2) = \left(10 - \frac{95}{3}\right) \cdot e^{0{,}6} \approx -39{,}479$$

Es folgt:

$$A_{dunkel} \approx -4{,}066 - (-39{,}479) = 35{,}413$$

Damit ergibt sich für die gesamte Fläche (die Differenzfläche)

$$A_{hell} \approx 49{,}056 \, cm^2 - 35{,}413 \, cm^2 = 13{,}643 \, cm^2$$

und für das zugehörige Volumen:

$$V_{hell} = 4 \, cm \cdot A_{hell} \approx 4 \, cm \cdot 13{,}643 \, cm^2 \approx 54{,}57 \, cm^3$$

2.3 Da die Ebene senkrecht zur Querschnittsfläche verläuft, gibt es hier nur eine Veränderung der Querschnittsfläche und nicht der Breite des Werkstücks. So verlagert sich das Problem vom Raum in die Querschnittsfläche. Damit wird aus der Schnittebene eine Gerade h, die durch die Punkte $P_1(9\,|\,0)$ und $P_2(10\,|\,5)$ verläuft.

Es ist für das weitere Vorgehen der Problemlösung durchaus hilfreich, diese Gerade in das Material 2 einzuzeichnen, um so eine informative Figur zu erhalten.

Zur Berechnung der Flächenmaßzahl der abgetrennten Fläche wird der Schnittpunkt der Geraden h mit dem Graphen von g benötigt; genauer nur seine x-Koordinate x_h, da diese eine Integrationsgrenze für die zu berechnende Fläche darstellt. Liegt diese Grenze vor, kann der Wert des Integrals $\int\limits_{x_h}^{10} \left(h(x) - g(x)\right) dx$ berechnet werden. Die Multiplikation dieser Flächenmaßzahl mit der (unveränderten) Breite ergibt das Volumen, um welches sich das Werkstück verkleinern wird.

2.4 Für die notwendige Bedingung der Existenz eines Extrempunkts einer Funktion G gilt $G'(x) = 0$. Die Gleichung der Ableitungsfunktion wird in der Materialvorgabe zu dieser Aufgabe schon angegeben, sie lautet:

$$g(x) = (1{,}5 \cdot x + 4{,}5) \cdot e^{-0{,}3x}$$

Damit ergibt sich der Lösungsansatz:

$$(1{,}5 \cdot x + 4{,}5) \cdot e^{-0{,}3x} = 0$$

Die linke Seite der Gleichung wird durch einen Produktterm dargestellt, daher kann diese Gleichung in zwei Gleichungen zerlegt werden.

Ein Produktterm ist genau dann null, wenn einer der Faktorenterme null ist.

$$1{,}5 \cdot x + 4{,}5 = 0 \quad \text{oder} \quad e^{-0{,}3x} = 0$$

Die zweite Gleichung hat, wegen Eigenschaften der e-Funktion, keine Lösung. Daher ergibt sich folgende Lösung:

$$1{,}5 \cdot x + 4{,}5 = 0 \quad \Leftrightarrow \quad x = -3$$

Zur Angabe des Punkts fehlt noch seine y-Koordinate:

$$G(-3) = \left(-5 \cdot (-3) - \frac{95}{3}\right) \cdot e^{-0{,}3 \cdot (-3)} = -\frac{50}{3} \cdot e^{0{,}9} \approx -40{,}99$$

Der Punkt $(-3 \mid -40,99)$ ist ein relativer Tiefpunkt der Funktion G, dessen x-Koordinate auch die Forderung $x < -2$ erfüllt:

- An der Stelle $x = -3$ findet ein Vorzeichenwechsel der Funktionswerte von g statt (Material 2).
- Die Funktionswerte von g wechseln von negativen Werten zu positiven Werten. Dies bedeutet für die Funktion G, dass sie links von $x = -3$ „fällt" (negative Steigung) und rechts von $x = -3$ „steigt" (positive Steigung).
- An der besagten Stelle selbst hat die Steigung, wie oben berechnet, den Wert null.

Dies sind genau die Kriterien für die Existenz eines (relativen) Tiefpunkts.

3.1 Da die notwendige Bedingung für die Existenz von Wendestellen $f''(x) = 0$ ist, müssen zunächst die Gleichungen der 1. und die 2. Ableitungsfunktion von f_k berechnet werden:

$$f_k(x) = k \cdot x^3 - 0,18x^2 + 0,2x + 5 \quad \text{mit } k > 0$$

$$f_k'(x) = 3 \cdot k \cdot x^2 - 0,36x + 0,2$$

$$f_k''(x) = 6 \cdot k \cdot x - 0,36$$

Die 2. Ableitung wird gleich null gesetzt: $f_k''(x_W) = 0$

$$6 \cdot k \cdot x_W - 0,36 = 0$$
$$6 \cdot k \cdot x_W = 0,36$$
$$x_W = \frac{0,06}{k}$$

Wegen $0,06 = \frac{6}{100} = \frac{3}{50}$ stimmt dies mit dem angegebenen Kontrollergebnis überein.

3.2 Wird k immer größer, wird der Wert des Bruches für die x-Koordinate des Wendepunkts immer kleiner. Dies bedeutet, dass sich der Wendepunkt für immer größere k in Richtung der y-Achse verschiebt, und zwar von „rechts", da für die x-Koordinate $x_W > 0$ gilt.

Hessen – Grundkurs Mathematik
2019 – B1: Analysis (CAS)

An einem geradlinigen Küstenabschnitt Niedersachsens soll ein Deich älteren Baujahrs an die zukünftigen Anforderungen des Küstenschutzes angepasst werden. Bei allen Modellierungen wird die Profillinie des Querschnitts des Deichs und – falls vorhanden – eines Grabens betrachtet. Dabei ist bei der Betrachtung des Querschnitts links des Deichs die Seeseite und rechts des Deichs die Landseite. Der Graben schließt sich auf der Seeseite an den Deich an. Das horizontale ebene Gelände links des Grabens und rechts des Deichs liegt in der Modellierung auf Höhe der x-Achse. Die Funktionswerte der folgenden Funktionen geben die Höhen bzw. Tiefen des Deichs bzw. des Grabens in Bezug auf dieses ebene Gelände an. Eine Einheit im Koordinatensystem entspricht einem Meter.

1   Für die Planung lässt sich die bestehende Profillinie des alten Deichs mit einem seeseitig vorgesetzten Graben durch den Graphen der Funktion d mit

$$d(x) = -\frac{1}{30} \cdot x \cdot (x-2) \cdot (x-10) \text{ für } 0 \le x \le 10$$

modellieren.

1.1 Beschreiben Sie die Bedeutung der vier Faktoren von d(x) für den Graphen der Funktion d. **(3 BE)**

1.2 Bestimmen Sie die Breite und die Höhe des Deichs sowie die Breite und die Tiefe des Grabens. **(6 BE)**

1.3 Skizzieren Sie die Profillinie des alten Deichs und des Grabens in das Koordinatensystem in Material 1. **(2 BE)**

2   Eine Bürgerinitiative entwickelt eine Alternative zu dem bestehenden Deich. Die Profillinie des alternativen Deichs wird dabei durch den Graphen einer ganzrationalen Funktion g dritten Grades in einem bestimmten Intervall modelliert. Es sollen folgende Bedingungen gelten:

Die Profillinie beginnt auf der Landseite an der Stelle x = 8. Der höchste Punkt H der Profillinie liegt bei H(4|3,6). An der Stelle x = −3 besitzt die Profillinie eine Steigung von 30 %.

Bestimmen Sie die Funktionsgleichung der Funktion g. **(6 BE)**

3   Im Folgenden wird die Profillinie eines neuen Deichs ohne vorgesetzten Graben durch den Graphen der Funktion f mit

$$f(x) = -\frac{1}{400} \cdot x^3 - \frac{3}{100} \cdot x^2 + \frac{1}{4} \cdot x + 3$$

in einem bestimmten Intervall modelliert.

3.1 Skizzieren Sie die neue Profillinie, die durch den Graphen der Funktion f modelliert wird, ebenfalls in das Koordinatensystem in Material 1.

Bestimmen Sie einen im Sachzusammenhang sinnvollen Definitionsbereich für f. **(4 BE)**

3.2 Um die Wellenwirkung einer Sturmflut zu minimieren, werden moderne Deichkonstruktionen mit einem sehr flachen Gefälle auf der Seeseite konstruiert. Berechnen Sie den maximalen Steigungswinkel auf der Seeseite des neuen Deichs. **(7 BE)**

2019-13

3.3 Beim Bau des neuen Deichs wird das Erdreich des alten Deichs aus Aufgabe 1 vollständig verwendet und der Graben des alten Deichs wird zugeschüttet. Ermitteln Sie das
Volumen des Erdreichs in Kubikmeter, das auf dem 125 m langen Küstenstreifen zusätzlich benötigt wird. **(6 BE)**

3.4 Ein Siel ist ein verschließbarer Gewässerdurchlass in einem Deich.
Der neue Deich wird von einem Siel mit rechteckigem Querschnitt mit einer Breite von
2,50 m und einer Höhe von 1,50 m durchtunnelt (Material 2). Der Boden des Siels befindet sich auf Höhe des horizontalen Geländes.
Das Volumen des Erdreichs, welches nach dem Ausgraben eines Siels abtransportiert
werden muss, kann durch den Term

$$V = 2,5 \cdot \left(\int_{-10}^{x_1} f(x)\,dx + (x_2 - x_1) \cdot 1,5 + \int_{x_2}^{10} f(x)\,dx \right) m^3$$

berechnet werden.
Erläutern Sie diesen Term im Sachzusammenhang und bestimmen Sie das Volumen in
Kubikmetern. **(6 BE)**

Material 1

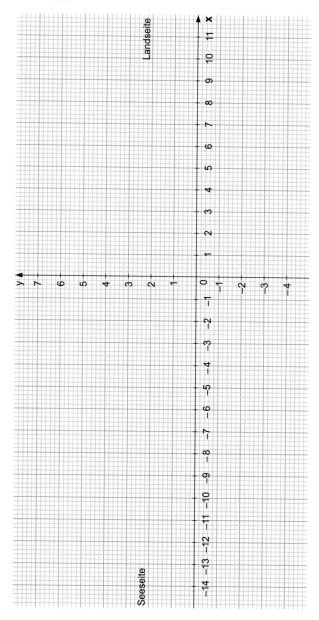

2019-15

Material 2

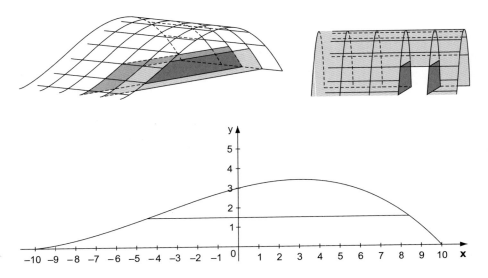

Hinweise und Tipps

Teilaufgabe 1.1

Denken Sie an Nullstellen und Normierungsfaktoren und vergessen Sie die Bedeutung des Minuszeichens nicht.

Teilaufgabe 1.2

Die breitesten Stellen liegen auf der x-Achse. Für die Höhe des Deichs bzw. die Tiefe des Grabens sind die jeweiligen Extremwerte gefragt.

Sie könnten bei der Ermittlung der Ergebnisse auch mit der Grafik arbeiten.

Teilaufgabe 1.3

Es wird lediglich eine Skizze verlangt. Sie müssen die Genauigkeit also nicht übertreiben.

Teilaufgabe 2

Erstellen Sie aus den Angaben im Text ein lineares Gleichungssystem und lösen Sie dieses mithilfe Ihres CAS.

Denken Sie an den Zusammenhang zwischen Steigungsangabe und der 1. Ableitung an dieser Stelle.

Teilaufgabe 3.1

Gehen Sie bei der Erstellung der Skizze wie in Teilaufgabe 1.3 vor.

Benutzen Sie die Skizze für die Ermittlung eines vernünftigen Definitionsbereichs.

Teilaufgabe 3.2

Benutzen Sie den Zusammenhang zwischen der steilsten Stelle des Graphen und dem Wendepunkt.

Denken Sie daran, auch die hinreichende Bedingung zu erfüllen.

Teilaufgabe 3.3

Ermitteln Sie zuerst die Fläche, die als Querschnitt für das zu ermittelnde Volumen gelten kann.

Flächen unterhalb der x-Achse müssen negativ eingehen.

Ermitteln Sie abschließend das Volumen durch Multiplikation mit der Deichlänge.

Sie können alternativ auch die beteiligten Volumina separat berechnen.

Teilaufgabe 3.4

Machen Sie sich die Situation an der Skizze und anhand des Materials 2 klar.

Vergessen Sie nicht, auf den Sachzusammenhang einzugehen.

Die Bestimmung des Volumens erfolgt mit dem CAS, nachdem zuvor die Schnittstellen x_1 und x_2 bestimmt wurden.

x_1 und x_2 könnten auch anhand des Materials 2 ermittelt werden, wobei die Ergebnisse aber entsprechend ungenau wären.

Lösung

1.1 $-\frac{1}{30}$ ist ein Normierungsfaktor. Er staucht alle Funktionswerte und passt die Kurve an die tatsächlichen Größenordnungen des Deichs an. Das Minuszeichen spiegelt die Kurve an der x-Achse.
Die drei weiteren Faktoren x, x − 2 und x − 10 zeigen die Nullstellen der Funktion d an, die an den Stellen x = 0, x = 2 und x = 10 vorliegen.

1.2 Die Breite des Grabens und des Deichs wird durch die Differenz der Nullstellen festgelegt. Daraus folgt, dass die Breite des Grabens 2 Meter (2 − 0) und die des Deichs 8 Meter (10 − 2) beträgt.

Die Tiefe des Grabens bzw. die Höhe des Deichs sind die jeweiligen y-Koordinaten an den Extremstellen, die es zu ermitteln gilt.

Mithilfe des CAS ergeben sich durch Nullsetzen der 1. Ableitung von d(x) die (möglichen) Extremstellen $x_1 \approx 0{,}94$ und $x_2 \approx 7{,}06$. Da für die 2. Ableitung von d(x) an diesen beiden Stellen $d''(x_1) > 0$ und $d''(x_2) < 0$ gilt, liegt im Punkt $E_1(0{,}94 \mid -0{,}3)$ ein Tiefpunkt und im Punkt $E_2(7{,}06 \mid 3{,}5)$ ein Hochpunkt vor.

Daraus folgt, dass die Tiefe des Grabens in etwa 0,3 m und die Höhe des Deichs in etwa 3,5 m beträgt.

Da der Operator der Aufgabenstellung „Bestimmen Sie" lautet, wäre auch eine grafische Bestimmung der Extremstellen möglich, die man mithilfe der grafischen Darstellung von d(x) im CAS oder aber sogar mit dem Ergebnis der Teilaufgabe 1.3 vornehmen könnte.

1.3

2 Die hier gegebenen Bedingungen bedeuten, dass der Graph von g(x) durch die Punkte P(8 | 0) und H(4 | 3,6) geht sowie an der Stelle x = 4 ein Maximum besitzt und dass an der Stelle x = −3 die Steigung der Kurve 0,3 beträgt, da bei einer Steigung von 30 % der Tangens des zugehörigen Winkels 0,3 beträgt.

Angesetzt wird eine allgemeine ganzrationale Funktion g dritten Grades mit der Funktionsgleichung:

$$g(x) = a \cdot x^3 + b \cdot x^2 + c \cdot x + d$$

Die Bedingungen lauten in der Form von Gleichungen:
$g(8) = 0$
$g(4) = 3,6$
$g'(4) = 0$
$g'(-3) = 0,3$

Mithilfe des CAS erhält man als Funktionsgleichung für g(x):

```
Define g(x)=a*x³+b*x²+c*x+d
                                                done
⎡g(8)=0
⎢g(4)=3.6
⎢diff(g(x),x,1,4)=0
⎣diff(g(x),x,1,-3)=0.3 | a,b,c,d
{a=-0.01403940887, b=-3.694581281E-4, c=0.6768472906, d=1.797044335}
```

$$g(x) = -0,0140 \cdot x^3 - 0,0004 \cdot x^2 + 0,6768 \cdot x + 1,7970$$

Die Parameter wurden auf vier Nachkommastellen gerundet.

3.1

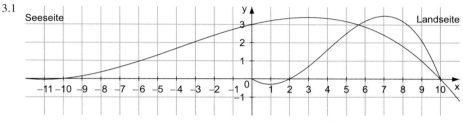

Ein vernünftiger Definitionsbereich ist der Bereich, der die gesamte Breite des Deichs erfasst, also den Bereich zwischen den Nullstellen −10 und 10: $D_f = [-10; 10]$

3.2 Den maximalen Steigungswinkel auf der Seeseite des Deichs erhält man durch Bestimmung der Wendestelle x_W. $f'(x_W)$ gibt dann die Steigung und somit den Tangens des Steigungswinkels an.

Die Wendestelle bestimmt sich durch Nullsetzen der 2. Ableitung von f. Es gilt:

$$f'(x) = -\frac{3}{400} \cdot x^2 - \frac{6}{100} \cdot x + \frac{1}{4}$$

$$f''(x) = -\frac{6}{400} \cdot x - \frac{6}{100}$$

$$f'''(x) = -\frac{6}{400}$$

Aus $f''(x_W) = 0$ folgt:

$$-\frac{6}{400} \cdot x_W - \frac{6}{100} = 0 \quad \Rightarrow \quad -\frac{6}{100} = \frac{6}{400} \cdot x_W \quad \Rightarrow \quad x_W = -4$$

Da für die 3. Ableitung an dieser Stelle $f'''(x_W) = -\frac{6}{400} \neq 0$ gilt und damit auch die hinreichende Bedingung für das Vorliegen einer Wendestelle erfüllt ist, liegt an der Stelle $x_W = -4$ eine Wendestelle vor.

$$f'(x_W) = f'(-4) = -\frac{3}{400} \cdot (-4)^2 - \frac{6}{100} \cdot (-4) + \frac{1}{4} = -\frac{48}{400} + \frac{24}{100} + \frac{1}{4} = 0,37$$

Der maximale Steigungswinkel des Deichs beträgt dann etwa 20,3°, denn es gilt:

$$\arctan(0,37) \approx 20,304$$

3.3 Da sich das Volumen bei allen Querschnittsflächen durch Multiplikation mit 125 m ergibt, reicht es aus, zuerst die Querschnittsflächen zu betrachten.

Das Integral $\int\limits_{0}^{10} d(x)\,dx$ gibt die Querschnittsfläche des alten Deichs an, vermindert um die Querschnittsfläche des Grabens. Die letzte Fläche geht negativ ein, da sich der Graph von d(x) hier unterhalb der x-Achse befindet. Multipliziert man das Ergebnis mit 125, so bekommt man das Volumen des alten Deichs, vermindert um das Volumen des Grabens, der also quasi aufgefüllt wurde.

Der Volumenbedarf des neuen Deichs beträgt:

$$V = 125 \cdot \int\limits_{-10}^{10} f(x)\,dx$$

Hiervon wird das Ergebnis der obigen Rechnung abgezogen, um zu ermitteln, wieviel Volumen noch zum Auffüllen übrigbleibt.

Define $f(x)=-\frac{1}{400}*x^3-\frac{3}{100}*x^2+\frac{1}{4}*x+3$

done

Define $d(x)=-\frac{1}{30}x*(x-2)*(x-10)$

done

$125*\left(\int_{-10}^{10}f(x)dx-\int_{0}^{10}d(x)dx\right)$

2916.666667

Es werden also zusätzlich noch etwa 2 916,7 m³ an Erdreich benötigt, um den neuen Deich zu bauen.

3.4 Man berechnet zuerst die Querschnittsfläche des Siels und multipliziert diese dann mit 2,5 Meter, um das Sielvolumen zu bestimmen. Die Querschnittsfläche besteht aus drei Teilen.

Der erste Teil $\int\limits_{-10}^{x_1} f(x)\,dx$ gibt die Querschnittsfläche der linken Seite des Deichs von -10 bis zu der Stelle x_1 an. Für x_1 muss $f(x_1)=1{,}5$ gelten. Hier beginnt, von der Seeseite aus gesehen, der rechteckige Teil des Siels. Dieser zweite, rechteckige Teil endet an der Stelle x_2. Für diese Stelle muss ebenfalls $f(x_2)=1{,}5$ gelten. Die Fläche dieses Rechtecks beträgt, gemäß „Breite mal Höhe", $(x_2-x_1)\cdot 1{,}5$. Die restliche Querschnittsfläche, der dritte Teil, wird wieder von der Kurve f(x) berandet und geht bis zum Ende des Deichs an der Stelle $x = 10$, also $\int\limits_{x_2}^{10} f(x)\,dx$.

Das Volumen des auszuhebenden Erdreichs erhält man letztendlich durch Multiplikation mit der Breite von 2,5 m.

Mithilfe des CAS muss man zuerst die Stellen x_1 und x_2 bestimmen, für die der Funktionswert 1,5 ist. Aus $f(x)=1{,}5$ erhält man als einzige Lösungen, die innerhalb des Definitionsbereichs $[-10;\,10]$ liegen, $x_1 \approx -4{,}487$ und $x_2 \approx 8{,}402$.

Es wäre auch möglich, die Werte x_1 und x_2 anhand des Materials zu ermitteln, da der Operator „Bestimmen" die Methode nicht festlegt.

solve(f(x)=1.5,x)

{x=-15.91457002,x=-4.487268191,x=8.40183821}

x_1:=-4.487268191

-4.487268191

x_2:=8.40183821

8.40183821

$2.5*\left(\int_{-10}^{x_1}f(x)dx+(x_2-x_1)*1.5+\int_{x_2}^{10}f(x)dx\right)$

60.13728943

Mithilfe dieser Werte bekommt man für das Volumen des abzutransportierenden Erdreichs in etwa 60,14 m³.

2019-20

Hessen – Grundkurs Mathematik
2019 – B2: Analysis (WTR / CAS)

Eine Brauerei stellt Fassbrause (Limonade aus Malzextrakt mit Kräuterzusätzen) und alkoholfreies Bier her.

1   Die Entwicklung der wöchentlichen Produktionsmenge der Fassbrause über das Jahr hinweg lässt sich für das vergangene Jahr näherungsweise durch die Funktion f mit

$$f(t) = 18 \cdot e^{-\frac{1}{200}(t-26)^2} + 10$$

auf dem Intervall [0; 52] modellieren. Hierbei gibt t die Zeit in Wochen seit Jahresbeginn an; f(t) beschreibt die wöchentliche Produktionsmenge in $\frac{m^3}{\text{Woche}}$.
Der Graph von f ist im Material abgebildet.

1.1 Zeigen Sie rechnerisch, dass für f' gilt: $f'(t) = -0,18 \cdot (t-26) \cdot e^{-\frac{1}{200}(t-26)^2}$ **(4 BE)**

1.2 Berechnen Sie die Koordinaten des Hochpunkts des Graphen von f.
Hinweis: Die Untersuchung der notwendigen Bedingung ist ausreichend.   **(4 BE)**

1.3 Begründen Sie anhand des Funktionsterms von f, dass die wöchentliche Produktionsmenge den Wert von 28 $\frac{m^3}{\text{Woche}}$ nicht überschreitet.   **(3 BE)**

1.4 Es gilt f''(36) = 0. Deuten Sie dies im Sachzusammenhang.   **(3 BE)**

1.5 Es gilt: $\dfrac{1}{26} \displaystyle\int_0^{26} f(t)\, dt \approx 18,6$

Deuten Sie diese Berechnung im Sachzusammenhang.   **(3 BE)**

2   Für das vergangene Jahr soll die wöchentliche Produktionsmenge des alkoholfreien Biers in $\frac{m^3}{\text{Woche}}$ zum Zeitpunkt t in Wochen seit Jahresbeginn durch eine quadratische Funktion g auf dem Intervall [0; 52] beschrieben werden. Zu Beginn des Jahres betrug die wöchentliche Produktionsmenge 7 $\frac{m^3}{\text{Woche}}$. Zum Zeitpunkt t = 30 Wochen wurde mit 25 $\frac{m^3}{\text{Woche}}$ die größte wöchentliche Produktionsmenge des alkoholfreien Biers erreicht.

2.1 Leiten Sie die Funktionsgleichung von g her und zeigen Sie, dass gilt:
$g(t) = -0,02t^2 + 1,2t + 7$
Skizzieren Sie den Funktionsgraphen von g in das Koordinatensystem im Material.   **(7 BE)**

2.2 Der Marketingberater der Brauerei trifft die folgenden Aussagen:
- „Die Differenz zwischen der größten und der kleinsten wöchentlichen Produktionsmenge der Fassbrause und die entsprechende Differenz für das alkoholfreie Bier unterscheiden sich um weniger als 1 $\frac{m^3}{\text{Woche}}$."
- „Die Gesamtproduktion der Fassbrause innerhalb des vergangenen Jahres in m³ war größer als die des alkoholfreien Biers."
- „In der Nachbarbrauerei beträgt die Gesamtproduktion des alkoholfreien Biers innerhalb eines Jahres mehr als 1 000 000 Liter. Um dies zu erreichen, müssten wir unsere Produktion deutlich steigern."

Prüfen Sie die Aussagen des Beraters.   **(8 BE)**

3 Die wöchentliche Produktionsmenge des alkoholfreien Biers soll erhöht werden. Zur Modellierung dieses Sachverhalts werden im Folgenden geeignete Funktionen der Funktionenscharen g_m und g_n verwendet mit $g_m(t) = m \cdot (-0{,}02t^2 + 1{,}2t + 7)$ und $g_n(t) = -0{,}02t^2 + 1{,}2t + 7 + n$.
Hierbei gibt t jeweils die Zeit in Wochen seit Jahresbeginn an; $g_m(t)$ und $g_n(t)$ beschreiben die wöchentliche Produktionsmenge in $\frac{m^3}{Woche}$.
Es wird prognostiziert, dass die wöchentliche Produktionsmenge für den Zeitpunkt $t = 30$ Wochen $35\ \frac{m^3}{Woche}$ beträgt.

3.1 Bestimmen Sie die Parameter m und n der beiden Funktionenscharen so, dass zum Zeitpunkt $t = 30$ Wochen die prognostizierte wöchentliche Produktionsmenge des alkoholfreien Biers erreicht wird. **(4 BE)**

3.2 Es sei $m = 1{,}4$ und $n = 10$.
Beschreiben Sie jeweils auch im Sachzusammenhang die Wirkung des Parameters auf den Verlauf der Graphen g_m bzw. g_n im Vergleich zum Graphen von g. **(4 BE)**

Material
wöchentliche Produktionsmenge in $\frac{m^3}{Woche}$

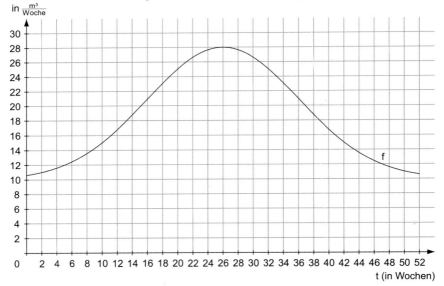

Hinweise und Tipps

Teilaufgabe 1.1

Leiten Sie die gegebene Funktion mithilfe der Kettenregel ab und vereinfachen Sie den Funktionsterm.

Teilaufgabe 1.2

Achten Sie darauf, dass lediglich die Untersuchung des notwendigen Kriteriums für ein Extremum verlangt ist. Geben Sie die Koordinaten des Hochpunkts an.

Kontrollieren Sie Ihr Ergebnis anhand des gegebenen Graphen.

Teilaufgabe 1.3

Argumentieren Sie mithilfe des Hochpunkts und des Exponenten des Funktionsterms.

Teilaufgabe 1.4

Welche Bedeutung hat die gegebene Information für den Verlauf des Graphen?

Betrachten Sie den gegebenen Graphen unter diesem Aspekt und ziehen Sie Schlüsse bzgl. des Sachkontextes.

Teilaufgabe 1.5

Analysieren Sie den Integralterm in Bezug auf den Sachkontext.

Teilaufgabe 2.1

Formulieren Sie einen geeigneten Ansatz für die gesuchte quadratische Funktion.

Verwenden Sie die gegebenen Informationen, um Gleichungen zur Bestimmung der Parameterwerte zu finden.

Vergleichen Sie Ihre Ergebnisse mit der gegebenen Funktion.

Falls Ihre Funktion von der gegebenen abweicht, arbeiten Sie im Folgenden mit der gegebenen Funktion weiter.

Zeichnen Sie den Verlauf des neuen Graphen in das beigelegte Material ein.

Teilaufgabe 2.2

Vergleichen Sie jeweils die größte mit der kleinsten Produktionsmenge. Benutzen Sie dabei die gezeichneten Graphen als Anschauungsmaterial.

Bestimmen Sie jeweils die Gesamtmengen.

Wie viele Liter sind ein Kubikmeter?

Teilaufgabe 3.1

Verwenden Sie die gegebene Information, um jeweils Gleichungen zur Bestimmung der Parameterwerte zu finden.

Teilaufgabe 3.2

Welche Auswirkungen haben die Parameter jeweils auf den Verlauf der Graphen im Vergleich zum neuen Graphen aus Teilaufgabe 2.1?

2019-23

Lösung

Vorbemerkung: Die Aufgabenstellung gilt für die Rechnertechnologien WTR bzw. CAS. Aufgrund der verwendeten Operatoren ergibt sich bei der Verwendung eines CAS kein wesentlicher Unterschied bzw. Vorteil im Vergleich zur Verwendung eines WTR.

1 Informationsentnahme: Die wöchentliche Produktionsmenge von Fassbrause in $\frac{m^3}{Woche}$ wird modelliert durch die Funktion:

$$f(t) = 18 \cdot e^{-\frac{1}{200} \cdot (t-26)^2} + 10, \ t \text{ in Wochen für } t \in [0; 52]$$

1.1 Die angegebene 1. Ableitungsfunktion von f(t) soll durch eigene Berechnung bestätigt werden.

Mithilfe der Kettenregel und nach Zusammenfassung und Kürzen der Faktoren ergibt sich:

$$f'(t) = 18 \cdot 2 \cdot \left(-\frac{1}{200} \cdot (t-26)\right) \cdot e^{-\frac{1}{200} \cdot (t-26)^2}$$

$$= -\frac{18}{100} \cdot (t-26) \cdot e^{-\frac{1}{200} \cdot (t-26)^2}$$

$$= -0,18 \cdot (t-26) \cdot e^{-\frac{1}{200} \cdot (t-26)^2}$$

1.2 Notwendige Bedingung für ein Extremum ist $f'(t) = 0$.

Also muss $-0,18 \cdot (t-26) \cdot e^{-\frac{1}{200} \cdot (t-26)^2} = 0$ sein. Da der Teilterm $e^{-\frac{1}{200} \cdot (t-26)^2}$ für alle t positiv ist und daher nicht null werden kann, muss $t - 26 = 0$ und damit $t = 26$ sein.

Da eine Überprüfung der Art des Extremums nicht verlangt ist und die Lage des Hochpunkts des Graphen von f(t) im Material zu dem Ergebnis passt, hat f(t) offenbar an der Stelle $t = 26$ ein lokales Maximum.

Es bleibt die Berechnung des Funktionswerts:

$$f(26) = 18 \cdot e^{-\frac{1}{200} \cdot (26-26)^2} + 10 = 18 + 10 = 28$$

Der Hochpunkt hat also die Koordinaten $(26 \,|\, 28)$.

1.3 Der Teilterm $e^{-\frac{1}{200} \cdot (t-26)^2}$ nimmt für $t = 26$ seinen höchsten Wert an, nämlich:

$$e^{-\frac{1}{200} \cdot (26-26)^2} = e^0 = 1$$

Für alle anderen Werte für t ist $e^{-\frac{1}{200} \cdot (t-26)^2}$ kleiner als 1, da der Exponent dieses Teilterms wegen des Quadrates und des Vorzeichens immer negativ ist.

Damit ist $f(26) = 18 + 10 = 28$ der höchste erreichbare Funktionswert.

1.4 Es soll $f''(36) = 0$ gelten. Der Wert der zweiten Ableitungsfunktion ist null an Stellen, in denen Wende- oder Sattelpunkte des Graphen vorliegen. Da in $(26 \,|\, 28)$ der einzige Extrempunkt vorliegt, muss an der Stelle $t = 36$ ein Wendepunkt, also ein Punkt mit maximaler Steigung oder maximalem Gefälle des Graphen vorliegen. Aus dem Verlauf des Graphen von f lässt sich schließen, dass der Graph für $t = 36$ maximales Gefälle aufweist.

Dies bedeutet im Sachkontext, dass nach 36 Wochen die Produktionsmenge am stärksten abnimmt.

2019-24

1.5 Mit dem Term $\frac{1}{26} \cdot \int_0^{26} f(t)\, dt$ wird die durchschnittliche Produktionsmenge innerhalb der ersten 26 Wochen des Jahres berechnet. Diese beträgt $18{,}6 \frac{m^3}{Woche}$.

2 Die Bierproduktion in $\frac{m^3}{Woche}$ des vergangenen Jahres soll für $t \in [0; 52]$ durch eine quadratische Funktion $g(t) = a \cdot t^2 + b \cdot t + c$ beschrieben werden.

2.1 Am Anfang des Jahres (also zur Zeit $t = 0$) ist die wöchentliche Produktionsmenge $7 \frac{m^3}{Woche}$.

Damit ergibt sich mithilfe des Ansatzes von oben die erste Bedingung für g zu:

$$g(0) = 7 \quad \Rightarrow \quad c = 7$$

Zum Zeitpunkt $t = 30$ ist die Produktionsmenge mit $25 \frac{m^3}{Woche}$ am größten. Daraus ergeben sich zwei weitere Gleichungen, für die der bereits gefundene Wert für c mitverwendet wird. Zunächst gilt:

$$g(30) = 25 \quad \Leftrightarrow \quad a \cdot 30^2 + b \cdot 30 + 7 = 25 \quad \Leftrightarrow \quad 900 \cdot a + 30 \cdot b + 7 = 25 \quad (1)$$

Mit $g'(t) = 2 \cdot a \cdot t + b$ gewinnt man außerdem die Gleichung

$$g'(30) = 0 \quad \Leftrightarrow \quad 2 \cdot a \cdot 30 + b = 0 \quad \Leftrightarrow \quad b = -60 \cdot a \quad (2),$$

da $g(t)$ für $t = 30$ ein relatives Maximum annehmen soll.

Das lineare Gleichungssystem, bestehend aus den Gleichungen (1) und (2), ist eindeutig lösbar, z. B. durch Einsetzen von (2) in (1):

$$900 \cdot a + 30 \cdot (-60 \cdot a) + 7 = 25 \qquad | -7 \text{ und zusammenfassen}$$

$$\Leftrightarrow \qquad -900 \cdot a = 18 \qquad | : (-900)$$

$$\Leftrightarrow \qquad a = -\frac{18}{900} = -0{,}02$$

Wenn man den gefundenen Wert für a in (2) einsetzt, erhält man:

$$b = -60 \cdot (-0{,}02) = 1{,}2$$

Damit lautet die Funktionsgleichung $g(t) = -0{,}02 \cdot t^2 + 1{,}2 \cdot t + 7$, in Übereinstimmung mit der angegebenen Funktionsgleichung.

Alternativ kann die Lösung des LGS auch mit der entsprechenden Funktionalität des WTR oder CAS erfolgen. Ferner ist eine Lösung mithilfe der Scheitelpunktform möglich. Ansatz: $g(t) = a \cdot (t - t_S)^2 + y_S$, wobei $(t_S \,|\, y_S)$ der Scheitelpunkt ist, der mit $(30 \,|\, 25)$ gegeben ist. Damit ergibt sich:

$$g(0) = 7$$

$$\Leftrightarrow \quad a \cdot (0 - 30)^2 + 25 = 7 \qquad | -25$$

$$\Leftrightarrow \quad a \cdot 900 = -18 \qquad | : 900$$

$$\Leftrightarrow \quad a = -\frac{18}{900} = -0{,}02$$

Es folgt:

$$g(t) = -0{,}02 \cdot (t - 30)^2 + 25 = -0{,}02 \cdot (t^2 - 60 \cdot t + 900) + 25$$

$$= -0{,}02 \cdot t^2 + 1{,}2 \cdot t - 18 + 25 = -0{,}02 \cdot t^2 + 1{,}2 \cdot t + 7 \quad \text{(siehe oben)}$$

Der Graph von g(t) wird noch in das Koordinatensystem im Material skizziert:

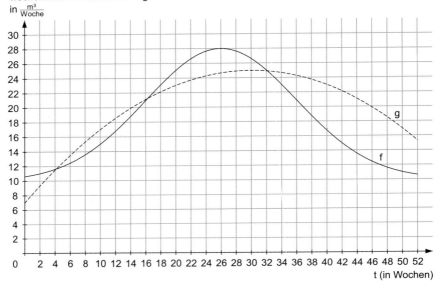

2.2 Aussage 1

Fassbrause: Funktion f(t)
Der Graph von f(t) ist achsensymmetrisch bzgl. einer Parallelen zur y-Achse durch den Hochpunkt (26|28). Daher ist die Produktionsmenge zu den Zeitpunkten t = 0 bzw. t = 52 am kleinsten.

$f(0) = 18 \cdot e^{-\frac{1}{200} \cdot (-26)^2} + 10 \approx 10,61$

Die Differenz zwischen größter und kleinster Produktionsmenge beträgt also ungefähr $28 - 10,61 = 17,39 \frac{m^3}{Woche}$.

Bier: Funktion g(t)
Die kleinste Produktionsmenge liegt zum Zeitpunkt t = 0 mit 7 $\frac{m^3}{Woche}$ vor. Die größte Produktionsmenge ist im Hochpunkt (30|25) des Graphen vorhanden.
Die Differenz der Mengen ist $25 - 7 = 18 \frac{m^3}{Woche}$.
Die beiden berechneten Differenzen unterscheiden sich um ca. 0,61 $\frac{m^3}{Woche}$, daher ist diese Aussage korrekt.

Aussage 2

Die Berechnungen erfolgen mithilfe der entsprechenden Funktionalität des WTR oder des CAS.

Fassbrause: Gesamtmenge im Jahr $\int_{0}^{52} f(t)\, dt \approx 966,987$

Bier: Gesamtmenge im Jahr $\int_0^{52} g(t)\, dt \approx 1\,049{,}013$

Die zweite Aussage ist also falsch, da mehr Bier als Fassbrause hergestellt wurde.

Aussage 3
1 m³ entspricht 1 000 ℓ. Gemäß der Berechnung unter „Aussage 2" werden 1 049 013 ℓ Bier hergestellt. Das ist mehr als 1 000 000 ℓ = 1 000 m³.
Daher ist die dritte Aussage falsch.

3 Die neuen Bierproduktionsmengen $\left(\text{in } \frac{m^3}{\text{Woche}}\right)$ sollen nun durch die Funktionen g_m bzw. g_n mit geeigneten Parameterwerten für m bzw. n beschrieben werden:

$g_m(t) = m \cdot (-0{,}02 \cdot t^2 + 1{,}2 \cdot t + 7)$, t in Wochen

$g_n(t) = -0{,}02 \cdot t^2 + 1{,}2 \cdot t + 7 + n$, t in Wochen

Zum Zeitpunkt t = 30 soll die Produktionsmenge 35 $\frac{m^3}{\text{Woche}}$ betragen.

3.1 Bestimmung der Parameterwerte:

$\quad g_m(30) = 35$
$\Leftrightarrow\quad m \cdot g(30) = 35$
$\Leftrightarrow\quad m \cdot 25 = 35 \quad |:25$
$\Leftrightarrow\quad m = 1{,}4$

$\quad g_n(30) = 35$
$\Leftrightarrow\quad g(30) + n = 35$
$\Leftrightarrow\quad 25 + n = 35 \quad |-25$
$\Leftrightarrow\quad n = 10$

3.2 Mit m = 1,4 wird der Graph von g in y-Richtung um das 1,4-Fache gestreckt, d. h., alle Funktionswerte (Produktionsmenge in $\frac{m^3}{\text{Woche}}$) werden jeweils auf das 1,4-Fache erhöht.

Mit n = 10 wird der Graph von g um 10 Einheiten in y-Richtung nach oben verschoben, d. h., alle Funktionswerte (Produktionsmenge in $\frac{m^3}{\text{Woche}}$) erhöhen sich um 10 $\frac{m^3}{\text{Woche}}$.

Zur Veranschaulichung:

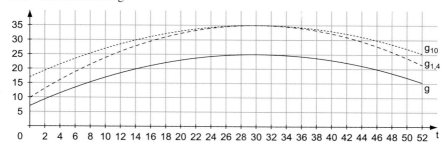

Hessen – Grundkurs Mathematik
2019 – C1: Lineare Algebra/Analytische Geometrie (WTR/CAS)

Ein neu geplantes Mehrfamilienhaus soll 9 m breit, 15 m lang und inklusive Dach 9 m hoch werden. Das Material zeigt eine Darstellung des Hauses im Koordinatensystem. Der Erdboden wird durch die x-y-Ebene beschrieben. In dieser Ebene liegen die Eckpunkte A, B, C und D des rechteckigen Hausbodens. Der Punkt G hat die Koordinaten $G(9\,|\,15\,|\,6)$. Der Dachfirst $\overline{IJ}$ verläuft horizontal und mittig über der Dachbodenfläche EFGH.

1.1 Geben Sie die Koordinaten der Punkte C, F und J an.
Beschriften Sie die Achsen im Material mit einer geeigneten Skalierung. **(5 BE)**

1.2 Geben Sie eine Parametergleichung der Ebene T an, in der die Dachfläche FGJI liegt, und bestimmen Sie eine Koordinatengleichung dieser Ebene.
[zur Kontrolle: $2x + 3z = 36$ ist eine mögliche Koordinatengleichung der Ebene.] **(6 BE)**

1.3 Berechnen Sie den Flächeninhalt der gesamten Dachfläche des Hauses. **(3 BE)**

1.4 Berechnen Sie das Volumen des Mehrfamilienhauses. **(3 BE)**

1.5 Damit das Dach für die geplante Installation einer Photovoltaikanlage geeignet ist, sollte die Dachneigung zwischen 30 und 35 Grad betragen. In diesem Sachzusammenhang wird folgende Rechnung durchgeführt:

$$(1) \quad \vec{u}_1 = \begin{pmatrix} -4{,}5 \\ 0 \\ 3 \end{pmatrix}, \ \vec{u}_2 = \begin{pmatrix} -9 \\ 0 \\ 0 \end{pmatrix}$$

$$(2) \quad \cos\alpha = \frac{\begin{pmatrix} -4{,}5 \\ 0 \\ 3 \end{pmatrix} \cdot \begin{pmatrix} -9 \\ 0 \\ 0 \end{pmatrix}}{\left| \begin{pmatrix} -4{,}5 \\ 0 \\ 3 \end{pmatrix} \right| \cdot \left| \begin{pmatrix} -9 \\ 0 \\ 0 \end{pmatrix} \right|} = \ldots$$

Erläutern Sie den Ansatz in Zeile (1) und den Rechenschritt in Zeile (2).
Berechnen Sie den Winkel α.
Deuten Sie Ihr Ergebnis für α im Sachzusammenhang. **(4 BE)**

Auf dem Nachbargrundstück steht eine 13,5 m hohe Tanne im Punkt $P(30{,}75\,|\,6\,|\,0)$. Zu einem bestimmten Zeitpunkt fällt das Sonnenlicht in Richtung des Vektors $\vec{v}_1 = \begin{pmatrix} -2 \\ 0 \\ -0{,}5 \end{pmatrix}$ auf die Dachfläche FGJI.

1.6 Prüfen Sie, ob der Schatten der Tannenspitze zu diesem Zeitpunkt auf die Dachfläche FGJI trifft. **(5 BE)**

2019-28

2   Im Garten des Hauses soll ein Blumenbeet angelegt werden. Dafür sollen Pflanzen drei-
    er Pflanzengattungen gekauft werden. Eine Pflanze der Gattung Sonnenhut kostet 3 €,
    eine der Gattung Phlox 4 € und eine der Gattung Malve 6 €. Es sollen genau 25 Pflan-
    zen für insgesamt 100 € gekauft werden. Darunter sollen doppelt so viele Pflanzen der
    Gattung Sonnenhut wie Pflanzen der Gattung Malve sein.

2.1 Mithilfe der Informationen im Text wird das folgende lineare Gleichungssystem aufge-
     stellt:

I $\quad x_S \quad\quad - 2x_M = \quad 0$
II $\quad x_S + \ x_P + \ x_M = 25$
III $\quad 3x_S + 4x_P + 6x_M = 100$

Geben Sie eine Definition der verwendeten Variablen an.
Erläutern Sie die Bedeutung der einzelnen Gleichungen im Sachzusammenhang. **(4 BE)**

2.2 Das lineare Gleichungssystem besitzt ohne Beachtung des Sachzusammenhangs unend-
     lich viele Lösungen.
     Berechnen Sie diese Lösungen. **(5 BE)**

2.3 Eine mögliche Darstellung aller Lösungen des linearen Gleichungssystems lautet:

$$\vec{x} = \begin{pmatrix} x_S \\ x_P \\ x_M \end{pmatrix} = \begin{pmatrix} 0 \\ 25 \\ 0 \end{pmatrix} + t \begin{pmatrix} 2 \\ -3 \\ 1 \end{pmatrix}$$

2.3.1 Um eine mögliche Bepflanzung des Beetes darzustellen, müssen x_S, x_P und x_M nicht-
       negative ganzzahlige Werte annehmen.
       Untersuchen Sie, welche Werte t unter dieser Bedingung annehmen kann. **(3 BE)**

2.3.2 Gesucht ist die Bepflanzung mit der maximal möglichen Anzahl der Pflanzen der Gat-
       tung Sonnenhut.
       Bestimmen Sie die Anzahlen der Pflanzen der Gattung Sonnenhut, Phlox und Malve für
       diese Bepflanzung. **(2 BE)**

Material

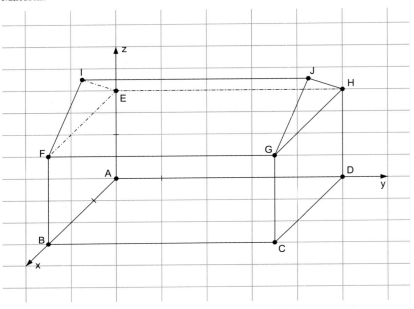

Hinweise und Tipps

Teilaufgabe 1.1

Skalieren Sie zuerst die Achsen unter Verwendung der im Text genannten Maße des Hauses. Beachten Sie, dass Punkt G die Höhe des Hauses ohne das Dach festlegt.

Um die gesuchten Punktkoordinaten zu ermitteln, laufen Sie gedanklich die Wege in x-, y- und z-Richtung ab, die vom Ursprung zum jeweiligen Punkt führen.

Teilaufgabe 1.2

Dies ist eine Standardaufgabe. Wählen Sie drei Punkte der Ebene und berechnen Sie einen Stütz- sowie zwei Richtungsvektoren. Ermitteln Sie dann einen Vektor, der senkrecht zur Ebene steht, und setzen Sie diesen Normalenvektor und den Stützvektor in die allgemeine Koordinatengleichung ein.

Teilaufgabe 1.3

Die Dachfläche setzt sich aus zwei Rechtecken zusammen. Berechnen Sie die benötigten Seitenlängen mithilfe geeigneter Kantenvektoren.

Teilaufgabe 1.4

Das Haus setzt sich aus einem Quader und einem Prisma mit dreieckiger Grundfläche zusammen.

Berechnen Sie die benötigten Längen mithilfe geeigneter Kantenvektoren und verwenden Sie die entsprechenden Formeln zur Berechnung der Volumina.

Teilaufgabe 1.5

Finden Sie geeignete Repräsentanten der in (1) angegebenen Vektoren.

Beschreiben Sie, wozu die in (2) verwendete Formel im Allgemeinen verwendet wird.

Führen Sie die Berechnung des Cosinuswerts zu Ende und berechnen Sie damit den Winkel.

Stellen Sie einen Zusammenhang Ihres Ergebnisses mit der im Aufgabentext vorgegebenen Dachneigung her.

Teilaufgabe 1.6

Geben Sie die Koordinaten der Tannenspitze an und berechnen Sie den Schattenpunkt in der Ebene, die Sie aus Teilaufgabe 1.2 kennen.

Prüfen Sie anhand der Abbildung und durch Vergleich mit den „zulässigen" Koordinaten, ob der so ermittelte Schnittpunkt auch auf der Dachfläche liegt.

Teilaufgabe 2.1

Lesen Sie den Aufgabentext zu 2 noch einmal sorgfältig und erläutern Sie, welche Aussage zu welcher Gleichung gehört.

Teilaufgabe 2.2

Vereinfachen Sie das Gleichungssystem soweit wie möglich und zeigen Sie, dass es widerspruchsfrei ist.

Da das Gleichungssystem nicht eindeutig lösbar ist, ermitteln Sie einen Lösungsvektor in Abhängigkeit eines Parameters t.

In Teilaufgabe 2.3 erhalten Sie einen Hinweis, wie eine mögliche Lösung aussieht.

Teilaufgabe 2.3.1

Untersuchen Sie komponentenweise, was für t eingesetzt werden kann, damit das Ergebnis eine nichtnegative Zahl ist.

Zudem soll das Ergebnis ganzzahlig sein. Hier liefert die z-Komponente einen wichtigen Hinweis.

Teilaufgabe 2.3.2

Welches zulässige t (vgl. Teilaufgabe 2.3.1) muss eingesetzt werden, damit die Anzahl der Sonnenhut-Pflanzen größtmöglich ist?

Die beiden anderen Anzahlen erhalten Sie, indem Sie dieses t in den angegeben Lösungsvektor im Aufgabentext zu Teilaufgabe 2.3 einsetzen.

Lösung

1.1 Unter Beachtung der Vorgabe „9 m breit" (x-Richtung) und „15 m lang" (y-Richtung) ergeben sich die Skalierungen der x- und y-Achse. Die Gesamthöhe des Hauses ist mit 9 m angegeben – jedoch inklusive Dach. Die Höhe des Quaders kann man dem angegebenen Punkt G(9|15|6) entnehmen. Die Koordinate z=6 dieses Punkts gibt gleichzeitig die Höhe des Quaders an. Daraus folgt auch der Punkt E(0|0|6). Damit lassen sich alle Achsen wie folgt skalieren:

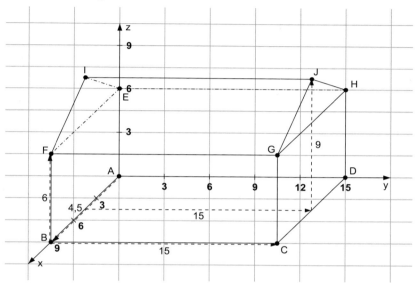

Der Abbildung lassen sich nun die Punktkoordinaten entnehmen, wenn man die Wege zu den Punkten gedanklich im Raum abläuft (die Wege sind in der Abbildung eingezeichnet). Es ergeben sich:

C(9|15|0), F(9|0|6) und J(4,5|15|9)

1.2 Mit dem Stützvektor $\overrightarrow{OF} = \begin{pmatrix} 9 \\ 0 \\ 6 \end{pmatrix}$ sowie den Richtungsvektoren $\overrightarrow{FG} = \begin{pmatrix} 9-9 \\ 15-0 \\ 6-6 \end{pmatrix} = \begin{pmatrix} 0 \\ 15 \\ 0 \end{pmatrix}$ und

$\overrightarrow{FJ} = \begin{pmatrix} 4,5-9 \\ 15-0 \\ 9-6 \end{pmatrix} = \begin{pmatrix} -4,5 \\ 15 \\ 3 \end{pmatrix}$ erhält man als eine mögliche Parameterdarstellung der Ebene:

$$T: \vec{x} = \begin{pmatrix} 9 \\ 0 \\ 6 \end{pmatrix} + r \begin{pmatrix} 0 \\ 15 \\ 0 \end{pmatrix} + s \begin{pmatrix} -4,5 \\ 15 \\ 3 \end{pmatrix}; \; r, s \in \mathbb{R}$$

Zur Überführung der Parameterdarstellung in die Koordinatengleichung benötigt man einen Normalenvektor $\vec{n} = \begin{pmatrix} n_1 \\ n_2 \\ n_3 \end{pmatrix}$, der senkrecht auf T steht. Unter Verwendung der Eigenschaft, dass $\vec{n} \perp \overrightarrow{FG}$ und $\vec{n} \perp \overrightarrow{FJ}$, formuliert man den Ansatz:

(I) $\vec{n} \circ \overrightarrow{FG} = 0n_1 + 15n_2 + 0n_3 = 0$

(II) $\vec{n} \circ \overrightarrow{FJ} = -4,5n_1 + 15n_2 + 3n_3 = 0$

Aus (I) folgt unmittelbar $n_2 = 0$. Damit ergibt sich:

(II) $-4{,}5n_1 + 3n_3 = 0$

Da lediglich eine partikuläre Lösung des Gleichungssystems gesucht ist, wählt man eine Variable, z. B. als $n_1 = 2$. Damit ergibt sich:

(II) $-4{,}5 \cdot 2 + 3n_3 = 0$

Dies liefert $n_3 = 3$. Somit erhält man als Normalenvektor:

$$\vec{n} = \begin{pmatrix} 2 \\ 0 \\ 3 \end{pmatrix}$$

Unter Verwendung des Ortsvektors zum Punkt F, der in der Ebene liegt, und dem ermittelten Normalenvektor $\vec{n}$ ergibt sich durch Einsetzen in die allgemeine Koordinatengleichung $\vec{n} \circ \vec{x} = \vec{n} \circ \vec{a}$

$$\begin{pmatrix} 2 \\ 0 \\ 3 \end{pmatrix} \circ \begin{pmatrix} x \\ y \\ z \end{pmatrix} = \begin{pmatrix} 2 \\ 0 \\ 3 \end{pmatrix} \circ \begin{pmatrix} 9 \\ 0 \\ 6 \end{pmatrix}$$

und ausmultipliziert:

$$2x + 3z = 18 + 18 = 36$$

1.3 Zur Berechnung der Dachfläche benötigt man die Längen $\left| \overrightarrow{FG} \right|$ und $\left| \overrightarrow{GJ} \right|$. Man ermittelt:

$$\left| \overrightarrow{FG} \right| = \left| \left| \begin{pmatrix} 0 \\ 15 \\ 0 \end{pmatrix} \right| \right| = 15$$

$$\left| \overrightarrow{GJ} \right| = \left| \left| \begin{pmatrix} 4{,}5 - 9 \\ 15 - 15 \\ 9 - 6 \end{pmatrix} \right| \right| = \left| \left| \begin{pmatrix} -4{,}5 \\ 0 \\ 3 \end{pmatrix} \right| \right| = \sqrt{(-4{,}5)^2 + 0^2 + 3^2} = \sqrt{\frac{117}{4}} \approx 5{,}41$$

Da die Dachfläche aus zwei gleich großen Rechtecken besteht, lässt sich nun die Gesamtfläche berechnen als:

$$A = 2 \cdot \left| \overrightarrow{FG} \right| \cdot \left| \overrightarrow{GJ} \right| = 2 \cdot 15 \cdot \sqrt{\frac{117}{4}} \approx 162{,}25 \, [\text{m}^2]$$

1.4 Das Haus besteht aus einem Quader und einem Prisma mit der dreieckigen Grundfläche GHJ.

Das Volumen des Quaders berechnet man als:

$$V_Q = 9 \cdot 15 \cdot 6 = 810 \, [\text{m}^3]$$

Zur Berechnung des Volumens des Prismas benötigt man zunächst die Fläche des Dreiecks GHJ. Diese ermittelt man als:

$$A_{GHJ} = \frac{1}{2} \cdot g \cdot h = \frac{1}{2} \cdot 9 \cdot 3 = 13{,}5 \, [\text{m}^2]$$

Die Höhe des Prismas entspricht der Länge des Hauses. Man erhält daher für das Volumen des Prismas:

$$V_P = 13{,}5 \cdot 15 = 202{,}5 \, [\text{m}^3]$$

Das Volumen des Hauses beträgt damit:

$$V = V_Q + V_P = 810 + 202{,}5 = 1\,012{,}5 \, [\text{m}^3]$$

1.5 In Zeile (1) der Rechnung werden zwei Vektoren angegeben, wobei $\vec{u}_1$ der in Teilaufgabe 1.3 berechnete Vektor $\overline{GJ}$ ist. Der Vektor $\vec{u}_2$ findet sich am Haus z. B. als Vektor $\overline{GH}$ wieder. Mit dem in Zeile (2) formulierten Ansatz kann also (indirekt) der Winkel zwischen diesen beiden Vektoren berechnet werden. Dieser Winkel entspricht der Dachneigung.

Als konkrete Rechenschritte zur Fortsetzung der Berechnung ergeben sich:

$$\ldots = \frac{(-4,5)\cdot(-9)+0\cdot 0+3\cdot 0}{\sqrt{(-4,5)^2+0^2+3^2}\cdot\sqrt{(-9)^2+0^2+0^2}} = \frac{40,5}{\sqrt{29,25\cdot 9}} \approx 0,832$$

Damit erhält man für den Neigungswinkel des Dachs $\alpha \approx \arccos(0,832) \approx 33,7°$.

Der Neigungswinkel liegt im vorgegebenen Intervall. Das Dach ist für die Installation einer Photovoltaikanlage geeignet.

1.6 Da die Tanne 13,5 m hoch ist, wird die Tannenspitze durch den Punkt S(30,75 | 6 | 13,5) beschrieben.

Gesucht ist der Schnittpunkt des Lichtstrahls durch S mit der Ebene, in der die Dachfläche liegt.

Der Lichtstrahl wird beschrieben durch die Gerade g in Parameterdarstellung:

$$g:\ \vec{x} = \begin{pmatrix} x \\ y \\ z \end{pmatrix} = \begin{pmatrix} 30,75 \\ 6 \\ 13,5 \end{pmatrix} + r\cdot \begin{pmatrix} -2 \\ 0 \\ -0,5 \end{pmatrix}$$

Den Parameterwert des Schnittpunkts erhält man durch Einsetzen der Komponenten x, y und z in die Koordinatengleichung $2x+3z=36$ der Ebene aus Teilaufgabe 1.2:

$$2\cdot(30,75-2r)+3\cdot(13,5-0,5r)=36$$
$$61,5-4r+40,5-1,5r=36$$
$$-5,5r=-66$$
$$r=12$$

Als Schnittpunkt erhält man damit:

$$\overrightarrow{OS'} = \begin{pmatrix} 30,75 \\ 6 \\ 13,5 \end{pmatrix} + 12\cdot \begin{pmatrix} -2 \\ 0 \\ -0,5 \end{pmatrix} = \begin{pmatrix} 6,75 \\ 6 \\ 7,5 \end{pmatrix}$$

Unter Verwendung der Abbildung zeigt sich, dass die Koordinaten des Punkts auf der Dachfläche des Hauses liegen, denn die x-Koordinate muss zwischen 4,5 und 9 und die y-Koordinate muss zwischen 0 und 15 liegen. Die z-Koordinate gibt dann „nur noch" die benötigte Höhe an, damit der Punkt auch auf der Dachfläche liegt.

2.1 Es ist naheliegend, dass x_S die Anzahl der Sonnenhut-Pflanzen, x_P die Anzahl der Phlox-Pflanzen und x_M die Anzahl der Malven-Pflanzen angibt.

Gleichung I lässt sich umformen in $x_S = 2x_M$. Diese Gleichung entspricht der Aussage, dass es doppelt so viele Sonnenhut- wie Malven-Pflanzen gibt.

Gleichung II addiert die Anzahl aller Pflanzen und gibt deren Summe als 25 an.

In Gleichung III wird der Gesamtpreis von 100 € angegeben. Dieser ergibt sich als Summe der Preise für die einzelnen Pflanzenarten. So steht z. B. $3\cdot x_S$ für den Preis, der für die Sonnenhut-Pflanzen zu zahlen ist, da eine Pflanze 3 € kostet.

2019-35

2.2 Ziel der Umformungen des Gleichungssystems ist es, möglichst viele Unbekannte aus einer Gleichung zu eliminieren. Dies ist auf unterschiedlichen Wegen möglich. Da Gleichung (I) nur noch zwei Unbekannte enthält, erscheint es naheliegend, die Gleichungen (II) und (III) so zu verrechnen, dass auch hier nur noch x_S und x_M erhalten bleiben.

Es ist:

$$4 \cdot (II) - (III) \qquad x_S - 2x_M = 0$$

Dies entspricht Gleichung (I) und belegt die Aussage, dass das Gleichungssystem unendlich viele Lösungen hat, denn diese beiden Gleichungen lassen sich durch Subtraktion zu der wahren Aussage $0 = 0$ zusammenfassen.

Zur Berechnung der Lösungsmenge formt man Gleichung (I) um in:

$$(I) \qquad x_S = 2x_M$$

Da nun alle Lösungen gesucht sind, setzt man für $x_M = t$. Daraus ergibt sich $x_S = 2t$. Eingesetzt in Gleichung (II) erhält man:

$$2t + x_P + t = 25$$
$$x_P = 25 - 3t$$

Als Lösungsvektor erhält man:

$$\vec{x} = \begin{pmatrix} x_S \\ x_P \\ x_M \end{pmatrix} = \begin{pmatrix} 2t \\ 25 - 3t \\ t \end{pmatrix} = \begin{pmatrix} 0 \\ 25 \\ 0 \end{pmatrix} + t \cdot \begin{pmatrix} 2 \\ -3 \\ 1 \end{pmatrix}$$

2.3.1 Damit alle Komponenten nichtnegative ganzzahlige Werte annehmen, müssen folgende Bedingungen erfüllt sein.

Für die x_S-Komponente gilt: Damit $x_S \geq 0$, muss $t \geq 0$ sein.

Für die x_P-Komponente gilt: Damit $x_P \geq 0$, muss $25 - 3t \geq 0$ gelten. Dies führt zu $25 \geq 3t$ und dies liefert $\frac{25}{3} \geq t$. Da nur ganzzahlige Werte für t zulässig sind, gilt damit $t \leq 8$.

Für die x_M-Komponente gilt: Damit $x_M \geq 0$, muss $t \geq 0$ sein. Insbesondere muss t ganzzahlig sein, damit auch x_M ganzzahlig ist.

Insgesamt ergibt sich, dass $0 \leq t \leq 8$ und $t \in \mathbb{N}$ gilt, also $t \in \{0; 1; 2; \ldots; 8\}$.

2.3.2 Die Komponente $x_S = 2t$ soll größtmöglich sein. Je größer t ist, desto größer ist die Anzahl der Sonnenhut-Pflanzen. Da mit dem Ergebnis aus Teilaufgabe 2.3.1 t maximal den Wert 8 annehmen kann, ist $x_S = 2 \cdot 8 = 16$ die gesuchte maximale Anzahl.

Für $t = 8$ ergibt sich zudem:

$$\vec{x} = \begin{pmatrix} x_S \\ x_P \\ x_M \end{pmatrix} = \begin{pmatrix} 0 \\ 25 \\ 0 \end{pmatrix} + 8 \cdot \begin{pmatrix} 2 \\ -3 \\ 1 \end{pmatrix} = \begin{pmatrix} 16 \\ 1 \\ 8 \end{pmatrix}$$

Es müssen also 16 Sonnenhut-Pflanzen, eine Phlox-Pflanze und 8 Malven-Pflanzen gekauft werden, damit alle Bedingungen erfüllt sind.

Hessen – Grundkurs Mathematik
2019 – C2: Stochastik (WTR/CAS)

1   Bei einer Befragung unter 2 360 Männern und 2 200 Frauen, die in den vorhergegangenen 12 Monaten zumindest einmal an einem Glücksspiel teilgenommen hatten, zeigten 2,5 % der befragten Männer und 0,5 % der befragten Frauen Anzeichen spielsüchtigen Verhaltens. Unter den Befragten wird eine Person zufällig ausgewählt.

Betrachtet werden folgende Ereignisse:
M: „Die ausgewählte Person ist ein Mann."
S: „Die ausgewählte Person zeigte Anzeichen spielsüchtigen Verhaltens."

1.1   Stellen Sie den beschriebenen Sachzusammenhang in einer vollständig ausgefüllten Vierfeldertafel dar. **(4 BE)**

1.2   Die Terme $P_M(S)$ und $P(M \cap S)$ stellen Wahrscheinlichkeiten dar.
Beschreiben Sie für jeden der beiden Terme die Bedeutung im Sachzusammenhang. **(2 BE)**

1.3   Von den befragten Personen, die Anzeichen spielsüchtigen Verhaltens zeigten, wird eine zufällig ausgewählt.
Geben Sie die Wahrscheinlichkeit dafür an, dass die ausgewählte Person eine Frau ist. **(2 BE)**

Im Folgenden werden ausschließlich Männer betrachtet, die in den vorhergegangenen 12 Monaten zumindest einmal an einem Glücksspiel teilgenommen hatten.

2   Für eine weiterführende Studie sollen 200 Männer zufällig ausgewählt werden. Es soll davon ausgegangen werden, dass die Anzahl der ausgewählten Männer, die Anzeichen spielsüchtigen Verhaltens zeigen, durch eine binomialverteilte Zufallsgröße X mit der Trefferwahrscheinlichkeit von 2,5 % beschrieben werden kann.

2.1   Bestimmen Sie die Wahrscheinlichkeiten der folgenden Ereignisse:

A: Unter den ausgewählten Männern befinden sich genau 4 Männer, die Anzeichen spielsüchtigen Verhaltens zeigen.

B: Unter den ausgewählten Männern befinden sich mindestens 4 Männer, die Anzeichen spielsüchtigen Verhaltens zeigen.

C: Alle ausgewählten Männer zeigen keine Anzeichen spielsüchtigen Verhaltens. **(7 BE)**

2.2   Bestimmen Sie das kleinste Intervall mit den beiden folgenden Eigenschaften:
– Das Intervall ist bezüglich des Erwartungswerts von X symmetrisch.
– Die Wahrscheinlichkeit dafür, dass der Wert von X im Intervall liegt, ist größer als 90 %. **(5 BE)**

2.3   Berechnen Sie, wie viele Männer mindestens befragt werden müssen, damit mit einer Wahrscheinlichkeit von mindestens 90 % mindestens ein Mann darunter ist, der Anzeichen spielsüchtigen Verhaltens zeigt. **(4 BE)**

3 Die Bundeszentrale für gesundheitliche Aufklärung (BZgA) führt eine Kampagne durch, die die Bevölkerung über Glücksspielsucht aufklären soll. Die BZgA vermutet, dass durch die Kampagne der Anteil der Männer, die Anzeichen für spielsüchtiges Verhalten zeigen, unter 2,5 % gesunken ist.
Entwickeln Sie zur Überprüfung dieser Vermutung einen Hypothesentest auf Grundlage der Befragung von 500 zufällig ausgewählten Männern bei einer vorgegebenen Irrtumswahrscheinlichkeit von 5 % und geben Sie die Entscheidungsregel im Sachzusammenhang an. **(7 BE)**

4 In einer Urne befinden sich fünf Kugeln, die jeweils mit einer natürlichen Zahl beschriftet sind. Drei Kugeln tragen die Zahl 4, die anderen beiden die von 4 verschiedene Zahl x.

4.1 Im dargestellten Sachzusammenhang wird die Wahrscheinlichkeit eines Ereignisses mit dem Term $1 - 0{,}6^3$ berechnet.
Beschreiben Sie das zugrundeliegende Zufallsexperiment und das Ereignis. **(3 BE)**

4.2 Werden der Urne zwei Kugeln gleichzeitig zufällig entnommen, so ist der Erwartungswert für die Summe der beiden Zahlen auf den entnommenen Kugeln 12.

4.2.1 Begründen Sie ohne Berechnung von Wahrscheinlichkeiten, dass x größer als 5 ist.
(2 BE)

4.2.2 Berechnen Sie die Zahl x. **(4 BE)**

Material 1

Binomialsummenfunktion $F_{n;\,p}(k) = \sum\limits_{i=0}^{k} \binom{n}{i} \cdot p^i \cdot (1-p)^{n-i}$ für $n = 500$

p =	0,025
k =	
0	0,0000
1	0,0000
2	0,0003
3	0,0014
4	0,0050
5	0,0139
6	0,0330
7	0,0674
8	0,1218
9	0,1980
10	0,2940
11	0,4037
12	0,5183
13	0,6285
14	0,7269
15	0,8086
16	0,3721
17	0,9185
18	0.9504
19	0,9711
20	0,9839
21	0,9914
22	0,9956
23	0,9978
24	0,9990
25	0,9995
26	0,9998
27	0,9999
28	1,0000

Die Werte 1,0000 und 0,0000 bedeuten: Die angegebenen Wahrscheinlichkeiten sind auf vier Stellen gerundet 1,0000 bzw. 0,0000.

Hinweise und Tipps

Teilaufgabe 1.1
- Verarbeiten Sie die gegebenen Informationen für das Ausfüllen einer Vierfeldertafel. Beachten Sie dabei die vorgegebenen Bezeichnungen für die Ereignisse.

Teilaufgabe 1.2
- Formulieren Sie sorgfältig den Unterschied zwischen einer bedingten Wahrscheinlichkeit und der Wahrscheinlichkeit eines „UND"-Ereignisses.

Teilaufgabe 1.3
- Hier wird eine bedingte Wahrscheinlichkeit gesucht. Welche Bedingung ist bekannt?
- Verwenden Sie Ihre Ergebnisse aus Teilaufgabe 1.1.

Teilaufgabe 2
- Stellen Sie die Rahmenbedingungen übersichtlich zusammen, einschließlich der Bedeutung der verwendeten Zufallsgröße.

Teilaufgabe 2.1
- Formulieren Sie die Ereignisse mithilfe der Zufallsgröße.
- Denken Sie bei der Formulierung „mindestens …" an einen Übergang zum Gegenereignis.
- Verwenden Sie die entsprechenden Funktionalitäten Ihres WTR oder CAS.

Teilaufgabe 2.2
- Hier kann man systematisch probieren. Dabei kann die Bestimmung der Standardabweichung nützlich sein.

Teilaufgabe 2.3
- Nun ist die Anzahl n der befragten Männer unbekannt. Formulieren Sie eine Ungleichung, die die Gegebenheiten erfasst. Denken Sie auch hier bei der Formulierung „mindestens …" an einen Übergang zum Gegenereignis.

Teilaufgabe 3
- Formulieren Sie die Rahmenbedingungen des Hypothesentests sorgfältig.
- Benutzen Sie die beigefügte Tabelle.
- Achten Sie bei der Formulierung der Entscheidungsregel auf die Bedeutung der kritischen Anzahl, die Sie gefunden haben, in Bezug auf den Sachzusammenhang.

Teilaufgabe 4
- Die folgenden Teilaufgaben stehen in keinem Bezug zu den vorangegangenen!

Teilaufgabe 4.1
- Analysieren Sie den gegebenen Term in Bezug auf die Informationen im Vorspann.
- Formulieren Sie das zugrundeliegende Zufallsexperiment und das Ereignis, um das es geht, sorgfältig.

Teilaufgabe 4.2
- Achten Sie darauf, dass das nun beschriebene Experiment „ohne Zurücklegen" abläuft.

Teilaufgabe 4.2.1
- Der Inhalt der Urne ist immer noch so wie im einleitenden Text beschrieben.

Teilaufgabe 4.2.2

Stellen Sie eine Gleichung für den Erwartungswert des Experiments auf, mit der man die Aufschrift x der beiden anderen Kugeln berechnen kann.

Lösung

Vorbemerkung: Die Aufgabenstellung gilt für die Rechnertechnologien WTR bzw. CAS. Aufgrund der verwendeten Operatoren ergibt sich bei der Verwendung eines CAS kein wesentlicher Unterschied bzw. Vorteil im Vergleich zur Verwendung eines WTR.

1 Informationsentnahme:
– 2 360 Männer und 2 200 Frauen, also insgesamt 4 560 Personen werden befragt
– Anzeichen spielsüchtigen Verhaltens bei 2,5 % der Männer und 0,5 % der Frauen
– Festgelegte Abkürzungen: M für „Mann", S für „Person zeigte Anzeichen spielsüchtigen Verhaltens"

Weitere Festlegungen:
$\overline{M}$ = Nicht Mann = Frau; $\overline{S}$ = keine Anzeichen für spielsüchtiges Verhalten

1.1 Vierfeldertafel mit der jeweiligen Anzahl der Personen mit den beschriebenen Eigenschaften (absolute Häufigkeiten)

	M	$\overline{M}$	gesamt
S	59	11	70
$\overline{S}$	$2\,360 - 59 = 2\,301$	$2\,200 - 11 = 2\,189$	4 490
gesamt	2 360	2 200	4 560

Berechnungen zum Ausfüllen der Vierfeldertafel:
Männer mit Anzeichen von Spielsucht: $0{,}025 \cdot 2\,360 = 59$
Frauen mit Anzeichen von Spielsucht: $0{,}005 \cdot 2\,200 = 11$

Alternativ: Vierfeldertafel mit dem jeweiligen Anteil der Personen mit den beschriebenen Eigenschaften (relative Häufigkeiten)

	M	$\overline{M}$	gesamt
S	$0{,}013 = 1{,}3\,\%$	$0{,}002 = 0{,}2\,\%$	$0{,}015 = 1{,}5\,\%$
$\overline{S}$	$0{,}505 = 50{,}5\,\%$	$0{,}480 = 48{,}0\,\%$	$0{,}985 = 98{,}5\,\%$
gesamt	$0{,}518 = 51{,}8\,\%$	$0{,}482 = 48{,}2\,\%$	$1 = 100\,\%$

1.2 $P_M(S)$ beschreibt die Wahrscheinlichkeit, dass ein zufällig ausgewählter *Mann* **Anzeichen von Spielsucht** zeigte.

$P(M \cap S)$ beschreibt die Wahrscheinlichkeit dafür, dass eine zufällig ausgewählte Person ein **Mann** ist *und* **Anzeichen von Spielsucht** zeigte.

1.3 Es wird eine Person ausgewählt, die Anzeichen von Spielsucht zeigte. Gesucht ist die Wahrscheinlichkeit dafür, dass dies eine Frau ist. Also ist die bedingte Wahrscheinlichkeit $P_S(\overline{M})$ gesucht.

Unter den insgesamt 70 „spielsüchtigen" Personen befinden sich 11 Frauen. Daher ist:

$$P_S(\overline{M}) = \frac{11}{70} \approx 0{,}1571 = 15{,}71\,\%$$

Mit einer Wahrscheinlichkeit von ca. 15,71 % wird aus der Gruppe der „Spielsüchtigen" zufällig eine Frau ausgewählt.

2019-42

2   Im Folgenden werden ausschließlich Männer betrachtet. 200 Männer werden (aus einer Grundgesamtheit, die im Aufgabentext näher beschrieben wird) ausgewählt.
X sei die Anzahl der Männer, die Anzeichen von Spielsucht zeigen. Es wird angenommen, dass X mit $p = 2{,}5\ \% = 0{,}025$ und $n = 200$ binomialverteilt ist.

2.1   Die Berechnungen erfolgen mit WTR oder CAS.

$P(A) = P(\text{„genau 4 Männer mit Anzeichen von Spielsucht“}) = P(X = 4)$

$$= \binom{200}{4} \cdot 0{,}025^4 \cdot 0{,}975^{196} \approx 0{,}1768 = 17{,}68\ \%$$

Unter Verwendung des Gegenereignisses ergibt sich für das Ereignis B:

$P(B) = P(\text{„mindestens 4 Männer mit Anzeichen von Spielsucht“}) = P(X \geq 4)$

$$= 1 - P(X \leq 3) = 1 - \sum_{i=0}^{3} \binom{200}{i} \cdot 0{,}025^i \cdot 0{,}975^{200-i} \approx 1 - 0{,}2615 = 0{,}7385$$
$$= 73{,}85\ \%$$

$P(C) = P(\text{„kein Mann mit Anzeichen von Spielsucht“}) = P(X = 0)$

$$= \binom{200}{0} \cdot 0{,}025^0 \cdot 0{,}975^{200} = 0{,}975^{200} \approx 0{,}0063 = 0{,}63\ \%$$

2.2   Gesucht ist das kleinste um den Erwartungswert E(X) symmetrische Intervall, in dem mehr als 90 % aller Werte von X liegen.
Bestimmung des Erwartungswerts:
$$E(X) = n \cdot p = 200 \cdot 0{,}025 = 5$$

Durch systematisches Probieren erhält man das Intervall [1; 9], denn es gilt

$$P(1 \leq X \leq 9) = P(X \leq 9) - P(X = 0) \approx 0{,}9700 - 0{,}0063 = 0{,}9637 > 0{,}90$$

und:

$$P(2 \leq X \leq 8) = P(X \leq 8) - P(X \leq 1) \approx 0{,}9344 - 0{,}0387 = 0{,}8957 < 0{,}90$$

Einen Anhaltspunkt für eventuell infrage kommende Intervallgrenzen kann die Berechnung des $2 \cdot \sigma$-Intervalls mithilfe der Standardabweichung liefern:

$$\sigma = \sqrt{n \cdot p \cdot (1-p)} = \sqrt{200 \cdot 0{,}025 \cdot 0{,}975} \approx 2{,}21$$

2.3   Nun ist die Anzahl n der Männer gesucht, die man befragen müsste, damit die Wahrscheinlichkeit dafür, dass man mindestens einen antrifft, der Anzeichen von Spielsucht zeigt, mindestens 90 % ist.
Es ergibt sich für das unbekannte n folgende Ungleichung:

$$P(X \geq 1) \geq 0{,}9$$

Man geht zum Gegenereignis über und formt dann die Ungleichung um:

$$1 - P(X = 0) \geq 0{,}9 \qquad | -1$$
$$\Leftrightarrow \quad -P(X = 0) \geq -0{,}1 \qquad | \cdot (-1)$$
$$\Leftrightarrow \quad P(X = 0) \leq 0{,}1$$

Wegen der Multiplikation mit einer negativen Zahl muss das Relationszeichen umgedreht werden.

2019-43

Konkret ergibt sich die Ungleichung $0{,}975^n \leq 0{,}1$. Durch Umformungen kann n berechnet werden:

$$0{,}975^n \leq 0{,}1 \qquad | \text{Logarithmieren z. B. zur Basis e}$$

$$\Leftrightarrow \quad n \cdot \ln(0{,}975) \leq \ln(0{,}1) \qquad |: \ln(0{,}975)$$

$$\Leftrightarrow \quad n \geq \frac{\ln(0{,}1)}{\ln(0{,}975)} \approx 90{,}95$$

Nach der Division durch $\ln(0{,}975)$ muss das Relationszeichen umgedreht werden, da $\ln(0{,}975) < 0$ ist.

Also müssen mindestens 91 Männer befragt werden, um mit einer Wahrscheinlichkeit von mindestens 90 % mindestens einen anzutreffen, der Anzeichen von Spielsucht aufweist.

3 Nach einer Aufklärungskampagne wird vermutet, dass der Anteil der Männer, die Anzeichen von Spielsucht aufweisen, unter 2,5 % gesunken ist.

Das Signifikanzniveau ist auf 5 % festgelegt.

Hypothesentest:
X sei wie in Teilaufgabe 2 festgelegt.
Nullhypothese H_0: Es wird angenommen, dass X mit $n = 500$ und $p_0 \geq 0{,}025$ binomialverteilt ist.
Gegenhypothese H_1: Es wird angenommen, dass jetzt $p_1 < 0{,}025$ ist.

Gesucht ist eine Entscheidungsregel, mithilfe derer über die Ablehnung oder Annahme von H_0 entschieden werden soll.

Unter H_0 wird nun berechnet, wie viele Männer mit Anzeichen von Spielsucht höchstens gefunden werden dürfen, damit die Nullhypothese mit einer Irrtumswahrscheinlichkeit von höchstens 5 % abgelehnt werden kann.

Der Ansatz $P(X \leq k) \leq 0{,}05$ und die Konkretisierung

$$P(X \leq k) \leq 0{,}05 \quad \Rightarrow \quad \sum_{i=0}^{k} \binom{500}{i} \cdot 0{,}025^i \cdot 0{,}975^{500-i} \leq 0{,}05$$

ergibt mithilfe der beigefügten Tabelle $k \leq 6$, da $P(X \leq 6) \approx 0{,}0330 < 0{,}05$ gilt, aber $P(X \leq 7) \approx 0{,}0674 > 0{,}05$ ist.

Also ist die gesuchte kritische Anzahl $k = 6$.

Damit ergibt sich die Entscheidungsregel: Wenn bei der Befragung 6 oder weniger Männer Anzeichen von Spielsucht zeigen, kann H_0 mit einer Irrtumswahrscheinlichkeit von höchstens 5 % abgelehnt und damit vermutet werden, dass die Kampagne erfolgreich war.

Der Ablehnungsbereich für H_0 ist also [0; 6], der Annahmebereich [7; 500].

Alternativ: Systematisches Probieren mit der entsprechenden Funktionalität des WTR oder des CAS. Eine Hilfe für den Bereich, in dem man systematisch probieren könnte, ist die Berechnung des σ-Intervalls mit $E(X) = n \cdot p = 500 \cdot 0{,}025 = 12{,}5$ und

$$\sigma = \sqrt{n \cdot p \cdot (1-p)} = \sqrt{500 \cdot 0{,}025 \cdot 0{,}975} \approx 3{,}49.$$

4 Die folgenden Aufgabenstellungen haben keinen Bezug zum bisherigen Sachkontext.

Eine Urne enthält 5 Kugeln, von denen drei mit der Zahl 4 beschriftet sind, die anderen zwei mit einer von 4 verschiedenen Zahl x. Daraus folgt, dass die Wahrscheinlichkeit, beim einmaligen Ziehen eine „4" zu ziehen, $\frac{3}{5} = 0,6$ beträgt und für ein „x" $\frac{2}{5} = 0,4$ ist.

4.1 Aus der Urne werden nacheinander 3 Kugeln mit Zurücklegen entnommen.

Der Term $1 - 0{,}6^3$ beschreibt die Wahrscheinlichkeit für das Ereignis, dass bei dreimaligem Ziehen einer Kugel (mit Zurücklegen) mindestens eine Kugel mit der Aufschrift x gezogen wird.

Die Berechnung erfolgt über das Gegenereignis: P(„mindestens eine Kugel mit der Aufschrift x") $= 1 - $ P(„alle Kugeln tragen die Aufschrift 4")

4.2 Die Entnahme von zwei Kugeln gleichzeitig entspricht einem zweimaligen Ziehen **ohne** Zurücklegen.

Der Erwartungswert für die Summe beider Zahlen auf den Kugeln sei 12.

4.2.1 Wenn x höchstens 5 wäre, könnte die Summe höchstens 10 sein und das auch nur beim Ziehen von zwei Kugeln mit der Aufschrift 5. Der Erwartungswert ist dann aber auf jeden Fall kleiner als 10, da die Wahrscheinlichkeit für eine Kugel mit der Aufschrift 4 größer als null ist.

Der Erwartungswert 12 ist also für $x \leq 5$ auf keinen Fall möglich.

4.2.2 Sei S die Summe der beiden Zahlen auf den gezogenen Kugeln.

Folgende Summen können auftreten:
8 bei zweimal 4,
x + 4 bei einmal x und einmal 4 (2 Möglichkeiten: erst x und dann 4 oder umgekehrt),
2 · x bei zweimal x

Zu beachten ist, dass es sich um ein Experiment ohne Zurücklegen handelt.

Dann gilt für den Erwartungswert von S:

$$E(S) = \frac{3}{5} \cdot \frac{2}{4} \cdot 8 + 2 \cdot \frac{3}{5} \cdot \frac{2}{4} \cdot (x+4) + \frac{2}{5} \cdot \frac{1}{4} \cdot 2x$$

Umformungen ergeben (z. B.):

$$E(S) = 12$$

$$\Leftrightarrow \quad \frac{3}{5} \cdot \frac{2}{4} \cdot 8 + 2 \cdot \frac{3}{5} \cdot \frac{2}{4} \cdot (x+4) + \frac{2}{5} \cdot \frac{1}{4} \cdot 2 \cdot x = 12 \qquad |\cdot 20$$

$$\Leftrightarrow \quad 48 + 12 \cdot (x+4) + 4 \cdot x = 240$$

$$\Leftrightarrow \quad 48 + 12 \cdot x + 48 + 4 \cdot x = 240 \qquad |-96$$

$$\Leftrightarrow \quad 16 \cdot x = 144 \qquad |:16$$

$$\Leftrightarrow \quad x = 9$$

Also tragen die beiden anderen Kugeln die Aufschrift 9.

Hessen – Grundkurs Mathematik
2020 – A: hilfsmittelfreier Teil

Stochastik – Niveau 1

1 Eine Urne enthält 3 rote und 5 gelbe Kugeln.

1.1 Es werden nacheinander zwei Kugeln ohne Zurücklegen gezogen.
Berechnen Sie die Wahrscheinlichkeit p_1, dass die beiden Kugeln gelb sind.
Geben Sie die Wahrscheinlichkeit p_2 dafür an, dass die zweite Kugel gelb ist, wenn die erste Kugel bereits gelb war. **(2 BE)**

1.2 Es werden nacheinander 5 Kugeln mit Zurücklegen gezogen.
Erläutern Sie im Sachzusammenhang, was mit dem folgenden Term berechnet wird.
Gehen Sie dabei auf die einzelnen Faktoren des Terms ein.

$$\binom{5}{2} \cdot \left(\frac{3}{8}\right)^2 \cdot \left(\frac{5}{8}\right)^3$$

(3 BE)

Analysis – Niveau 1

2 Gegeben ist die Funktion f mit $f(x) = (x^2 - x) \cdot e^x$.

2.1 Entscheiden Sie, welcher der drei dargestellten Graphen zur Funktion f gehört.

(I) 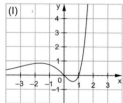 (II) 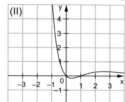 (III)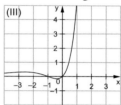

(3 BE)

2.2 Ermitteln Sie die Funktionsgleichung der Ableitungsfunktion f'.
Hinweis: Ein Vereinfachen des Funktionsterms ist nicht erforderlich. **(2 BE)**

Lineare Algebra / Analytische Geometrie – Niveau 1

3 Berechnen Sie die Lösung des folgenden linearen Gleichungssystems:

I $2x - 3y + 2z = 0$
II $-2x + y - z = -1$
III $6x - 10y + 2z = -14$

(5 BE)

Lineare Algebra / Analytische Geometrie – Niveau 2

4 Gegeben ist die Ebene E mit der Koordinatengleichung $E: x + z = -3$.

4.1 Bestimmen Sie die Koordinaten der Schnittpunkte von E mit den Koordinatenachsen und geben Sie die besondere Lage von E im Koordinatensystem an. **(3 BE)**

4.2 Gegeben ist weiterhin die Gerade g: $\vec{x} = \begin{pmatrix} 0 \\ 0 \\ 1 \end{pmatrix} + t \cdot \begin{pmatrix} -1 \\ 0 \\ 1 \end{pmatrix}$, $t \in \mathbb{R}$. Untersuchen Sie die besondere Lage von g sowohl zu E als auch im Koordinatensystem. **(2 BE)**

Lösung

1.1 Einen Überblick über alle möglichen Spielverläufe liefert das nebenstehende Baumdiagramm (r = rot, g = gelb).

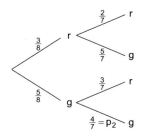

Damit ergibt sich für die gesuchte Wahrscheinlichkeit p_1:

$$p_1 = P(\text{gelb-gelb}) = \frac{5}{8} \cdot \frac{4}{7} = \frac{20}{56} = \frac{5}{14}$$

Die Wahrscheinlichkeit p_2 lässt sich direkt dem Baumdiagramm entnehmen als:

$$p_2 = \frac{4}{7}$$

1.2 Der Term liefert das Ergebnis für genau zwei Erfolge bei einer binomialverteilten Zufallsgröße X mit $n = 5$ und $p = \frac{3}{8}$. Im Sachzusammenhang bedeutet das, dass der Term die Wahrscheinlichkeit angibt, dass beim Ziehen von fünf Kugeln (mit Zurücklegen) genau zwei rote Kugeln gezogen werden. Dabei gibt $\binom{5}{2}$ die Anzahl der Möglichkeiten an, wie sich die beiden roten Kugeln auf die fünf Ziehungen verteilen können (z. B. rrggg, rgrgg, …). Die Wahrscheinlichkeit einer dieser Kombinationen beträgt $\left(\frac{3}{8}\right)^2 \cdot \left(\frac{5}{8}\right)^3$, denn die Wahrscheinlichkeit für das Ziehen einer roten Kugel beträgt $\frac{3}{8}$ und diese muss zweimal eintreten und die Wahrscheinlichkeit für das Ziehen einer gelben Kugel beträgt $\frac{5}{8}$ und diese muss dreimal eintreten.

2.1 Ein Unterscheidungskriterium könnten die Nullstellen sein, die sich ausgehend vom Ansatz $f(x) = 0$ berechnen lassen:

$$(x^2 - x) \cdot e^x = 0$$

Da e^x nie null ist, muss gelten:

$$x^2 - x = 0$$
$$x \cdot (x - 1) = 0$$
$$x_1 = 0 \text{ und } x_2 = 1$$

Graph (III) kann daher nicht zu f gehören.

Man benötigt ein weiteres Kriterium, da noch zwei Graphen zur Auswahl stehen: Diese unterscheiden sich zum Beispiel in ihrem Verhalten für $x \to \infty$.

Für $x \to \infty$ wächst sowohl e^x wie auch $(x^2 - x)$ ins (positiv) Unendliche. Damit wächst auch deren Produkt $(x^2 - x) \cdot e^x$ ins Unendliche. Lediglich Graph (I) weist dieses Verhalten auf und gehört somit zur Funktion f.

2.2 Da es sich bei dem Funktionsterm um ein Produkt handelt, muss die Produktregel angewendet werden:

$$f(x) = (x^2 - x) \cdot e^x \quad \Rightarrow \quad u(x) = x^2 - x, \quad v(x) = e^x$$
$$u'(x) = 2x - 1, \quad v'(x) = e^x$$

Ausgehend von $f' = u'v + uv'$ erhält man:

$$f'(x) = (2x - 1) \cdot e^x + (x^2 - x) \cdot e^x$$

Eine Vereinfachung des Terms ist explizit nicht gefordert.

3 Man erhält die Lösung des Gleichungssystems, indem man die Variablen schrittweise eliminiert. So bietet es sich bei den vorgegebenen Gleichungen an, zunächst die Variable x zu entfernen.

$$\text{I} \quad 2x - 3y + 2z = 0$$
$$\text{II} \quad -2x + y - z = -1$$
$$\text{III} \quad 6x - 10y + 2z = -14$$

Addiert man die ersten beiden Gleichungen, (I) + (II), so erhält man:

$$\text{IV} \quad -2y + z = -1$$

Und $-3 \cdot$ (I) + (III) ergibt:

$$\text{V} \quad -y - 4z = -14$$

Nun lässt sich y eliminieren, indem man (IV) $- 2 \cdot$ (V) rechnet und dann erhält:

$$9z = 27$$
$$z = 3$$

$z = 3$ eingesetzt in (IV) liefert:

$$-2y + 3 = -1$$
$$y = 2$$

$y = 2$ und $z = 3$ eingesetzt in (II) liefert:

$$-2x + 2 - 3 = -1$$
$$x = 0$$

Die Lösung des Gleichungssystems ist also $x = 0$, $y = 2$, $z = 3$.

4.1 Ein Schnittpunkt mit einer der Koordinatenachsen liegt vor, wenn zwei Koordinaten null sind. Der Schnittpunkt mit der x-Achse hat zum Beispiel die Koordinaten $P_x(x \,|\, 0 \,|\, 0)$. Damit lassen sich die Schnittpunkte berechnen.

Für den Schnittpunkt mit der x-Achse ist $y = 0$ und $z = 0$. Setzt man diese Koordinaten in die Ebenengleichung E: $x + z = -3$ ein, so erhält man:

$$x + 0 = -3$$
$$x = -3$$

Der Schnittpunkt mit der x-Achse ist also $P_x(-3 \,|\, 0 \,|\, 0)$.

Analog erhält man für den Schnittpunkt mit der y-Achse $x = 0$ und $z = 0$. Dies liefert:

$$0 + 0 = -3$$

$0 = -3$ ist eine falsche Aussage. Die Ebene hat also keinen Schnittpunkt mit der y-Achse.

Für den Schnittpunkt mit der z-Achse ergibt sich mit $x = 0$ und $y = 0$:

$$0 + z = -3$$
$$z = -3$$

Der Schnittpunkt mit der z-Achse ist demnach $P_z(0 \,|\, 0 \,|\, -3)$.

Aus dem Nachweis, dass die Ebene E die y-Achse nicht schneidet, ergibt sich, dass E parallel zur y-Achse liegt.

4.2 Zunächst soll untersucht werden, ob die Gerade g die Ebene E schneidet.

Setzt man die der Geradengleichung entnommenen Komponenten x, y und z in die Koordinatengleichung der Ebene ein, erhält man:

$$(0 - t) + (1 + t) = -3$$
$$1 = -3$$

Dies ist eine falsche Aussage. Die Gerade und die Ebene haben keine gemeinsamen Punkte. Die Gerade g verläuft daher parallel zur Ebene E.

Die besondere Lage der Geraden im Koordinatensystem wird an der y-Komponente des Richtungsvektors $\begin{pmatrix} -1 \\ 0 \\ 1 \end{pmatrix}$ deutlich. Da keine Ablenkung in y-Richtung vorliegt, muss die Gerade parallel zur x-z-Ebene liegen oder sogar in ihr enthalten sein.

Zur Unterscheidung der Fälle genügt es, zu untersuchen, ob der Aufpunkt A(0|0|1) der Geraden in der x-z-Ebene liegt. Damit ein Punkt in der x-z-Ebene liegt, muss seine y-Koordinate null sein. Dies ist hier der Fall. Der Aufpunkt und damit die komplette Gerade liegen in der x-z-Ebene.

	Hessen – Grundkurs Mathematik
	2020 – B1: Analysis (WTR)

Die Tabellen in Material 1 zeigen die Entwicklung der Weltbevölkerung über einen Zeitraum von 60 Jahren. In Material 2 sind die Wertepaare für ausgewählte Zeitpunkte als Punkte eingezeichnet (Weltbevölkerung in Milliarden Menschen, gerundet auf zwei Nachkommastellen, Zeit t in Jahren nach Beginn des Jahres 1960).

1.1 Zeigen Sie anhand der Tabellenwerte in Material 1, dass die Entwicklung der Weltbevölkerung im Zeitraum von 1960 bis 1985 als exponentieller Wachstumsprozess modelliert werden kann. **(4 BE)**

1.2 Ein Wissenschaftler schlägt vor, die Entwicklung der Weltbevölkerung durch die Funktion f mit $f(t) = 3{,}02 \cdot e^{0{,}019 \cdot t}$ (f(t) in Milliarden Menschen, Zeit t in Jahren nach Beginn des Jahres 1960) zu modellieren. Geben Sie die Funktionswerte in der folgenden Wertetabelle an und zeichnen Sie den Graphen der Funktion f für $0 \leq t \leq 60$ in das Koordinatensystem in Material 2.

t	0	10	20	30	40	50	60
f(t)							

Geben Sie die Weltbevölkerung an, die der Wissenschaftler bei dieser Modellierung für den Beginn des Jahres 2020 prognostiziert. **(5 BE)**

1.3 Zeichnen Sie die Wertepaare der Tabelle (Material 1) für die Jahre 1990 bis 2020 als Punkte in das Koordinatensystem in Material 2.
Beurteilen Sie, inwieweit der in Aufgabe 1.2 genannte Modellierungsvorschlag geeignet ist, die tatsächliche Bevölkerungsentwicklung in der Zeit vor und nach 1990 zu beschreiben. **(5 BE)**

1.4 Berechnen Sie den Wert des Terms $\dfrac{1}{20} \cdot \displaystyle\int_{5}^{25} 3{,}02 \cdot e^{0{,}019 \cdot t}\, dt$ und deuten Sie das Ergebnis im Sachzusammenhang. **(6 BE)**

2 Für die Zeit ab 1985 wird eine neue Modellierung für die Entwicklung der Weltbevölkerung vorgeschlagen. Dabei wird davon ausgegangen, dass sich die momentane Änderungsrate der Bevölkerungsentwicklung durch eine Funktion g' mit $g'(t) = d \cdot e^{k \cdot t}$ modellhaft beschreiben lässt.
Im Gegensatz zur Funktion f aus Aufgabe 1 wird für die Funktion g der Zeitpunkt $t = 0$ auf den Beginn des Jahres 1985 festgelegt.

2.1 Für den Beginn des Jahres 1985 geht man von einer momentanen Änderungsrate von 0,0891 Milliarden Menschen pro Jahr aus, während für den Beginn des Jahres 2020 nur noch eine Änderungsrate von 0,078 Milliarden Menschen pro Jahr angenommen wird.
Berechnen Sie auf dieser Grundlage die Werte der Parameter d und k und geben Sie die Funktionsgleichung von g' an. **(5 BE)**

Im Folgenden soll die momentane Änderungsrate der Bevölkerungsentwicklung durch die Gleichung $g'(t) = 0{,}0891 \cdot e^{-0{,}004 \cdot t}$ beschrieben werden.

2.2 Die Funktion g soll die Entwicklung der Weltbevölkerung ab 1985 modellhaft beschreiben.
Berechnen Sie eine Funktionsgleichung der Funktion g so, dass der Funktionswert von g

2020-5

für den Beginn des Jahres 1985 mit dem Tabellenwert dieses Jahres übereinstimmt.
[zur Kontrolle: $g(t) = 27{,}125 - 22{,}275 \cdot e^{-0{,}004 \cdot t}$] **(5 BE)**

2.3 Untersuchen Sie anhand des Funktionsterms von g, wie sich die Weltbevölkerung nach diesem Modell langfristig entwickelt. **(3 BE)**

2.4 Berechnen Sie den Zeitpunkt, ab dem die Weltbevölkerung nach diesem Modell um weniger als 0,08 Milliarden Menschen pro Jahr zunimmt. **(3 BE)**

3 Untersuchen Sie anhand der Werte für die Jahre 1995, 2005 und 2020, ob sich die Funktion g zur Modellierung der Entwicklung der Weltbevölkerung für den Zeitraum von 1995 bis 2020 besser eignet als die Funktion f. **(4 BE)**

Material 1
Entwicklung der Weltbevölkerung von 1960 bis 1985

Jahr	1960	1965	1970	1975	1980	1985
Weltbevölkerung (Milliarden Menschen, gerundet auf zwei Nachkommastellen)	3,02	3,32	3,68	4,06	4,44	4,85

Entwicklung der Weltbevölkerung von 1985 bis 2020

Jahr	1985	1990	1995	2000	2005	2010	2015	2020
Weltbevölkerung (Milliarden Menschen, gerundet auf zwei Nachkommastellen)	4,85	5,31	5,74	6,13	6,52	6,93	7,35	7,78

Daten nach: United Nations – Department of Economic and Social Affairs, Population Division (2015): World Population Prospects: The 2015 Revision

Material 2
graphische Darstellung der Entwicklung der Weltbevölkerung

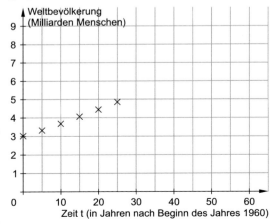

Hinweise und Tipps

Teilaufgabe 1.1

- Ein exponentieller Wachstumsprozess wird durch eine Funktion $f(t) = a \cdot e^{k \cdot t}$ modelliert.
- Dividiert man zwei aufeinanderfolgende Funktionswerte (festes Zeitintervall), so erhält man den Wachstumsfaktor k. Dieser muss bei gleichen Zeitintervallen eine Konstante sein.

Teilaufgabe 1.2

- Benutzen Sie Ihren WTR zur Berechnung der Funktionswerte.
- Tragen Sie die Funktionswerte und die Zeichnung direkt in die Vorlage ein.
- Denken Sie daran, dass $t = 0$ dem Beginn des Jahres 1960 entspricht.

Teilaufgabe 1.3

- Achten Sie auf die Abweichungen vor und nach $t = 30$ Jahren.

Teilaufgabe 1.4

- Berechnen Sie den Wert durch Ermittlung einer Stammfunktion und Einsetzen der Integrationsgrenzen.
- Es wird über 20 Jahre integriert und dann durch 20 dividiert. Denken Sie an einen Durchschnitt und formulieren Sie im Sachzusammenhang.

Teilaufgabe 2.1

- Bestimmen Sie d und k durch Einsetzen der gegebenen Werte und Funktionswerte für g'.
- Vergessen Sie nicht, die Gleichung für die Funktion g' am Ende hinzuschreiben.

Teilaufgabe 2.2

- g(t) bestimmt sich durch das Integral über die Funktion g'.
- Denken Sie an die Integrationskonstante.
- Berechnen Sie die Integrationskonstante durch Einsetzen des Tabellenwertes für $t = 0$ (1985).

Teilaufgabe 2.3

- Langfristig heißt: $t \to \infty$
- Wie ist das Verhalten des Exponentialterms für $t \to \infty$?

Teilaufgabe 2.4

- Setzen Sie $g'(t) = 0,08$ und lösen Sie die entstehende Gleichung.

Teilaufgabe 3

- Bestimmen Sie die Funktionswerte mit dem WTR.
- Denken Sie daran, dass der Beginn des Jahres 1985 identisch ist mit $t = 0$ bezogen auf die Funktion g.

2020-7

Lösung

1.1 Man muss zeigen, dass das prozentuale Wachstum in den hier aufgeführten Intervallen in etwa konstant geblieben ist. Das prozentuale Wachstum im Zeitraum von 5 Jahren ergibt sich aus der Division von jeweils zwei aufeinanderfolgenden Werten der Tabelle des Materials 1:

Wachstum zwischen 1960 und 1965: $\frac{3{,}32}{3{,}02} \approx 1{,}099$

Das bedeutet also ein Wachstum von etwa 9,9 %.
Für die anderen Wachstumsraten ergibt sich gerundet auf drei Nachkommastellen:

1965 auf 1970: $\frac{3{,}68}{3{,}32} \approx 1{,}108$

1970 auf 1975: $\frac{4{,}06}{3{,}68} \approx 1{,}103$

1975 auf 1980: $\frac{4{,}44}{4{,}06} \approx 1{,}094$

1980 auf 1985: $\frac{4{,}85}{4{,}44} \approx 1{,}092$

Die Schwankung der Wachstumsraten beträgt also maximal 1,6 %. Das berechtigt, von einem exponentiellen Wachstumsmodell auszugehen.

1.2

t	0	10	20	30	40	50	60
f(t)	3,02	3,65	4,42	5,34	6,46	7,81	9,44

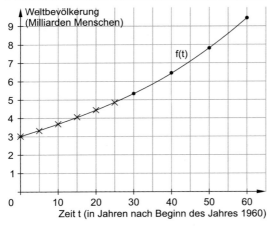

Bei diesem Modell wird für den Beginn des Jahres 2020 eine Bevölkerung von 9,44 Milliarden Menschen vorhergesagt.

1.3

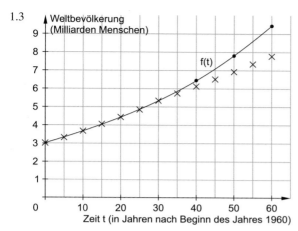

Wie man sieht, stimmen die Tabellenwerte mit den Funktionswerten der Funktion f(t) etwa bis zum Jahre 1990 (t = 30) gut überein. Danach aber liegen die Tabellenwerte mit immer größer werdenden Abständen unterhalb der Funktionswerte, sodass die Modellfunktion nur innerhalb des Zeitraums von 1960 bis 1990 geeignet erscheint.

1.4 $\dfrac{1}{20} \cdot \displaystyle\int_{5}^{25} 3{,}02 \cdot e^{0{,}019 \cdot t}\, dt = \dfrac{1}{20} \cdot \left[\dfrac{3{,}02}{0{,}019} \cdot e^{0{,}019 \cdot t} \right]_{5}^{25} = \dfrac{1}{20} \cdot \dfrac{3{,}02}{0{,}019} \cdot \left(e^{0{,}019 \cdot 25} - e^{0{,}019 \cdot 5} \right)$

$\approx 4{,}04$

Das Ergebnis gibt auf Basis der Modellfunktion f(t) die durchschnittliche Bevölkerungszahl der Weltbevölkerung zwischen dem Beginn des Jahres 1965 und dem Beginn des Jahres 1985 an. Sie beträgt etwa 4,04 Milliarden Menschen.

2.1 Für t = 0, also den Beginn des Jahres 1985, beträgt die Änderungsrate pro Jahr 0,0891, also $g'(0) = d \cdot e^{k \cdot 0} = 0{,}0891$. Daraus folgt d = 0,0891.

Der Beginn des Jahres 2020 entspricht t = 35 (mit 1985 als neuem Zeitnullpunkt). Daraus folgt unter Verwendung von d = 0,0891:

$g'(35) = 0{,}0891 \cdot e^{k \cdot 35}$ und $g'(35) = 0{,}078$ $\Rightarrow$ $0{,}0891 \cdot e^{k \cdot 35} = 0{,}078$

Division durch 0,0891 und anschließendes Logarithmieren ergibt:

$\ln(e^{k \cdot 35}) = k \cdot 35 = \ln\left(\dfrac{0{,}078}{0{,}0891} \right)$

Daraus folgt:

$k = \dfrac{1}{35} \cdot \ln\left(\dfrac{0{,}078}{0{,}0891} \right) \approx -0{,}0038$

Damit lautet die gesuchte Funktionsgleichung:

$g'(t) = 0{,}0891 \cdot e^{-0{,}0038 \cdot t}$

2.2 Man erhält g(t) durch Integration von g'(t). Die Integrationskonstante wird mithilfe der Forderung g(0) = 4,85 (Tabellenwert für den Beginn des Jahres 1985) bestimmt.

$$g(t) = \int 0,0891 \cdot e^{-0,004 \cdot t}\, dt = \frac{0,0891}{-0,004} \cdot e^{-0,004 \cdot t} + C$$

Berechnung von C:

$$g(0) = \frac{0,0891}{-0,004} \cdot e^{-0,004 \cdot 0} + C \quad \text{und} \quad g(0) = 4,85 \quad \Rightarrow \quad \frac{0,0891}{-0,004} + C = 4,85$$

Daraus folgt C = 27,125.

Für die Funktionsgleichung von g ergibt sich somit:

$$g(t) = \frac{0,0891}{-0,004} \cdot e^{-0,004 \cdot t} + 27,125 = -22,275 \cdot e^{-0,004 \cdot t} + 27,125$$

2.3 Nimmt man g(t) als Modell für die Entwicklung der Weltbevölkerung, so erhält man eine langfristige Prognose, indem man die Zeit t gegen unendlich gehen lässt.

Es gilt $\lim\limits_{t \to \infty} g(t) = 27,125$, da der Exponentialterm für $t \to \infty$ gegen 0 geht.

Nach diesem Modell nähert sich die Zahl der Weltbevölkerung langfristig an 27,125 Milliarden Menschen an.

2.4 Die Zunahme der Weltbevölkerung wird nach diesem Modell durch die Funktionsgleichung von g'(t) beschrieben. Gesucht ist der Zeitpunkt, zu dem der Funktionswert dieser Funktion gleich 0,08 ist:

$$g'(t) = 0,08$$
$$0,0891 \cdot e^{-0,004 \cdot t} = 0,08$$
$$e^{-0,004 \cdot t} = \frac{0,08}{0,0891}$$

Logarithmieren ergibt:

$$\ln\left(e^{-0,004 \cdot t}\right) = \ln\left(\frac{0,08}{0,0891}\right)$$

$$-0,004 \cdot t = \ln\left(\frac{0,08}{0,0891}\right)$$

$$t = \frac{1}{-0,004} \cdot \ln\left(\frac{0,08}{0,0891}\right) \approx 26,93$$

Das heißt, dass die Bevölkerung ab dem Beginn des Jahres 27, also zu Beginn des Jahres 2012, um weniger als 80 Millionen Menschen pro Jahr zunimmt.

3 Für die Funktion g gilt für die Jahre 1995, 2005 und 2020:

$$g(10) \approx 5,72, \quad g(20) \approx 6,56, \quad g(35) \approx 7,76$$

Diese Werte stimmen sehr gut mit den Tabellenwerten überein. Sie sind in jedem Fall besser als die entsprechenden Werte der Funktion f, wie in den Teilaufgaben 1.2 und 1.3 dargestellt.

Fazit: Die Funktion g eignet sich für die Modellierung der Weltbevölkerung im Zeitraum von 1995 bis 2020 besser als die Funktion f.

Hessen – Grundkurs Mathematik
2020 – B1: Analysis (CAS)

Die Tabellen im Material zeigen die Entwicklung der Weltbevölkerung über einen Zeitraum von 60 Jahren.

1.1 Zeigen Sie anhand der Tabellenwerte im Material, dass die Entwicklung der Weltbevölkerung im Zeitraum von 1960 bis 1985 als exponentieller Wachstumsprozess modelliert werden kann. **(4 BE)**

1.2 Ein Wissenschaftler schlägt vor, die Entwicklung der Weltbevölkerung durch die Funktion f mit $f(t) = 3{,}02 \cdot e^{0{,}019 \cdot t}$ (f(t) in Milliarden Menschen, Zeit t in Jahren nach Beginn des Jahres 1960) zu modellieren.
Bestimmen Sie die Weltbevölkerung, die der Wissenschaftler bei dieser Modellierung für den Beginn des Jahres 2020 prognostiziert. Vergleichen Sie das Ergebnis mit der im Material prognostizierten Weltbevölkerung zu diesem Zeitpunkt. **(3 BE)**

1.3 Begründen Sie, dass bei der Modellierungsfunktion f die Weltbevölkerung kontinuierlich und mit wachsender Geschwindigkeit zunimmt.
Ermitteln Sie den Zeitpunkt, ab dem die momentane Wachstumsrate den Wert von 80 Millionen Menschen pro Jahr übersteigt. **(7 BE)**

1.4 Berechnen Sie den Wert des Terms $\frac{1}{20} \cdot \int_{5}^{25} 3{,}02 \cdot e^{0{,}019 \cdot t} \, dt$ und deuten Sie das Ergebnis im Sachzusammenhang. **(6 BE)**

2 Ein alternativer Modellierungsvorschlag geht davon aus, dass sich die momentane Änderungsrate der Bevölkerungsentwicklung durch eine Funktion g' mit $g'(t) = d \cdot e^{k \cdot t}$ modellhaft beschreiben lässt (t in Jahren nach Beginn des Jahres 1960).

2.1 Für den Beginn des Jahres 1985 geht man von einer momentanen Änderungsrate von 0,0891 Milliarden Menschen pro Jahr aus, während für den Beginn des Jahres 2020 nur noch eine Änderungsrate von 0,078 Milliarden Menschen pro Jahr angenommen wird. Berechnen Sie auf dieser Grundlage die Werte der Parameter d und k und geben Sie die Funktionsgleichung von g' an. **(6 BE)**

Im Folgenden soll die momentane Änderungsrate der Bevölkerungsentwicklung durch die Gleichung $g'(t) = 0{,}098 \cdot e^{-0{,}004 \cdot t}$ beschrieben werden.

2.2 Berechnen Sie eine Funktionsgleichung der Funktion g so, dass der Funktionswert von g für den Beginn des Jahres 1985 mit dem Tabellenwert dieses Jahres übereinstimmt. [zur Kontrolle: $g(t) = 27{,}02 - 24{,}5 \cdot e^{-0{,}004 \cdot t}$] **(5 BE)**

2.3 Untersuchen Sie anhand des Funktionsterms von g, wie sich die Weltbevölkerung nach diesem Modell langfristig entwickelt. **(3 BE)**

3.1 Geben Sie an, welche der beiden Funktionen f und g sich für die Zeit bis zum Beginn des Jahres 1980 besser zur Modellierung der Weltbevölkerungsentwicklung eignet und welche für die Zeit ab Beginn des Jahres 1985 besser geeignet ist. **(2 BE)**

3.2 Es gilt: f(t) > g(t) für alle t ∈ ℝ
Für den Übergang von der einen Modellfunktion zur anderen soll derjenige Zeitpunkt betrachtet werden, zu dem sich die Funktionswerte von f und g am wenigsten unterscheiden.
Bestimmen Sie diesen Zeitpunkt.   (4 BE)

Material
Entwicklung der Weltbevölkerung von 1960 bis 1985

Jahr	1960	1965	1970	1975	1980	1985
Weltbevölkerung (Milliarden Menschen, gerundet auf zwei Nachkommastellen)	3,02	3,32	3,68	4,06	4,44	4,85

Entwicklung der Weltbevölkerung von 1985 bis 2020

Jahr	1985	1990	1995	2000	2005	2010	2015	2020
Weltbevölkerung (Milliarden Menschen, gerundet auf zwei Nachkommastellen)	4,85	5,31	5,74	6,13	6,52	6,93	7,35	7,78

Daten nach: United Nations – Department of Economic and Social Affairs, Population Division (2015): World Population Prospects: The 2015 Revision

Hinweise und Tipps

Teilaufgabe 1.1

✐ Ein exponentieller Wachstumsprozess wird durch eine Funktion $f(t) = a \cdot e^{k \cdot t}$ modelliert.

✐ Dividiert man zwei aufeinanderfolgende Funktionswerte (festes Zeitintervall), so erhält man den Wachstumsfaktor k. Dieser muss bei gleichen Zeitintervallen eine Konstante sein.

Teilaufgabe 1.2

✐ Denken Sie daran, dass $t = 0$ dem Beginn des Jahres 1960 entspricht.

Teilaufgabe 1.3

✐ Weisen Sie nach, dass sowohl die Werte der Modellfunktion f als auch die Werte der Ableitung dieser Funktion (Wachstumsgeschwindigkeit) kontinuierlich wachsen, die entsprechenden Funktionen also streng monoton steigend sind. Benutzen Sie für den Nachweis einer strengen Monotonie entsprechende Zusammenhänge zwischen der Funktion f und ihrer Ableitungsfunktion f'.

✐ Die Wachstumsrate wird durch die Funktion f' definiert.

Teilaufgabe 1.4

✐ Berechnen Sie den Wert durch Ermittlung einer Stammfunktion und Einsetzen der Integrationsgrenzen.

✐ Es wird über 20 Jahre integriert und dann durch 20 dividiert. Denken Sie an einen Durchschnitt und formulieren Sie im Sachzusammenhang.

Teilaufgabe 2.1

✐ Bestimmen Sie d und k durch Einsetzen der gegebenen Werte und Funktionswerte für g' und geeignete Kombination der sich ergebenden Gleichungen.

✐ Vergessen Sie nicht, die Gleichung für die Funktion g' am Ende hinzuschreiben.

Teilaufgabe 2.2

✐ g(t) bestimmt sich durch das Integral über die Funktion g'.

✐ Denken Sie an die Integrationskonstante.

✐ Berechnen Sie die Integrationskonstante durch Einsetzen des Tabellenwertes für $t = 25$.

Teilaufgabe 2.3

✐ Langfristig heißt: $t \to \infty$

✐ Wie ist das Verhalten des Exponentialterms für $t \to \infty$?

✐ Sie können natürlich auch das CAS für die Grenzwertbestimmung nutzen.

Teilaufgabe 3.1

✐ Erstellen Sie Wertetabellen mithilfe des CAS oder nehmen Sie bestimmte Funktionswerte, die Sie für aussagekräftig halten.

Teilaufgabe 3.2

✐ Bilden Sie eine Differenzfunktion und bestimmen Sie ein Minimum mithilfe des CAS.

✐ Vergessen Sie nicht, die Art des Extremwertes zu überprüfen.

Lösung

1.1 Man muss zeigen, dass das prozentuale Wachstum in den hier aufgeführten Intervallen in etwa konstant geblieben ist. Das prozentuale Wachstum im Zeitraum von 5 Jahren ergibt sich aus der Division von jeweils zwei aufeinanderfolgenden Werten der Tabelle des Materials:

Wachstum zwischen 1960 und 1965: $\dfrac{3,32}{3,02} \approx 1,099$

Das bedeutet also ein Wachstum von etwa 9,9 %.

Für die anderen Wachstumsraten ergibt sich gerundet auf drei Nachkommastellen:

1965 auf 1970: $\dfrac{3,68}{3,32} \approx 1,108$

1970 auf 1975: $\dfrac{4,06}{3,68} \approx 1,103$

1975 auf 1980: $\dfrac{4,44}{4,06} \approx 1,094$

1980 auf 1985: $\dfrac{4,85}{4,44} \approx 1,092$

3.32/3.02
1.099337748
3.68/3.32
1.108433735
4.06/3.68
1.10326087
4.44/4.06
1.093596059
4.85/4.44
1.092342342

Die Schwankung der Wachstumsraten beträgt also maximal 1,6 %. Das berechtigt, von einem exponentiellen Wachstumsmodell auszugehen.

1.2 Der Beginn des Jahres 2020 entspricht $t = 60$, da der Zeitpunkt $t = 0$ zu Beginn des Jahres 1960 festgelegt wurde.

$$f(60) = 3,02 \cdot e^{0,019 \cdot 60} \approx 9,44$$

3.02*e^{0.019*60}
9.442840463

Zu Beginn des Jahres 2020 wird also eine Weltbevölkerung von circa 9,44 Milliarden Menschen prognostiziert. Das ist erheblich mehr als die 7,78 Milliarden Menschen, die in der Tabelle angegeben sind.

1.3 Dier erste Ableitung von f ergibt:

$$f'(t) = 3,02 \cdot 0,019 \cdot e^{0,019 \cdot t}$$

Diese Funktionswerte (von f') sind immer größer als 0, also ist die Funktion f streng monoton steigend im gesamten Definitionsbereich. Die Funktionswerte (von f) nehmen deswegen mit wachsendem t kontinuierlich zu.

Die zweite Ableitung ergibt:

$$f''(t) = 3,02 \cdot 0,019 \cdot 0,019 \cdot e^{0,019 \cdot t}$$

Diese Funktionswerte (von f'') sind ebenfalls immer größer als 0. Somit nimmt auch die Wachstumsgeschwindigkeit (also f') kontinuierlich zu.

Löst man die Gleichung $f'(t) = 0,08$ nach t auf, so erhält man den Zeitpunkt, ab dem die Wachstumsgeschwindigkeit den Wert von 80 Millionen Menschen pro Jahr übersteigt. Die mit dem CAS ermittelte Lösung lautet:

$$t \approx 17,49$$

Define f(t)=3.02*e^{0.019*t}
done
solve$\left(\dfrac{d}{dt}(f(t))=0.08,t\right)$
{t=17.49109601}

Das bedeutet, dass die momentane Wachstumsrate von 80 Millionen Menschen im Laufe des Jahres 1977 ($= 1960 + 17$) überschritten wird.

1.4 $\dfrac{1}{20} \cdot \displaystyle\int_5^{25} 3{,}02 \cdot e^{0{,}019 \cdot t}\, dt = \dfrac{1}{20} \cdot \left[\dfrac{3{,}02}{0{,}019} \cdot e^{0{,}019 \cdot t}\right]_5^{25} = \dfrac{1}{20} \cdot \dfrac{3{,}02}{0{,}019} \cdot \left(e^{0{,}019 \cdot 25} - e^{0{,}019 \cdot 5}\right)$

$$\approx 4{,}04$$

Das Ergebnis gibt auf Basis der Modellfunktion f(t) die durchschnittliche Bevölkerungszahl der Weltbevölkerung zwischen dem Beginn des Jahres 1965 und dem Beginn des Jahres 1985 an. Sie beträgt etwa 4,04 Milliarden Menschen.

2.1 Für t = 25, also den Beginn des Jahres 1985, beträgt die Änderungsrate pro Jahr 0,0891, also $g'(25) = d \cdot e^{k \cdot 0} = 0{,}0891$.

Der Beginn des Jahres 2020 entspricht t = 60. Daraus folgt:

$$g'(60) = d \cdot e^{k \cdot 60} = 0{,}078$$

Dividiert man beide Gleichungen durcheinander, so erhält man:

$$\frac{g'(60)}{g'(25)} = \frac{d \cdot e^{k \cdot 60}}{d \cdot e^{k \cdot 25}} = \frac{0{,}078}{0{,}0891}$$

Daraus folgt:

$$e^{k \cdot 60} \cdot e^{-k \cdot 25} = e^{k \cdot (60-25)} = e^{k \cdot 35} = \frac{0{,}078}{0{,}0891}$$

Durch Logarithmieren erhält man:

$$\ln(e^{k \cdot 35}) = k \cdot 35 = \ln\left(\frac{0{,}078}{0{,}0891}\right)$$

Für k ergibt sich somit:

$$k = \frac{1}{35} \cdot \ln\left(\frac{0{,}078}{0{,}0891}\right) \approx -0{,}0038$$

Setzt man diesen Wert für k in die Gleichung $d \cdot e^{k \cdot 25} = 0{,}0891$ ein, so erhält man:

$$d \cdot e^{-0{,}0038 \cdot 25} = 0{,}0891$$

Nach d aufgelöst berechnet sich d zu:

$$d = 0{,}0891 \cdot e^{0{,}0038 \cdot 25} \approx 0{,}098$$

Damit lautet die gesuchte Funktionsgleichung:

$$g'(t) = 0{,}098 \cdot e^{-0{,}0038 \cdot t}$$

2.2 Man erhält g(t) durch Integration von g'(t). Die Integrationskonstante wird mithilfe der Forderung g(25) = 4,85 (Tabellenwert für den Beginn des Jahres 1985) bestimmt.

$$g(t) = \int 0{,}098 \cdot e^{-0{,}004 \cdot t}\, dt = \frac{0{,}098}{-0{,}004} \cdot e^{-0{,}004 \cdot t} + C = -24{,}5 \cdot e^{-0{,}004 \cdot t} + C$$

Berechnung von C:

$$g(25) = -24{,}5 \cdot e^{-0{,}004 \cdot 25} + C = 4{,}85$$

Daraus folgt für C:

$$C = 4{,}85 + 24{,}5 \cdot e^{-0{,}004 \cdot 25} \approx 27{,}02$$

Für die Funktionsgleichung von g ergibt sich somit:

$$g(t) = -24{,}5 \cdot e^{-0{,}004 \cdot t} + 27{,}02$$

2.3 Nimmt man g(t) als Modell für die Entwicklung der Weltbevölkerung, so erhält man eine langfristige Prognose, indem man die Zeit t gegen unendlich gehen lässt.

Es gilt $\lim\limits_{t \to \infty} g(t) = 27,02$, da der Exponentialterm für $t \to \infty$ gegen 0 geht.

$$\lim\limits_{t \to \infty} \left(-24.5*e^{-0.004*t} + 27.02\right)$$
$$27.02$$

Nach diesem Modell nähert sich die Zahl der Weltbevölkerung langfristig an 27,02 Milliarden Menschen an.

3.1 Mithilfe der Tabellen der Funktionswerte erkennt man, dass sich für die Zeit bis 1980 (t = 20) die Funktion f besser zur Modellierung der Weltbevölkerung eignet und nach diesem Zeitpunkt aber die Funktion g besser mit den Werten der Weltbevölkerung übereinstimmt.

	A	B	C
1	t	f(t)	g(t)
2	0	3.02	2.52
3	5	3.32097	3.00513
4	10	3.65193	3.48066
5	15	4.01588	3.94677
6	20	4.41610	4.40365
7	25	4.85620	4.85148
8	30	5.34017	5.29045
9	35	5.87236	5.72072
10	40	6.45759	6.14248
11	45	7.10115	6.55588
12	50	7.80884	6.96110
13	55	8.58706	7.35829
14	60	9.44284	7.74762

Statt der hier benutzten Tabellenkalkulation, die im CAS integriert ist, kann man dieses Ergebnis auch durch einfache Berechnung weniger Funktionswerte bekommen. Schon die Funktionswerte für t = 0 und t = 60 sind hier aussagekräftig.

Da der Operator hier „Angeben" lautet, darf man auch raten.

3.2 Die Funktionswerte von f und g unterscheiden sich dort am wenigsten, wo die Differenzfunktion h mit der Gleichung h(t) = f(t) – g(t) ein Minimum besitzt.

Mit dem Ansatz h'(t) = 0 erhält man mithilfe des CAS den Wert $t \approx 23{,}27$ (Jahre nach 1960).

Eingesetzt in die 2. Ableitung h"(t) erhält man
h"(23,27) ≈ 0,002 > 0.

Also liegt nach etwa 23,27 Jahren, das ist im Laufe des Jahres 1983 (1960 ist der gewählte Nullzeitpunkt) ein Minimum der Differenz der beiden Funktionen f und g vor.

$$\text{Define } g(t) = -24.5*e^{-0.004*t} + 27.02$$
$$\text{done}$$
$$\text{Define } h(t) = f(t) - g(t)$$
$$\text{done}$$
$$\text{solve}\left(\frac{d}{dt}(h(t)) = 0, t\right)$$
$$\{t = 23.27268122\}$$
$$\frac{d^2}{dt^2}(h(t)) \,|\, t = 23.27268122$$
$$2.053643825\text{E-}3$$

2020-16

Hessen – Grundkurs Mathematik
2020 – B2: Analysis (WTR)

1   Gegeben sind die Funktion f mit $f(t) = 0{,}25 \cdot t^4 - 2 \cdot t^3 + 4 \cdot t^2$ und ihr Graph (Material 1).

1.1   Berechnen Sie die Nullstellen von f. Bestimmen Sie die lokalen Extrempunkte und Wendepunkte des Graphen von f.
Hinweis: Die Untersuchung der notwendigen Bedingung ist jeweils ausreichend.
Geben Sie in Material 1 die Skalierung der Achsen des Koordinatensystems an. **(8 BE)**

1.2   Skizzieren Sie den Graphen der Ableitungsfunktion f' der Funktion f in das Koordinatensystem in Material 1. Begründen Sie anhand von drei Eigenschaften den Verlauf des Graphen von f' mithilfe des Verlaufs des Graphen von f. **(6 BE)**

1.3   Die Funktion f gehört zur Funktionenschar f_a mit $f_a(t) = \frac{1}{a} \cdot (t^4 - 8 \cdot t^3 + 16 \cdot t^2)$, a > 0.

1.3.1 Geben Sie den Wert des Parameters a an, der zu f gehört. **(1 BE)**

1.3.2 Zeigen Sie, dass alle Scharfunktionen f_a dieselben Nullstellen besitzen. **(3 BE)**

1.3.3 Die Abbildung in Material 2 zeigt den Verlauf der Graphen der Scharfunktionen $f_{0,5}$, f_1 und f_2. Ordnen Sie die Funktionen den jeweiligen Graphen zu und begründen Sie Ihre Zuordnung. **(3 BE)**

Bei einem Sportler wird vor einem Wettkampf ein Lungenfunktionstest durchgeführt, bei dem sowohl das Luftvolumen in der Lunge als auch die momentane Änderungsrate des Luftvolumens in der Lunge, die sogenannte Atemgeschwindigkeit, in Abhängigkeit von der Zeit gemessen wird. Der Sportler atmet nach Anweisung des Arztes durch ein Mundstück ein und aus. Im Folgenden soll vereinfachend davon ausgegangen werden, dass sich zu Beginn der Messung keine Luft in der Lunge befindet.

2   Die Funktion f mit $f(t) = 0{,}25 \cdot t^4 - 2 \cdot t^3 + 4 \cdot t^2$ aus Aufgabe 1 beschreibt in den ersten vier Sekunden nach Beginn der Messung modellhaft den zeitlichen Verlauf des Luftvolumens in der Lunge einer Sportlerin während eines Lungenfunktionstests. Dabei wird $t \in [0; 4]$ in Sekunden nach Beginn der Messung und f(t) in Liter angegeben.

2.1   Beschreiben Sie im Sachzusammenhang die Entwicklung des Luftvolumens in der Lunge der Sportlerin während des Lungenfunktionstests. **(4 BE)**

2.2   Berechnen Sie f(1,5) und f'(1,5).
Deuten Sie die beiden Werte im Sachzusammenhang. **(4 BE)**

2.3   Bestimmen Sie unter Angabe einer Stammfunktion den Wert des Terms $\frac{1}{4} \cdot \int\limits_{0}^{4} f(t)\, dt$ und deuten Sie das Ergebnis im Sachzusammenhang. **(5 BE)**

3   Die momentane Änderungsrate des Luftvolumens in der Lunge (Atemgeschwindigkeit) eines Spitzensportlers wird in den ersten fünf Sekunden eines Lungenfunktionstests durch die Funktion g mit $g(t) = 4{,}4 \cdot \sin\left(\frac{2}{5} \pi \cdot t\right)$ modelliert. Dabei wird $t \in [0; 5]$ in Sekunden nach Beginn der Messung und g(t) in Liter pro Sekunde angegeben.
Die Abbildung in Material 3 zeigt den Graphen der Funktion g.

2020-17

3.1 Es gilt $\int_0^5 g(t)\, dt = 0$.

Deuten Sie dies im Sachzusammenhang. **(2 BE)**

3.2 Bestätigen Sie, dass G mit $G(t) = \frac{11}{\pi} \cdot \left(1 - \cos\left(\frac{2}{5} \cdot \pi \cdot t\right)\right)$ diejenige Stammfunktion von g ist, für die gilt: $G(0) = 0$
Bestimmen Sie $G(2{,}5)$ und deuten Sie den Wert im Sachzusammenhang. **(4 BE)**

Material 1

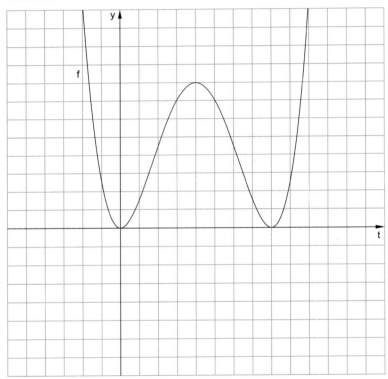

Material 2

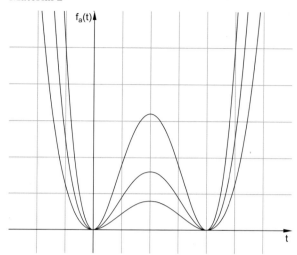

Material 3

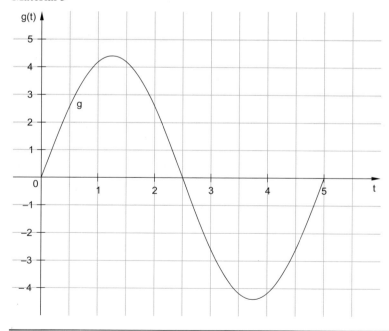

2020-19

Hinweise und Tipps

Teilaufgabe 1.1

- Es werden Aspekte einer „klassischen" Funktionsuntersuchung gefordert.
- Beachten Sie bei der Berechnung der Nullstellen, dass Sie den Funktionsterm durch Ausklammern von t^2 faktorisieren können.
- Extrem- und Wendestellen können mit den erweiterten Funktionalitäten des Taschenrechners bestimmt werden (Operator „bestimmen").

Teilaufgabe 1.2

- Klären Sie zunächst die Zusammenhänge zwischen Ausgangs- und Ableitungsfunktion.
- Welches Steigungsverhalten liegt in den Extrem- und Wendepunkten vor?
- Zeichnen Sie die sich daraus ergebenden markanten Punkte ein und verbinden Sie sie.

Teilaufgabe 1.3.1

- Wie muss a gewählt werden, damit die Koeffizienten vor t^4 übereinstimmen?
- Überprüfen Sie Ihr Ergebnis für die übrigen Koeffizienten.

Teilaufgabe 1.3.2

- Formulieren Sie den allgemeinen Ansatz und zeigen Sie, dass das Ergebnis unabhängig von a ist. Sie können dazu auch auf Ihr Ergebnis aus Teilaufgabe 1.1 zurückgreifen.

Teilaufgabe 1.3.3

- $\frac{1}{a}$ wirkt als Streckfaktor auf den Graphen.
- Ermitteln Sie zu den gegebenen Werten für a jeweils den konkreten Streckfaktor und ordnen Sie die Graphen nach der Regel zu: „Je größer der Betrag des Streckfaktors, umso größer die Ausschläge des Graphen."

Teilaufgabe 2.1

- Machen Sie sich anhand des Aufgabentextes (der noch vor Teilaufgabe 2 steht) die Bedeutung der Funktion f klar.
- Beschreiben Sie die in der Abbildung erkennbaren Abschnitte und gehen Sie auf markante Punkte (Nullstellen, Extremstellen) ein.

Teilaufgabe 2.2

- Berechnen Sie die beiden Werte mithilfe des Taschenrechners.
- Beachten Sie den Unterschied zwischen der im Text zu Teilaufgabe 2 beschriebenen Funktion und ihrer Ableitungsfunktion.

Teilaufgabe 2.3

- Berechnen Sie mithilfe der erweiterten Funktionalitäten des Taschenrechners den gesuchten Wert. Vergessen Sie nicht, trotzdem eine Stammfunktion anzugeben.
- Allgemein liefert der Term $\frac{1}{b-a} \cdot \int_{a}^{b} f(x)\,dx$ den durchschnittlichen Funktionswert im Intervall $[a; b]$.

Teilaufgabe 3.1

Das angegebene Integral kann als Summe aller Funktionswerte im Intervall [0; 5] interpretiert werden.

Machen Sie sich anhand des Textes zu Teilaufgabe 3 die Bedeutung der Funktion g klar.

Was bedeutet es nun, wenn man all diese Werte addiert?

Teilaufgabe 3.1

Zeigen Sie unter Verwendung der Ableitungsregeln, dass $G'(t) = g(t)$ gilt, und berechnen Sie mithilfe des Taschenrechners $G(0)$ und $G(2,5)$.

Verwenden Sie Ihre Deutung aus Teilaufgabe 3.1 und den als Material 3 gegebenen Graphen, um den Wert $G(2,5)$ zu deuten.

Lösung

1.1 Nullstellen

Der allgemeine Ansatz $f(t) = 0$ liefert:

$$0,25t^4 - 2t^3 + 4t^2 = 0 \qquad |\cdot 4$$
$$t^4 - 8t^3 + 16t^2 = 0$$
$$t^2 \cdot (t^2 - 8t + 16) = 0$$

Da ein Produkt null ist, wenn einer der Faktoren null ist, gilt:

$$t^2 = 0 \quad \text{oder} \quad t^2 - 8t + 16 = 0$$

Die erste Gleichung liefert die (doppelte) Nullstelle $t_{N_1} = 0$.

Unter Verwendung der pq-Formel liefert die zweite Gleichung

$$t_{N_2} = -\frac{-8}{2} \pm \sqrt{\frac{(-8)^2}{4} - 16} = 4 \pm \sqrt{16 - 16}$$

und damit die (doppelte) Nullstelle $t_{N_2} = 4$.

Ableitungen

Zur Berechnung der Extrem- und Wendepunkte werden die erste und zweite Ableitung benötigt. Man ermittelt:

$$f'(t) = t^3 - 6t^2 + 8t; \quad f''(t) = 3t^2 - 12t + 8$$

Extrempunkte

Der allgemeine Ansatz $f'(t) = 0$ („notwendige Bedingung") liefert:

$$t^3 - 6t^2 + 8t = 0$$

Der Operator „bestimmen" lässt die Lösung dieser Gleichung mithilfe des Taschenrechners zu und man erhält die Lösungen:

$$t_{E_1} = 0, \quad t_{E_2} = 2 \quad \text{und} \quad t_{E_3} = 4$$

Bereits bekannt ist $f(4) = 0$ und $f(0) = 0$. Man berechnet:

$$f(2) = 0,25 \cdot 2^4 - 2 \cdot 2^3 + 4 \cdot 2^2 = 4$$

Damit liegen die Extrempunkte $E_{P_1}(0\,|\,0)$, $E_{P_2}(2\,|\,4)$ und $E_{P_3}(4\,|\,0)$ vor.

Wendepunkte

Der allgemeine Ansatz $f''(t) = 0$ („notwendige Bedingung") liefert:

$$3t^2 - 12t + 8 = 0$$

Auch hier ist die Lösung der Gleichung mithilfe des Taschenrechners zulässig und man erhält die Lösungen:

$$t_{W_1} \approx 0,85 \quad \text{und} \quad t_{W_2} \approx 3,15$$

Man berechnet

$$f(0,85) \approx 0,25 \cdot 0,85^4 - 2 \cdot 0,85^3 + 4 \cdot 0,85^2 \approx 1,79 \quad \text{sowie}$$
$$f(3,15) \approx 0,25 \cdot 3,15^4 - 2 \cdot 3,15^3 + 4 \cdot 3,15^2 \approx 1,79$$

und erhält damit die Wendepunkte $W_{P_1}(0,85\,|\,1,79)$ und $W_{P_2}(3,15\,|\,1,79)$.

Die exakten Werte lauten (nicht verlangt): $W_{P_1}\left(2 - \dfrac{2}{3}\sqrt{3}\;\middle|\;\dfrac{16}{9}\right)$, $W_{P_2}\left(2 + \dfrac{2}{3}\sqrt{3}\;\middle|\;\dfrac{16}{9}\right)$

Damit lassen sich die Achsen im Koordinatensystem skalieren und man erhält:

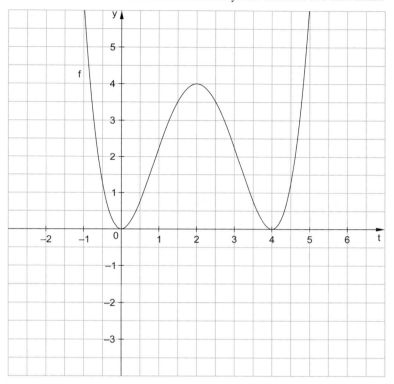

1.2 Die geforderte Begründung sollte mindestens drei der im Folgenden aufgeführten Zusammenhänge beinhalten:
- Die Ableitung f' beschreibt die Steigung der Ausgangsfunktion f.
- Bis zur ersten Nullstelle fällt der Graph von f, die Ableitung ist damit negativ.
- An der Stelle t = 0 liegt ein Tiefpunkt vor, dort hat der Graph von f die Steigung null. Daher hat f' an dieser Stelle eine Nullstelle.
- Nun steigt der Graph von f, bis er im Wendepunkt die größte Steigung erreicht; hier hat der Graph von f' ein Maximum.
- Danach steigt der Graph von f weiter, jedoch nimmt die Steigung immer weiter ab, bis sie im Hochpunkt wieder null ist.
- An der Stelle t = 2 hat der Graph von f' daher wieder eine Nullstelle.
- Nach dem Hochpunkt fällt der Graph bis zum nächsten Tiefpunkt. Der Graph der Ableitung liefert für diesen Bereich negative Werte und an der Stelle t = 4 liegt erneut eine Nullstelle vor, da der Graph von f dort einen Tiefpunkt besitzt.
- Im zweiten Wendepunkt ist das Gefälle maximal. Der Graph der Ableitungsfunktion hat an dieser Stelle daher einen Tiefpunkt.
- Nach dem zweiten Tiefpunkt steigt der Graph von f zunehmend an, die Ableitungsfunktion liefert daher für diesen Bereich immer größer werdende positive Werte.

Daraus ergibt sich für den Verlauf von f':

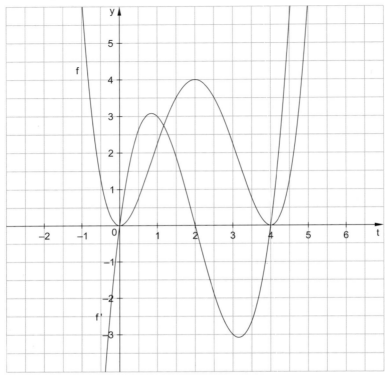

Beachten Sie: Gefordert ist lediglich eine Skizze des Graphen. Diese sollte aber in der Lage der Nullstellen und der Extremstellen mit der obigen Musterlösung übereinstimmen. Zudem sollte an der ersten Wendestelle ein Hochpunkt und an der zweiten Wendestelle ein Tiefpunkt im Graphen der Ableitungsfunktion vorliegen.

1.3.1 Die Umformung des Funktionsterms der Funktion f liefert:
$$f(t) = 0{,}25 \cdot t^4 - 2 \cdot t^3 + 4 \cdot t^2 = 0{,}25 \cdot (t^4 - 8t^3 + 16t^2)$$
Der Vergleich mit dem Term der Funktionenschar zeigt, dass der Klammerterm gleich ist. Setzt man für a = 4, erhält man:
$$f_4(t) = \frac{1}{4} \cdot (t^4 - 8t^3 + 16t^2) = f(t)$$

1.3.2 Der allgemeine Ansatz $f_a(t) = 0$ liefert:
$$\frac{1}{a} \cdot (t^4 - 8t^3 + 16t^2) = 0$$
Die Nullstellen des Klammerterms wurden bereits in Teilaufgabe 1.1 berechnet. Diese sind unabhängig von a. Der Faktor $\frac{1}{a}$ im Funktionsterm liefert keine weiteren Nullstellen. Alle Funktionen der Funktionenschar haben damit die Nullstellen $t_{N_1} = 0$ und $t_{N_2} = 4$.

1.3.3 Der Faktor $\frac{1}{a}$ streckt bzw. staucht die Graphen der Funktionenschar. Für $a=0,5$ beträgt der Streckfaktor $\frac{1}{0,5}=2$, für $a=1$ beträgt der Streckfaktor $\frac{1}{1}=1$ und für $a=2$ beträgt der Streckfaktor $\frac{1}{2}=0,5$. Daher ist folgende Zuordnung vorzunehmen:

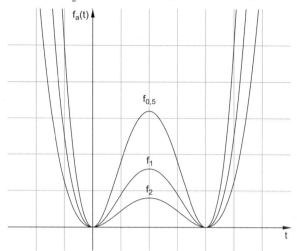

2.1 Zum Zeitpunkt $t=0$ ist das Luftvolumen in der Lunge der Sportlerin null. Es folgt das Einatmen im Zeitraum von $t=0$ bis $t=2$. Zum Zeitpunkt $t=2$ befinden sich 4 Liter Luft in der Lunge, dies ist auch das maximale Luftvolumen. Nun beginnt das Ausatmen und nach zwei weiteren Sekunden, also zum Zeitpunkt $t=4$, ist das Luftvolumen in der Lunge wieder null.

2.2 Man berechnet
$$f(1,5) = 0,25 \cdot 1,5^4 - 2 \cdot 1,5^3 + 4 \cdot 1,5^2 = \frac{225}{64} \approx 3,52$$
und mit der in Teilaufgabe 1.1 gebildeten Ableitungsfunktion f':
$$f'(1,5) = 1,5^3 - 6 \cdot 1,5^2 + 8 \cdot 1,5 = \frac{15}{8} = 1,875$$

Der Wert $f(1,5) \approx 3,52$ gibt an, dass sich zum Zeitpunkt $t=1,5$ ungefähr 3,52 Liter Luft in der Lunge befinden.

Der Wert $f'(1,5) = 1,875$ beschreibt dagegen die momentane Veränderung des Luftvolumens in der Lunge zum Zeitpunkt $t=1,5$. Das Luftvolumen nimmt mit einer Geschwindigkeit von 1,875 Liter pro Sekunde zu.

2.3 Der Operator „bestimmen" lässt die Berechnung des Wertes mithilfe des Taschenrechners zu. Dieser liefert:
$$\frac{1}{4} \cdot \int_0^4 (0,25t^4 - 2t^3 + 4t^2)\, dt = \frac{32}{15} = 2,1\overline{3}$$

Als eine Stammfunktion ermittelt man:

$$F(t) = \frac{0,25}{5} \cdot t^5 - \frac{2}{4} t^4 + \frac{4}{3} t^3 = 0,05 t^5 - 0,5 t^4 + \frac{4}{3} t^2$$

Der Wert $2,1\overline{3}$ (Liter) gibt das durchschnittliche Luftvolumen in der Lunge im Zeitraum von $t=0$ bis $t=4$ an.

3.1 Da die Funktion g die momentane Änderungsrate des Luftvolumens in der Lunge angibt, liefert das angegebene Integral die Summe all dieser Veränderungen – also die Gesamtveränderung – innerhalb der ersten fünf Sekunden. Anhand des Graphen wird deutlich, dass der Sportler im Intervall [0; 2,5] einatmet und im Intervall [2,5; 5] ausatmet. Der Integralwert null bedeutet nun, dass genauso viel Luft eingeatmet wie ausgeatmet wurde.

3.2 Damit G eine Stammfunktion von g ist, muss $G'(t) = g(t)$ gelten.

Bildet man die erste Ableitung von G, so erhält man unter Beachtung der Faktorregel, der Kettenregel und der Tatsache, dass $(\cos(x))' = -\sin(x)$:

$$G'(t) = \frac{11}{\pi} \cdot \left(\frac{2}{5} \pi \cdot \sin\left(\frac{2}{5} \pi \cdot t \right) \right) = \frac{22}{5} \cdot \sin\left(\frac{2}{5} \pi \cdot t \right) = 4,4 \cdot \sin\left(\frac{2}{5} \pi \cdot t \right) = g(t)$$

Die Berechnung für $t=0$ liefert:

$$G(0) = \frac{11}{\pi} \cdot \left(1 - \cos\left(\frac{2}{5} \pi \cdot 0 \right) \right) = \frac{11}{\pi} \cdot (1 - \cos(0)) = \frac{11}{\pi} \cdot (1-1) = 0$$

Dies war zu zeigen.

Für $t=2,5$ liefert der Taschenrechner:

$$G(2,5) = \frac{11}{\pi} \cdot \left(1 - \cos\left(\frac{2}{5} \pi \cdot 2,5 \right) \right) \approx 7$$

Anknüpfend an das Ergebnis aus Teilaufgabe 3.1 und anhand des Graphen lässt sich begründen, dass der Spitzensportler in den ersten 2,5 Sekunden 7 Liter Luft einatmet, denn es ist:

$$\int_0^{2,5} g(t)\, dt = \left[G(t) \right]_0^{2,5} = G(2,5) - G(0) \approx 7 - 0 = 7$$

Hessen – Grundkurs Mathematik
2020 – B2: Analysis (CAS)

Bei der Dampfpfeife handelt es sich um eine technische Vorrichtung, bei der durch hochkomprimierten Wasserdampf ein akustisches Signal erzeugt wird. Dampfpfeifen werden beispielsweise bei Dampfschiffen oder Dampflokomotiven eingesetzt. Über eine Änderung der Dosierung des durchströmenden Wasserdampfs können unterschiedliche Pfeifsignale erzeugt werden.

Zur Untersuchung verschieden erzeugter Pfeifsignale kann mithilfe einer speziellen Messvorrichtung der sogenannte Wasserdampfstrom bestimmt werden. Darunter versteht man das Volumen des ausströmenden Wasserdampfs pro Zeiteinheit.

Die im Folgenden verwendeten Funktionen g, f und m sowie die Funktionenschar f_k modellieren jeweils den gemessenen Wasserdampfstrom für unterschiedliche Pfeifsignale. Hierbei gibt t die Zeit in Sekunden seit Beobachtungsbeginn an; die Funktionswerte beschreiben den Wasserdampfstrom in $\frac{\text{Liter}}{\text{Sekunde}} \left(\frac{\ell}{s} \right)$.

1   In Material 1 sind der Graph der Funktion g im Intervall [0; 3,5] sowie die hellgrauen Rechtecke der Obersumme $\overline{S}_7$ und ein dunkelgraues Rechteck der Untersumme $\underline{S}_7$ dargestellt.

1.1   Zeichnen Sie die fehlenden Rechtecke der Untersumme $\underline{S}_7$ in das Koordinatensystem in Material 1. **(2 BE)**

1.2   Berechnen Sie die Obersumme $\overline{S}_7$ sowie die Untersumme $\underline{S}_7$ unter Verwendung der Wertetabelle in Material 2.
Schätzen Sie den Inhalt der Fläche A ab, die der Graph der Funktion g mit der t-Achse im Intervall [0; 3,5] einschließt. **(5 BE)**

1.3   Erklären Sie unter Verwendung der Einheiten, warum der Flächeninhalt der Rechtecke aus Aufgabe 1.2 im Sachzusammenhang ein Volumen beschreibt. **(3 BE)**

2.1   Der Wasserdampfstrom eines weiteren Pfeifsignals kann im Intervall [0; 2,6] durch eine ganzrationale Funktion f dritten Grades modelliert werden.
Hierbei soll gelten: Zu den Zeitpunkten t = 0 s und t = 2,6 s beträgt der Wasserdampfstrom jeweils $0 \frac{\ell}{s}$, bei t = 0,5 s beträgt der Wasserdampfstrom $2,46 \frac{\ell}{s}$. Zum Zeitpunkt t = 2,6 s besitzt die Funktion ein lokales Minimum.
Ermitteln Sie die Gleichung der Funktion f. Geben Sie hierzu die Koeffizienten auf zwei Nachkommastellen gerundet an. **(7 BE)**

Betrachtet wird im Folgenden die Funktionenschar f_k mit $f_k(t) = 1,12 \cdot t^3 - k \cdot t^2 + 7,54 \cdot t$, $k \in \mathbb{R}^+$, im Intervall I = [0; 2,6].

2.2   Für k = 5,8 modelliert die zugehörige Funktion den Wasserdampfstrom des Pfeifsignals aus Aufgabe 2.1. Bestimmen Sie den Zeitpunkt des maximalen Wasserdampfstroms sowie den maximalen Wasserdampfstrom. **(3 BE)**

2.3   Berechnen Sie für die Modellierung mit der Funktion $f_{5,8}$ das Volumen des insgesamt im Zeitraum von 0 bis 2,6 Sekunden ausgeströmten Wasserdampfs. **(3 BE)**

2020-27

2.4 Beschreiben Sie den Einfluss des Parameters k auf die Lage und den Wert des jeweiligen lokalen Maximums der Funktionenschar f_k, indem Sie k zwischen 5,6 und 6 variieren. Stellen Sie Ihr Ergebnis auch durch eine Skizze dar.
Begründen Sie, warum zum Beispiel f_6 zur Modellierung des Wasserdampfstroms eines Pfeifsignals nicht geeignet ist. **(5 BE)**

3 In Material 3 sind Ausschnitte der Graphen der Funktionen m, M_1 und M_2 dargestellt.

3.1 Bestätigen Sie durch Angabe von drei unterschiedlichen Argumenten, dass M_1 und M_2 mögliche Stammfunktionen von m sind. **(3 BE)**

Der Wasserdampfstrom eines weiteren Pfeifsignals mit einer Dauer von 2,65 Sekunden kann durch die Funktion m modelliert werden. Für M_1 und M_2 gilt im Intervall [0; 2,65]:
$M_1(t) = 0,36 \cdot t^4 - 2,54 \cdot t^3 + 5,04 \cdot t^2$ und $M_2(t) = 0,36 \cdot t^4 - 2,54 \cdot t^3 + 5,04 \cdot t^2 + 1$

3.2 Begründen Sie, warum M_2 nicht geeignet ist, das Volumen des bis zu einem beliebigen Zeitpunkt ausgeströmten Wasserdampfs dieses Pfeifsignals zu modellieren.
Geben Sie $M_1(2)$ an und erklären Sie die Bedeutung dieses Werts im Sachzusammenhang. **(4 BE)**

3.3 Erläutern Sie die Bedeutung der Zeilen (1) und (2) im Kasten.

(1) $M_1'(t) = 1,44 \cdot t^3 - 7,62 \cdot t^2 + 10,08 \cdot t$

(2) $1,44 \cdot t^3 - 7,62 \cdot t^2 + 10,08 \cdot t \geq 3$

Bestimmen Sie die Lösungen der Ungleichung in Zeile (2) und deuten Sie diese im Sachzusammenhang. **(5 BE)**

Material 1

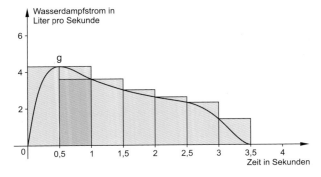

Material 2

t	0	0,5	1	1,5	2	2,5	3	3,5
g(t)	0	4,3	3,6	3	2,6	2,3	1,4	0

Material 3

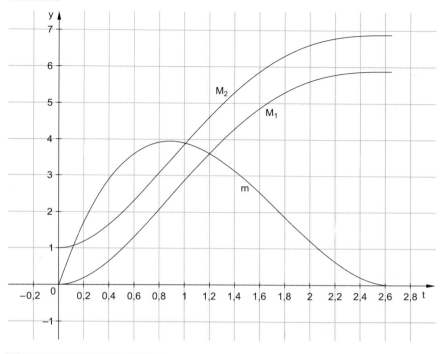

Hinweise und Tipps

Teilaufgabe 1.1

Es sind fünf Rechtecke, die alle unterhalb der Kurve liegen müssen.

Teilaufgabe 1.2

Die Rechtecke haben alle dieselbe Breite. Die Höhe ist durch die Funktionswerte gegeben (siehe Wertetabelle).

Ein guter Schätzwert wäre so etwas wie die „goldene" Mitte.

Teilaufgabe 1.3

Die Einheit der Fläche ergibt sich aus den Einheiten der t-Achse und der y-Achse.

Teilaufgabe 2.1

Notieren Sie eine allgemeine ganzrationale Funktion 3. Grades mit 4 unbekannten Koeffizienten und daraus folgend ihre Ableitung.

Setzen Sie die Angaben des Textes in mathematische Gleichungen um. Da es 4 Koeffizienten zu bestimmen gibt, müssen es auch 4 Gleichungen sein.

Teilaufgabe 2.2

Gesucht wird ein lokales Maximum. Was sind die Bedingungen hierfür? Nutzen Sie Ihr CAS.

Vergessen Sie nicht, den Funktionswert anzugeben.

Teilaufgabe 2.3

Beachten Sie die Teilaufgabe 1.3.

Man muss also eine Fläche berechnen (integrieren).

Sie dürfen das CAS nur für einfache Berechnungen benutzen!

Teilaufgabe 2.4

Zeichnen Sie sich mithilfe des CAS drei Kurven ($k = 5,6$, $k = 5,8$ und $k = 6$).

Orientieren Sie sich für die letzte Frage am Sachzusammenhang und dem Vorzeichen der Funktionswerte.

Teilaufgabe 3.1

Beziehen Sie Aussagen über Monotonie, Wende- und Hochpunkte in Ihre Argumentation ein.

Bedenken Sie die Definition einer Stammfunktion.

Teilaufgabe 3.2

Beachten Sie den Zeitpunkt $t = 0$.

Orientieren Sie sich bei der Bedeutung des Wertes an Teilaufgabe 2.3.

Teilaufgabe 3.3

Geben Sie die Bedeutung der Zeilen zuerst rein mathematisch wieder.

Für den Sachzusammenhang in Zeile (2) ist von Bedeutung, dass $M_1'(t) = m(t)$ ist.

Lösung

1.1
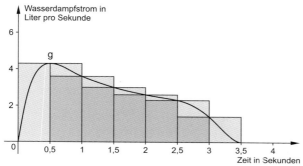

1.2 Für die Obersumme $\overline{S}_7$ gilt:

$\overline{S}_7 = 0,5 \cdot 4,3 + 0,5 \cdot 4,3 + 0,5 \cdot 3,6 + 0,5 \cdot 3 + 0,5 \cdot 2,6 + 0,5 \cdot 2,3 + 0,5 \cdot 1,4 = 10,75$

Für die Untersumme $\underline{S}_7$ gilt:

$\underline{S}_7 = 0,5 \cdot 3,6 + 0,5 \cdot 3 + 0,5 \cdot 2,6 + 0,5 \cdot 2,3 + 0,5 \cdot 1,4 = 6,45$

Wie die Grafik zeigt, ist die Obersumme größer als die tatsächliche Fläche unter der Kurve, während die Untersumme kleiner ist. Für die tatsächliche Fläche A gilt also die Abschätzung 6,45 < A < 10,75.
Will man einen Schätzwert angeben, so könnte man den Mittelwert von Ober- und Untersumme bilden und als Näherungswert nehmen:

$A \approx \dfrac{10,75 + 6,45}{2} = 8,6$

1.3 Die physikalische Einheit der Fläche ergibt sich aus den Einheiten der beiden Achsen. Die Höhe des Rechtecks wird in $\dfrac{\text{Liter}}{\text{Sekunde}}$ angegeben, die Breite beträgt in diesem Fall immer 0,5 Sekunden. Die Multiplikation (Höhe × Breite) ergibt somit die Einheit Liter, also ein Volumenmaß.

2.1 Die allgemeine Gleichung einer ganzrationalen Funktion 3. Grades lautet:

$f(t) = a \cdot t^3 + b \cdot t^2 + c \cdot t + d$ mit den Parametern a, b, c, d $\in \mathbb{R}$ und $a \neq 0$

Für die erste Ableitung erhält man:

$f'(t) = 3a \cdot t^2 + 2b \cdot t + c$

Im Text werden drei Punkte festgelegt, durch die der Graph von f(t) gehen soll: (0|0), (2,6|0) und (0,5|2,46). Daraus erhält man die folgenden Gleichungen:

$f(0) = 0$
$f(2,6) = 0$
$f(0,5) = 2,46$

Da die Funktion an der Stelle t = 2,6 Sekunden ein lokales Minimum besitzt, gilt weiterhin:

$f'(2,6) = 0$

Mithilfe des CAS erhält man gerundet auf zwei Nachkommastellen:
$a \approx 1{,}12$
$b \approx -5{,}80$
$c \approx 7{,}54$
$d = 0$

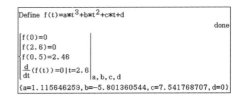

Die Funktionsgleichung lautet somit:
$f(t) = 1{,}12 \cdot t^3 - 5{,}8 \cdot t^2 + 7{,}54 \cdot t$

2.2 Gesucht wird das lokale Maximum der Funktion $f_{5,8}$ mit:
$f_{5,8}(t) = 1{,}12 \cdot t^3 - 5{,}8 \cdot t^2 + 7{,}54 \cdot t$
An der gesuchten Maximumstelle muss die 1. Ableitung null und die 2. Ableitung kleiner als null sein ($f'_{5,8}(t) = 0 \wedge f''_{5,8}(t) < 0$).
Setzt man die 1. Ableitung gleich null, so erhält man die Werte:
$t_1 \approx 0{,}87$ und $t_2 \approx 2{,}58$
Die 2. Ableitungen ergeben:
$f''_{5,8}(t_1) < 0$ und $f''_{5,8}(t_2) > 0$

Also liegt zum Zeitpunkt $t_1 \approx 0{,}87$ Sekunden ein maximaler Wasserdampfstrom vor, der ungefähr 2,91 Liter pro Sekunde beträgt ($f_{5,8}(t_1) \approx 2{,}91$).

2.3 Das Volumen ergibt sich als Fläche unter dem Graphen von $f_{5,8}$ im Intervall [0; 2,6]:

$$\int_0^{2,6} f_{5,8}(t)\,dt = \int_0^{2,6} \left(1{,}12 \cdot t^3 - 5{,}8 \cdot t^2 + 7{,}54 \cdot t\right) dt$$

$$= \left[\frac{1{,}12}{4} \cdot t^4 - \frac{5{,}8}{3} \cdot t^3 + \frac{7{,}54}{2} \cdot t^2\right]_0^{2,6}$$

$$= \frac{1{,}12}{4} \cdot 2{,}6^4 - \frac{5{,}8}{3} \cdot 2{,}6^3 + \frac{7{,}54}{2} \cdot 2{,}6^2 - 0 \approx 4{,}30$$

Das Volumen des in der Zeit von 0 bis 2,6 Sekunden ausgeströmten Wasserdampfs beträgt also in etwa 4,3 Liter.

2.4 Wie man aus der Grafik erkennt, tritt das Maximum bei zunehmendem k früher auf und besitzt einen kleineren Wert.

Das Minimum wiederum tritt später auf und hat für k = 6 einen negativen Wert.

Negative Funktionswerte ergeben im Sachzusammenhang keinen Sinn. f_6 ist also als Modell zur Darstellung des Wasserdampfstroms nicht geeignet.

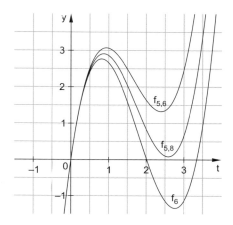

3.1 Ist M eine Stammfunktion von m, so muss gelten: M' = m. Daraus ergeben sich die folgenden Argumente:

- Da die Funktionswerte von m im Intervall [0; 2,6] immer größer oder gleich null sind, sind M_1 und M_2 monoton oder streng monoton steigend. Dies wird in der Grafik bestätigt.
- Dort, wo die Graphen von M_1 und M_2 einen Wendepunkt besitzen (t ≈ 0,9), hat die Funktion m einen Hochpunkt.
- An den Stellen, an denen die Steigung von M_1 und M_2 gleich 0 ist (t = 0 und t > 2,6), sind die Funktionswerte von m gleich 0.

3.2 Da zum Zeitpunkt t = 0 Sekunden noch kein Wasserdampf ausgetreten ist, muss für eine Funktion M als geeignete Stammfunktion auf jeden Fall M(0) = 0 gelten. Es ist aber $M_2(0) = 1$. Deswegen ist M_2 nicht als Modell geeignet.

$M_1(2)$ ist das Gesamtvolumen an Wasserdampf, das in den ersten beiden Sekunden ausgeströmt ist. Das Volumen beträgt $M_1(2) = 5,6$ Liter.

```
Define M₁(t)=0.36*t⁴-2.54*t³+5.04*t²
                                            done
M₁(2)
                                             5.6
```

3.3 Zeile (1) ist die Ableitung der Funktion M_1, die das ab dem Zeitpunkt t = 0 ausgeströmte Dampfvolumen angibt. Die Ableitung (M_1' = m) gibt also den Wasserdampfstrom in Liter pro Sekunde ($\frac{\text{Liter}}{\text{Sekunde}}$) für einen bestimmten Zeitpunkt an.

Zeile (2) stellt die Frage, für welchen Zeitraum die Ableitung $M_1'(t)$ größer oder gleich 3 ist bzw. – im Sachzusammenhang – für welchen Zeitraum der Wasserdampfstrom größer oder gleich 3 $\frac{\text{Liter}}{\text{Sekunde}}$ beträgt.

Mithilfe des CAS erhält man als Lösungen auf zwei Nachkommastellen gerundet:
0,42 ≤ t ≤ 1,44 bzw. t ≥ 3,43

```
solve(1.44*t³-7.62*t²+10.08*t≥3,t)
{0.4208749169≤t≤1.444867157,3.425924592≤t}
```

Da im Vortext zu der Teilaufgabe 3.2 der Definitionsbereich [0; 2,65] beträgt, liegt die zweite Lösung außerhalb dieses Bereiches. Also beträgt der Wasserdampfstrom im Bereich von etwa 0,42 bis 1,44 Sekunden mindestens 3 Liter pro Sekunde.

Hessen – Grundkurs Mathematik
2020 – C1: Lineare Algebra / Analytische Geometrie (WTR / CAS)

1 Der „PeaQ-Tanztempel" in Mainz-Hechtsheim (Material 1) ist eine Lokalität, die man für Veranstaltungen mieten kann.
Material 2 zeigt einen Planungsentwurf für ein ähnliches Gebäude, das aus einer quadratischen Pyramide mit einer Grundseite der Länge 40 m und einem parallel zur x-Achse ausgerichteten Vorbau mit rechteckiger Grundfläche und symmetrischem Dach besteht.
Der Ursprung des Koordinatensystems liegt in der Mitte der Grundfläche der Pyramide.
Es sind der Punkt D(20 | −20 | 0) der Grundfläche und die Spitze S(0 | 0 | 30) der Pyramide gegeben. Alle Einheiten sind in Meter angegeben.

1.1 Geben Sie die Koordinaten der Punkte A und C an. **(2 BE)**

1.2 Berechnen Sie das Volumen der Pyramide. **(2 BE)**

1.3 Entlang der vier Seitenkanten der Pyramide werden Lichterketten angebracht. Berechnen Sie die Gesamtlänge der Lichterketten. **(3 BE)**

1.4 Berechnen Sie den Winkel an der Spitze eines Seitendreiecks der Pyramide.
[zur Kontrolle: $\sphericalangle DSA \approx 58°$] **(3 BE)**

1.5 Die Spitze der Pyramide ist mit Metall verkleidet. Die Seitenkanten dieser ebenfalls quadratischen Pyramide sind 4 m lang (Material 2). Berechnen Sie die Größe der Fläche, die mit Metall verkleidet ist. **(4 BE)**

1.6 Die Seitenfläche der Pyramide mit den Eckpunkten A, S und D liegt in der Ebene E_{ASD}.
Geben Sie eine Parameterform der Ebene E_{ASD} an und bestimmen Sie eine zugehörige Koordinatengleichung.
[zur Kontrolle: Eine mögliche Koordinatengleichung lautet E_{ASD}: $3x + 2z = 60$.] **(6 BE)**

2 Im Folgenden wird das Dach des Vorbaus in Material 2 betrachtet. Von der Vorderseite dieses Daches sind die Punkte M(40 | 0 | 15) und H(40 | 5 | 12,5) gegeben.

2.1 Zeigen Sie, dass der Punkt M'(10 | 0 | 15) auf der Ebene E_{ASD} liegt, und begründen Sie ohne weitere Rechnung, dass es sich bei dem Punkt M' um denjenigen Punkt handeln muss, in dem der (durch den Punkt M verlaufende) Dachfirst des Vorbaus auf die Pyramide trifft. Beschriften Sie den Punkt M' in Material 2. **(4 BE)**

2.2 Berechnen Sie die Koordinaten des Punktes H', bei dem die Dachkante des Vorbaus, die durch den Punkt H verläuft, auf die Pyramide trifft.
$\left[\text{zur Kontrolle: } H'\left(\frac{35}{3} \;\middle|\; 5 \;\middle|\; \frac{25}{2}\right)\right]$ **(4 BE)**

2.3 Untersuchen Sie, um welche Art von Viereck es sich bei der Dachfläche H H' M' M handelt, und bestimmen Sie den Flächeninhalt der Dachfläche H H' M' M. **(6 BE)**

3 Ein Besucher nähert sich dem Pyramideneingang entlang der x-Achse aus positiver Richtung. Die Augenhöhe des Besuchers ist 1,60 m über dem Boden. Erläutern Sie die Rechnung in den Zeilen (1) bis (3) im untenstehenden Kasten und erklären Sie die Bedeutung des Punktes P aus Zeile (4) im Sachzusammenhang.

(1) $M(40|0|15), S(0|0|30) \Rightarrow g_{MS}: \vec{x} = \begin{pmatrix} 40 \\ 0 \\ 15 \end{pmatrix} + r \cdot \begin{pmatrix} -40 \\ 0 \\ 15 \end{pmatrix}, r \in \mathbb{R}$

(2) $1,6 = 15 + r \cdot 15 \Leftrightarrow r = -\dfrac{67}{75}$

(3) $\vec{x} = \begin{pmatrix} 40 \\ 0 \\ 15 \end{pmatrix} - \dfrac{67}{75} \cdot \begin{pmatrix} -40 \\ 0 \\ 15 \end{pmatrix} = \begin{pmatrix} \frac{1136}{15} \\ 0 \\ \frac{8}{5} \end{pmatrix} \approx \begin{pmatrix} 75,73 \\ 0 \\ 1,6 \end{pmatrix}$

(4) $P(75,73|0|0)$

(6 BE)

Material 1
Der „PeaQ-Tanztempel" in Mainz-Hechtsheim

© Pyramide Mainz

Material 2
Planungsentwurf

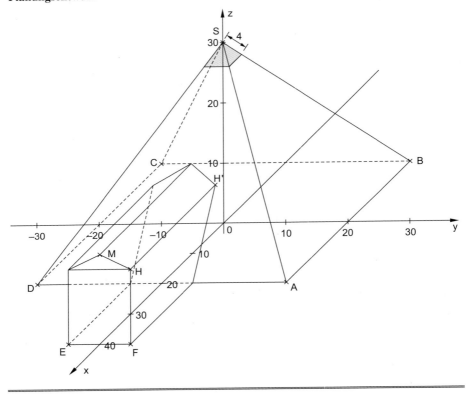

Hinweise und Tipps

Teilaufgabe 1.1

Laufen Sie den Weg zu den gesuchten Punkten in Gedanken ab. Wie weit müssen Sie sich in x-Richtung, in y-Richtung und in z-Richtung bewegen?

Teilaufgabe 1.2

Entnehmen Sie die Formel zur Berechnung des Volumens der Formelsammlung. Die benötigten Größen lassen sich ohne großen Rechenaufwand bestimmen.

Teilaufgabe 1.3

Seitenkanten sind z. B. $\overline{AS}$ oder $\overline{DS}$. Alle Seitenkanten sind gleich lang.

Beschreiben Sie eine dieser Kanten vektoriell und berechnen Sie die Länge dieses Vektors.

Multiplizieren Sie die Länge mit 4.

Teilaufgabe 1.4

Verwenden Sie die Formel zur Berechnung des Winkels zwischen zwei Vektoren. Machen Sie sich klar, welche Vektoren den gesuchten Winkel aufspannen.

Einen Hinweis können Sie auch dem Kontrollergebnis entnehmen.

Teilaufgabe 1.5

Skizzieren Sie das Dreieck und machen Sie sich klar, welche Größen des Dreiecks Ihnen schon bekannt sind.

Zerlegen Sie das Dreieck in zwei rechtwinklige Dreiecke und berechnen Sie mithilfe von Sinus und Cosinus die Längen, die Sie benötigen, um den Flächeninhalt auszurechnen.

Teilaufgabe 1.6

Dies ist eine Standardaufgabe. Stellen Sie mithilfe der drei Punkte A, S und D die Parametergleichung auf. Sie benötigen dazu einen Stütz- und zwei Richtungsvektoren.

Zur Überführung in die Koordinatengleichung benötigen Sie einen Normalenvektor, der senkrecht auf den beiden Richtungsvektoren steht.

Teilaufgabe 2.1

Zunächst ist eine Punktprobe gefordert. Dies ist eine Standardaufgabe. Setzen Sie dazu die Koordinaten des Punktes in die Koordinatengleichung ein.

Die Lage des Punktes ist im Aufgabentext beschrieben. Zeichnen Sie den Punkt ein.

Verwenden Sie die Skizze und die dort erkennbaren Zusammenhänge, um zu begründen, dass der Punkt tatsächlich dort liegen muss.

Teilaufgabe 2.2

Dies ist eine Standardaufgabe. Stellen Sie die Parametergleichung der Gerade auf, die durch H geht und die beschriebene Richtung hat, und berechnen Sie den Schnittpunkt dieser Geraden mit der Ebene aus Teilaufgabe 1.6.

Teilaufgabe 2.3

Die Form des Vierecks lässt sich anhand der Zeichnung bereits erkennen. Begründen Sie oder weisen Sie rechnerisch nach, dass diese Form tatsächlich vorliegt. Entnehmen Sie die entsprechende Formel zur Berechnung des Flächeninhalts der Formelsammlung.

Beschreiben Sie die benötigten Kanten vektoriell und berechnen Sie die Längen dieser Vektoren.

Setzen Sie danach die Längen in die Formel ein.

2020-37

Teilaufgabe 3

(1) Beschreiben Sie, welches geometrische Objekt durch die Gleichung g_{MS} beschrieben wird.

(2) Wo taucht in der Aufgabenstellung 1,6 [m] auf? Wo taucht $15 + 15r$ auf? Was bedeutet es, wenn der Parameter einer Geradengleichung ermittelt wird?

(3) Was ergibt sich, wenn ein Parameterwert in die Geradengleichung eingesetzt wird?

(4) Beachten Sie, dass im Vergleich zu (3) nun die z-Komponente 0 ist. Was bedeutet das?

Machen Sie sich anhand der Zeichnung klar, welcher Punkt berechnet wurde, und beschreiben Sie die Besonderheiten dieses Punktes hinsichtlich des Blicks des Besuchers auf die Pyramidenspitze S.

Lösung

1.1 Läuft man in Gedanken den Weg vom Ursprung zum Punkt A ab, so muss man 20 Meter in x-Richtung und 20 Meter in y-Richtung gehen. Der Punkt liegt in der x-y-Ebene und hat daher die z-Koordinate 0. Man erhält also A(20|20|0).
Analog ergibt sich C(−20|−20|0).

1.2 Der Formelsammlung entnimmt man, dass für das Volumen V einer Pyramide gilt:

$$V = \frac{1}{3} \cdot G \cdot h$$

Die Grundfläche G der Pyramide ist quadratisch. Die Grundseite hat laut Aufgabenstellung eine Länge von 40 m. Also ist $G = 40 \cdot 40 = 1\,600\,[\text{m}^2]$.
Die Höhe h der Pyramide entnimmt man den ebenfalls gegebenen Koordinaten der Pyramidenspitze S(0|0|30) als $h = 30\,[\text{m}]$.
Damit ergibt sich ein Volumen von:

$$V = \frac{1}{3} \cdot 1\,600 \cdot 30 = 16\,000\,[\text{m}^3]$$

1.3 Die Seitenkanten werden durch die Vektoren $\overrightarrow{AS}, \overrightarrow{BS}, \overrightarrow{CS}$ und $\overrightarrow{DS}$ beschrieben, die alle die gleiche Länge haben. Man berechnet:

$$|\overrightarrow{AS}| = \left| \begin{pmatrix} 0 \\ 0 \\ 30 \end{pmatrix} - \begin{pmatrix} 20 \\ 20 \\ 0 \end{pmatrix} \right| = \left| \begin{pmatrix} -20 \\ -20 \\ 30 \end{pmatrix} \right| = \sqrt{(-20)^2 + (-20)^2 + 30^2} = \sqrt{1\,700} \approx 41,23\,[\text{m}]$$

Für alle vier Seitenkanten benötigt man Lichterketten mit einer Gesamtlänge von ca. $4 \cdot 41,23\,\text{m} = 164,92\,\text{m}$.

Hinweis: Sollten Sie sich bei Ihrem Ergebnis aus Teilaufgabe 1.1 nicht sicher sein, dann verwenden Sie zur Berechnung der Seitenkanten die in der Aufgabenstellung gegebenen Punkte D und S.

1.4 Die Winkel an den Spitzen der vier Seitendreiecke sind gleich. Der Angabe in der Kontrolllösung folgend wird der Winkel α an der Pyramidenspitze S betrachtet, der von den Vektoren $\overrightarrow{AS}$ und $\overrightarrow{DS}$ eingeschlossen wird.

$\overrightarrow{AS}$ ist aus Teilaufgabe 1.3 bekannt; für $\overrightarrow{DS}$ erhält man:

$$\overrightarrow{DS} = \begin{pmatrix} 0 \\ 0 \\ 30 \end{pmatrix} - \begin{pmatrix} 20 \\ -20 \\ 0 \end{pmatrix} = \begin{pmatrix} -20 \\ 20 \\ 30 \end{pmatrix}$$

Setzt man die beiden Vektoren in die Formel zur Berechnung des Winkels zwischen zwei Vektoren ein, so erhält man:

$$\cos\alpha = \frac{\overrightarrow{AS} \circ \overrightarrow{DS}}{|\overrightarrow{AS}| \cdot |\overrightarrow{DS}|} = \frac{\begin{pmatrix} -20 \\ -20 \\ 30 \end{pmatrix} \circ \begin{pmatrix} -20 \\ 20 \\ 30 \end{pmatrix}}{\sqrt{1\,700} \cdot \sqrt{1\,700}} = \frac{400 - 400 + 900}{1\,700} = \frac{9}{17}$$

Daraus ergibt sich:

$$\alpha = \arccos\frac{9}{17} \approx 58°$$

1.5 Die nebenstehende Skizze für die Metallverkleidung erhält man unter Verwendung des in Teilaufgabe 1.4 berechneten Winkels $\alpha \approx 58°$. Für das obere Dreieck ergibt sich:

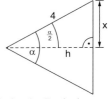

(1) $\sin\dfrac{\alpha}{2} = \dfrac{x}{4} \Rightarrow x \approx 4 \cdot \sin 29° \approx 1{,}94$ [m]

(2) $\cos\dfrac{\alpha}{2} = \dfrac{h}{4} \Rightarrow h \approx 4 \cdot \cos 29° \approx 3{,}5$ [m]

Unter Berücksichtigung, dass x nur die Hälfte der Länge der Grundseite des Dreiecks angibt und dass es insgesamt vier solcher Dreiecke gibt, erhält man für die Gesamtfläche der Metallverkleidung:

$$A = 4 \cdot \dfrac{1}{2} \cdot g \cdot h = 2 \cdot 2x \cdot h \approx 2 \cdot 2 \cdot 1{,}94 \cdot 3{,}5 \approx 27{,}16 \, [m^2]$$

1.6 Wählt man $\overrightarrow{OS}$ als Stützvektor sowie $\overrightarrow{SA}$ und $\overrightarrow{SD}$ als Richtungsvektoren, so erhält man unter Verwendung der bisherigen Ergebnisse:

$$E_{ASD}: \vec{x} = \overrightarrow{OS} + r \cdot \overrightarrow{SA} + s \cdot \overrightarrow{SD} = \begin{pmatrix} 0 \\ 0 \\ 30 \end{pmatrix} + s \cdot \begin{pmatrix} 20 \\ 20 \\ -30 \end{pmatrix} + r \cdot \begin{pmatrix} 20 \\ -20 \\ -30 \end{pmatrix} \text{ mit } r, s \in \mathbb{R}$$

Zur Überführung in die Koordinatengleichung benötigt man einen Normalenvektor der Ebene. Dieser muss senkrecht auf den beiden Richtungsvektoren der Ebene stehen. Mit dem Ansatz $\vec{n} = \begin{pmatrix} n_1 \\ n_2 \\ n_3 \end{pmatrix}$ und der Aussage „Stehen zwei Vektoren senkrecht aufeinander, so ist ihr Skalarprodukt 0" erhält man:

(I) $\begin{pmatrix} n_1 \\ n_2 \\ n_3 \end{pmatrix} \circ \begin{pmatrix} 20 \\ 20 \\ -30 \end{pmatrix} = 0 \Leftrightarrow 20n_1 + 20n_2 - 30n_3 = 0$

(II) $\begin{pmatrix} n_1 \\ n_2 \\ n_3 \end{pmatrix} \circ \begin{pmatrix} 20 \\ -20 \\ -30 \end{pmatrix} = 0 \Leftrightarrow 20n_1 - 20n_2 - 30n_3 = 0$

Rechnet man nun (I) – (II), so erhält man:
$40n_2 = 0 \Rightarrow n_2 = 0$

$n_2 = 0$ eingesetzt in (I) liefert:
$20n_1 - 30n_3 = 0 \Rightarrow n_1 = \dfrac{3}{2} n_3$

Gesucht ist eine partielle Lösung des Gleichungssystems; daher wählt man z. B. $n_3 = 2$ und erhält $n_1 = 3$. Damit ist ein Normalenvektor gefunden als:

$\vec{n} = \begin{pmatrix} 3 \\ 0 \\ 2 \end{pmatrix}$

Setzt man $\vec{n}$ und z. B. $\overrightarrow{OA}$ in die Formel $\vec{n} \circ \vec{x} = \vec{n} \circ \vec{a}$ für die Koordinatengleichung ein, so erhält man

$\begin{pmatrix} 3 \\ 0 \\ 2 \end{pmatrix} \circ \begin{pmatrix} x \\ y \\ z \end{pmatrix} = \begin{pmatrix} 3 \\ 0 \\ 2 \end{pmatrix} \circ \begin{pmatrix} 20 \\ 20 \\ 0 \end{pmatrix}$

und damit:
$E_{ASD}: 3x + 2z = 60$

2.1 Zunächst ist eine „klassische" Punktprobe gefordert. Das Einsetzen der Koordinaten von M' in die Koordinatengleichung der Ebene liefert die wahre Aussage:
$$3 \cdot 10 + 2 \cdot 15 = 60$$
M' liegt also auf der Ebene E_{ASD}.

Der Abbildung ist zu entnehmen, dass der Punkt, in dem der Dachfirst des Vorbaus auf die Pyramide trifft, der Schnittpunkt der Geraden durch den Punkt M, die parallel zur x-Achse verläuft, mit der Ebene E_{ASD} ist. Der Punkt M' ist dieser Schnittpunkt, denn er liegt einerseits, wie eben gezeigt, auf der Ebene E_{ASD}. Andererseits hat M' dieselbe y- und dieselbe z-Koordinate wie M und liegt daher auch auf der Geraden durch M, die parallel zur x-Achse verläuft.

Der Punkt M' wird gemäß der Beschreibung im Aufgabentext in die gegebene Zeichnung eingezeichnet.

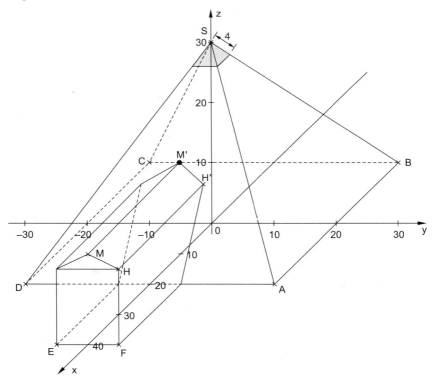

2.2 Zur Berechnung von H' benötigt man die Gerade h durch H, die parallel zur x-Achse verläuft. H' ist der Schnittpunkt dieser Geraden mit der Ebene E_{ASD}.
$$h: \vec{x} = \begin{pmatrix} x \\ y \\ z \end{pmatrix} = \begin{pmatrix} 40 \\ 5 \\ 12,5 \end{pmatrix} + r \cdot \begin{pmatrix} 1 \\ 0 \\ 0 \end{pmatrix}$$

Zur Berechnung des Schnittpunktes setzt man nun die x-, y- und z-Komponenten der Parametergleichung von h in die Koordinatengleichung der Ebene E_{ASD} ein und erhält:

$$3 \cdot (40 + 1 \cdot r) + 2 \cdot (12{,}5 + 0 \cdot r) = 60$$
$$3r = 60 - 120 - 25$$
$$r = -\frac{85}{3}$$

Mit $r = -\frac{85}{3}$ erhält man den Ortsvektor zum Punkt H' über

$$\overrightarrow{OH'} = \begin{pmatrix} 40 \\ 5 \\ 12{,}5 \end{pmatrix} - \frac{85}{3} \cdot \begin{pmatrix} 1 \\ 0 \\ 0 \end{pmatrix} = \begin{pmatrix} \frac{35}{3} \\ 5 \\ 12{,}5 \end{pmatrix}$$

und damit:

$$H'\left(\frac{35}{3} \mid 5 \mid 12{,}5\right)$$

2.3 Im Viereck H H' M' M ist:

$$\overrightarrow{MM'} = \begin{pmatrix} 10 \\ 0 \\ 15 \end{pmatrix} - \begin{pmatrix} 40 \\ 0 \\ 15 \end{pmatrix} = \begin{pmatrix} -30 \\ 0 \\ 0 \end{pmatrix} \text{ und } \overrightarrow{HH'} = \begin{pmatrix} \frac{35}{3} \\ 5 \\ 12{,}5 \end{pmatrix} - \begin{pmatrix} 40 \\ 5 \\ 12{,}5 \end{pmatrix} = \begin{pmatrix} -\frac{85}{3} \\ 0 \\ 0 \end{pmatrix}$$

Da $\overrightarrow{MM'}$ ein Vielfaches von $\overrightarrow{HH'}$ ist (Streckfaktor $a = \frac{18}{17}$), zeigen die beiden Vektoren in dieselbe Richtung. Die Kanten $\overline{MM'}$ und $\overline{HH'}$ sind parallel.

Hinweis: Dieser rechnerische Nachweis kann durch den Hinweis auf die Lage der beiden Kanten ersetzt werden: Da die beiden Kanten parallel zur x-Achse verlaufen, müssen sie parallel sein.

Zudem ist:

$$\overrightarrow{MH} = \begin{pmatrix} 40 \\ 5 \\ 12{,}5 \end{pmatrix} - \begin{pmatrix} 40 \\ 0 \\ 15 \end{pmatrix} = \begin{pmatrix} 0 \\ 5 \\ -2{,}5 \end{pmatrix} \text{ und } \overrightarrow{M'H'} = \begin{pmatrix} \frac{35}{3} \\ 5 \\ 12{,}5 \end{pmatrix} - \begin{pmatrix} 10 \\ 0 \\ 15 \end{pmatrix} = \begin{pmatrix} \frac{5}{3} \\ 5 \\ -2{,}5 \end{pmatrix}$$

Da $\overrightarrow{MH}$ kein Vielfaches von $\overrightarrow{M'H'}$ ist (es gibt keinen Streckfaktor a, für den $0 \cdot a = \frac{5}{3}$ gilt), zeigen die beiden Vektoren in unterschiedliche Richtungen. Die Kanten $\overline{MH}$ und $\overline{M'H'}$ sind nicht parallel.

Es liegt ein Viereck mit genau einem Paar paralleler Seiten vor. Es handelt sich also um ein Trapez, das an der Ecke H einen rechten Winkel aufweist.

Zur Berechnung des Flächeninhaltes des Trapezes benötigt man die Längen der parallelen Kanten $\overline{HH'}$ und $\overline{MM'}$ sowie die Höhe des Trapezes, die hier der Kantenlänge $\overline{MH}$ entspricht.

$$a = |\overrightarrow{MM'}| = \sqrt{(-30)^2 + 0^2 + 0^2} = 30$$

$$b = |\overrightarrow{HH'}| = \sqrt{\left(-\frac{85}{3}\right)^2 + 0^2 + 0^2} = \frac{85}{3}$$

$$h = |\overrightarrow{MH}| = \sqrt{0^2 + 5^2 + (-2{,}5)^2} = \sqrt{31{,}25}$$

Unter Verwendung der Formel für den Flächeninhalt eines Trapezes aus der Formelsammlung erhält man damit:

$$A = \frac{1}{2} \cdot (a+b) \cdot h = \frac{1}{2} \cdot \left(30 + \frac{85}{3}\right) \cdot \sqrt{31,25} \approx 163,05 \, [\text{m}^2]$$

3   (1) Die Gerade durch die Punkte M und S wird durch eine Parametergleichung beschrieben.

(2) Der Parameterwert r wird so bestimmt, dass die z-Koordinate 1,6 beträgt.

(3) Durch Einsetzen des Parameterwertes wird der Ortsvektor zu dem Punkt Q auf der Geraden bestimmt, der die z-Koordinate 1,6 besitzt.

Da in (4) – bei sonst gleichen Koordinaten wie in (3) – die z-Koordinate null gesetzt wird, handelt es sich bei dem Punkt P um den Punkt in der x-y-Ebene, der unter Q liegt. Steht der Besucher also im Punkt P und blickt auf die Pyramide, so liegen die Punkte M und S hintereinander. Die Pyramidenspitze wird also durch den Punkt M verdeckt. Ab diesem Punkt ist die Pyramidenspitze für den Besucher nicht mehr sichtbar, wenn er sich ihr weiter nähert.

Hessen – Grundkurs Mathematik
2020 – C2: Stochastik (WTR/CAS)

1 Das Postunternehmen Q stellt 95 % aller Briefe am ersten Werktag nach ihrer Einlieferung zu. Für 2 000 zufällig ausgewählte Briefe, die unabhängig voneinander befördert werden, wird untersucht, ob sie am ersten Werktag nach ihrer Einlieferung zugestellt werden.

1.1 Begründen Sie, dass die Binomialverteilung dafür geeignet ist, Vorhersagen zum Ergebnis der Untersuchung zu treffen. **(2 BE)**

1.2 Bestimmen Sie unter Angabe einer geeigneten Zufallsvariablen X die Wahrscheinlichkeiten der folgenden Ereignisse:
A: „Genau 1 900 der Briefe werden am ersten Werktag nach ihrer Einlieferung zugestellt."
B: „Mindestens 1 900 der Briefe werden am ersten Werktag nach ihrer Einlieferung zugestellt."
C: „Mehr als 100 der Briefe werden nicht am ersten Werktag nach ihrer Einlieferung zugestellt." **(7 BE)**

1.3 Entscheiden Sie für jede der beiden Wahrscheinlichkeiten P(B) und P(C) aus Aufgabe 1.2, ob sie in Material 1 als dunkle Balkenfläche dargestellt wird. Begründen Sie jeweils Ihre Entscheidung. **(3 BE)**

1.4 Die Zufallsvariable Y sei binomialverteilt mit den Parametern $n = 2\,000$ und $p = 0{,}05$; die Zufallsvariable Z sei binomialverteilt mit den Parametern $n = 2\,000$ und $p = 0{,}95$. Entscheiden Sie für jeden der beiden Terme I und II, ob er die Wahrscheinlichkeit dafür angibt, dass mindestens 100 der ausgewählten Briefe nicht am ersten Werktag nach ihrer Einlieferung zugestellt werden. Begründen Sie jeweils Ihre Entscheidung.
I: $P(Y \le 100) = F(2\,000; 0{,}05; 100)$
II: $P(Z \le 1\,900) = F(2\,000; 0{,}95; 1\,900)$ **(3 BE)**

1.5 Berechnen Sie den Erwartungswert für die Anzahl der Briefe, die am ersten Werktag nach ihrer Einlieferung zugestellt werden. **(2 BE)**

1.6 Ermitteln Sie, wie viele Briefe zufällig ausgewählt werden müssten, damit die Standardabweichung für die Anzahl der Briefe, die am ersten Werktag nach ihrer Einlieferung zugestellt werden, doppelt so groß ist wie bei 2 000 Briefen. **(3 BE)**

2 Eine große Firma versendet einen Teil ihrer Briefe mit dem Postunternehmen Q aus Aufgabe 1, den anderen Teil mit einem anderen Postunternehmen. Ein Brief der Firma wird zufällig ausgewählt und daraufhin untersucht, ob er am ersten Werktag nach seiner Einlieferung zugestellt wird (Ereignis E). Die Abbildung in Material 2 stellt den Sachverhalt dar.

2.1 Berechnen Sie für $a = 0{,}25$ die Wahrscheinlichkeit dafür, dass der ausgewählte Brief nicht am ersten Werktag nach seiner Einlieferung zugestellt wird. **(3 BE)**

2.2 Prüfen Sie für $a = 0{,}25$, ob die Ereignisse „der ausgewählte Brief wird vom Postunternehmen Q befördert" und „der ausgewählte Brief wird am ersten Werktag nach seiner Einlieferung zugestellt" stochastisch unabhängig sind. **(3 BE)**

2020-44

2.3 Der ausgewählte Brief wird nicht am ersten Werktag nach seiner Einlieferung zugestellt. Leiten Sie einen vom Parameter a abhängigen Term für die Wahrscheinlichkeit her, dass er vom Postunternehmen Q befördert wurde. **(3 BE)**

3 Das Konkurrenzunternehmen R behauptet, eine bessere Zustellquote zu besitzen als das Unternehmen Q aus Aufgabe 1. Diese Behauptung soll mithilfe eines Hypothesentests überprüft werden. Dabei wird für 200 zufällig ausgewählte, von R zugestellte Briefe untersucht, ob sie am ersten Werktag nach ihrer Einlieferung zugestellt werden. Bei diesem Test wird festgelegt, dass die Wahrscheinlichkeit für einen Fehler 1. Art höchstens 5 % betragen soll.
Die kritische Zahl k gibt an, wie viele der im Rahmen des Tests untersuchten Briefe mindestens am ersten Werktag nach ihrer Einlieferung zugestellt werden müssen, damit die Hypothese H_0 zugunsten von H_1 verworfen wird.

3.1 Geben Sie die Hypothesen H_0 und H_1 für diesen Test an. **(2 BE)**

3.2 Bei Unternehmen Q erwartet man, dass durchschnittlich 190 von 200 Briefen am ersten Werktag nach ihrer Einlieferung zugestellt werden. Begründen Sie ohne Rechnung, dass die kritische Zahl k bei dem angegebenen Hypothesentest größer als 190 sein muss. **(2 BE)**

3.3 Ermitteln Sie die kritische Zahl k für diesen Hypothesentest und formulieren Sie eine Entscheidungsregel im Sachzusammenhang. **(5 BE)**

3.4 Beschreiben Sie den Fehler 1. Art im Sachzusammenhang. **(2 BE)**

Material 1
Binomialverteilung für n = 2 000 und p = 0,95

Material 2

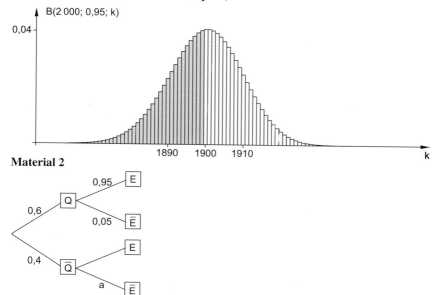

Hinweise und Tipps

Teilaufgabe 1.1

Welche Bedingungen müssen erfüllt sein, damit die Binomialverteilung verwendet werden kann?

Teilaufgabe 1.2

Legen Sie eine geeignete Zufallsvariable fest. Formulieren Sie die Wahrscheinlichkeiten der beschriebenen Ereignisse mithilfe der Zufallsvariablen.

In welchem Fall ist der Übergang zum Gegenereignis nützlich?

Teilaufgabe 1.3

Setzen Sie die Bereiche des Diagramms mit den Ereignissen B und C in Beziehung.

Teilaufgabe 1.4

Untersuchen Sie den Zusammenhang der angegebenen Terme mit den Ereignissen aus Teilaufgabe 1.2.

Teilaufgabe 1.5

Es ist der Erwartungswert für die Verteilung der Zufallsvariablen X gesucht.

Teilaufgabe 1.6

Verwenden Sie die Standardabweichung der ursprünglichen Verteilung, um ohne größeren Aufwand die neue Anzahl der zu prüfenden Briefe zu bestimmen.

Teilaufgabe 2.1

Hier ist die totale Wahrscheinlichkeit des Gegenereignisses der im einleitenden Text beschriebenen Situation gesucht. Werten Sie das gegebene Baumdiagramm mit dem gegebenen Wert für a aus.

Teilaufgabe 2.2

Was muss gelten, wenn die Ereignisse Q und E stochastisch unabhängig sind?

Teilaufgabe 2.3

Hier wird eine bedingte Wahrscheinlichkeit gesucht. Welche Bedingung ist bekannt?

Verwenden Sie zur Lösung das Baumdiagramm mit allgemeinem a.

Teilaufgabe 3.1

Formulieren Sie die Rahmenbedingungen des Hypothesentests sorgfältig.

Teilaufgabe 3.2

Welche Bedeutung hat der gegebene Erwartungswert für die kritische Zahl, die der Entscheidungsregel zugrunde gelegt wird?

Teilaufgabe 3.3

Achten Sie bei der Formulierung der Entscheidungsregel auf die Bedeutung der kritischen Zahl, die Sie gefunden haben, in Bezug auf den Sachzusammenhang.

Teilaufgabe 3.4

Welches Versuchsergebnis würde dazu führen, dass man die Nullhypothese zu Unrecht ablehnt?

Lösung

Vorbemerkung: Die Aufgabenstellung gilt für die Rechnertechnologien WTR bzw. CAS. Aufgrund der verwendeten Operatoren ergibt sich bei der Verwendung eines CAS kein wesentlicher Unterschied bzw. Vorteil im Vergleich zur Verwendung eines WTR.

1 Die Wahrscheinlichkeit für die Zustellung eines Briefs am ersten Werktag nach Einlieferung soll 95 % betragen. Dies soll anhand von 2 000 Briefen untersucht werden.

1.1 Wie im Text beschrieben wird, werden die Briefe zufällig und unabhängig voneinander ausgewählt. Daher kann man den Vorgang als Bernoulli-Kette auffassen, da die Versuchsstufen unabhängig voneinander sind und die Wahrscheinlichkeit für die oben beschriebene Zustellgeschwindigkeit für jede Versuchsstufe gleich bleibt.

Also ist die Binomialverteilung für die Untersuchung geeignet.

1.2 X sei die Anzahl der Briefe, die am ersten Werktag nach Einlieferung zugestellt werden. Es kann angenommen werden, dass X mit $n = 2\,000$ und $p = 0{,}95$ binomialverteilt ist. Dann gilt:

$$P(A) = P(X = 1900) = \binom{2\,000}{1\,900} \cdot 0{,}95^{1\,900} \cdot 0{,}05^{100} \approx 0{,}0409 = 4{,}09\ \%$$

$$P(B) = P(X \geq 1\,900) = 1 - P(X < 1\,900) = 1 - P(X \leq 1\,899)$$

$$= 1 - \sum_{i=0}^{1\,899} \binom{2\,000}{i} \cdot 0{,}95^{i} \cdot 0{,}05^{2\,000-i} \approx 1 - 0{,}4734 = 0{,}5266 = 52{,}66\ \%$$

Wenn mehr als 100 Briefe nicht am ersten Werktag nach Einlieferung zugestellt werden, werden demnach höchstens 1899 Briefe „pünktlich" ausgeliefert. Dann gilt also:

$$P(C) = P(X \leq 1\,899) = 1 - P(B)$$

$$= \sum_{i=0}^{1\,899} \binom{2\,000}{i} \cdot 0{,}95^{i} \cdot 0{,}05^{2\,000-i} \approx 0{,}4734 = 47{,}34\ \%$$

Alternativ: Definition einer anderen Zufallsvariablen X*, die die Anzahl der Briefe beschreibt, die nicht „pünktlich" zugestellt werden. X* ist dann mit $n = 2\,000$ und $q = 0{,}05$ binomialverteilt und es ergibt sich:

$$P(C) = P(X^* > 100) = 1 - P(X^* \leq 100)$$

$$= 1 - \sum_{i=0}^{100} \binom{2\,000}{i} \cdot 0{,}05^{i} \cdot 0{,}95^{2\,000-i} \approx 1 - 0{,}5266 = 0{,}4734 = 47{,}34\ \%$$

1.3 Die dunkel gefärbten Balken des Histogramms entsprechen der Wahrscheinlichkeit für das Ereignis „höchstens 1 899 pünktlich zugestellte Briefe" und damit auch der Wahrscheinlichkeit für „mindestens 100 nicht pünktlich zugestellte Briefe", also der Wahrscheinlichkeit für Ereignis C.

P(B) wird durch die hellen Teile des Histogramms dargestellt.

1.4 Die angegebene Zufallsvariable Y entspricht der oben festgelegten Zufallsvariablen X^*, und Z ist mit X aus Teilaufgabe 1.2 identisch.

Der erste Term beschreibt die Wahrscheinlichkeit dafür, dass höchstens 100 Briefe nicht pünktlich zugestellt werden, da für Y die Verteilung mit $n = 2\,000$ und $p = 0,05$ angegeben ist.

Term 2 beschreibt die Wahrscheinlichkeit dafür, dass höchstens 1 900 Briefe pünktlich geliefert werden und damit mindestens 100 nicht pünktlich geliefert werden.

Daher steht Term 2 für die im Text beschriebene Wahrscheinlichkeit.

1.5 Der Erwartungswert für die Zufallsvariable X ist:
$$E(X) = n \cdot p = 2\,000 \cdot 0,95 = 1\,900$$

1.6 Zunächst muss die Standardabweichung für die bisher verwendete Verteilung von X bestimmt werden:
$$\sigma_{alt} = \sqrt{n \cdot p \cdot q} = \sqrt{2\,000 \cdot 0,95 \cdot 0,05} = \sqrt{95} \approx 9,75$$

Die Standardabweichung bei der neuen Anzahl von untersuchten Briefen soll doppelt so groß sein. Also muss für die Standardabweichung der neuen Untersuchung gelten:
$$\sigma = 2 \cdot \sigma_{alt} = 2 \cdot \sqrt{2\,000 \cdot 0,95 \cdot 0,05} = \sqrt{4 \cdot 2\,000 \cdot 0,95 \cdot 0,05} = \sqrt{8\,000 \cdot 0,95 \cdot 0,05}$$

Daher müssten 8 000 Briefe untersucht werden.

2.1 E beschreibt das Ereignis, dass ein Brief pünktlich zugestellt wird. Daher wird hier die totale Wahrscheinlichkeit für das Gegenereignis $\overline{E}$ gesucht.
$\overline{Q}$ beschreibt das Ereignis, dass ein Brief von dem anderen Postunternehmen befördert wird.
$$P(\overline{E}) = P(Q \cap \overline{E}) + P(\overline{Q} \cap \overline{E}) = P(Q) \cdot P_Q(\overline{E}) + P(\overline{Q}) \cdot P_{\overline{Q}}(\overline{E})$$

Konkret ergibt sich mit dem gegebenen Wert $a = 0,25$:
$$P(\overline{E}) = 0,6 \cdot 0,05 + 0,4 \cdot 0,25 = 0,13 = 13\,\%$$

2.2 Als Konsequenz aus dem Ergebnis von Teilaufgabe 2.1 ist $P(E) = 0,87$.
Q und E sind stochastisch unabhängig, wenn $P(Q) \cdot P(E) = P(Q) \cdot P_Q(E)$ erfüllt ist bzw. wenn $P(E) = P_Q(E)$ ist. Dies ist nicht der Fall.

Alternative Rechnung: Mit den bekannten Daten ist einerseits
$P(Q) \cdot P_Q(E) = 0,6 \cdot 0,95 = 0,57$ und andererseits $P(Q) \cdot P(E) = 0,6 \cdot 0,87 = 0,522$.
Da sich die berechneten Werte unterscheiden, sind P und E stochastisch abhängig.

2.3 Gegeben ist, dass das Ereignis $\overline{E}$ auftritt. Gesucht ist hier ein Term für die bedingte Wahrscheinlichkeit dafür, dass dieser Brief vom Unternehmen Q befördert wurde, also $P_{\overline{E}}(Q)$.
Wegen $P(\overline{E} \cap Q) = P(\overline{E}) \cdot P_{\overline{E}}(Q) = P(Q) \cdot P_Q(\overline{E})$ lautet der Term für $P_{\overline{E}}(Q)$ folgendermaßen:
$$P_{\overline{E}}(Q) = \frac{P(Q) \cdot P_Q(\overline{E})}{P(\overline{E})}$$

Konkret ergibt sich:

$$P_{\overline{E}}(Q) = \frac{0,6 \cdot 0,05}{0,6 \cdot 0,05 + 0,4 \cdot a} = \frac{0,03}{0,03 + 0,4 \cdot a}$$

Dabei ist $P(\overline{E}) = 0,6 \cdot 0,05 + 0,4 \cdot a$ die totale Wahrscheinlichkeit für das Ereignis $\overline{E}$ für allgemeines a.

3   Die Behauptung des Unternehmens R, eine bessere Zustellquote als Q zu haben, soll anhand von 200 Briefen auf einem Signifikanzniveau von 5 % getestet werden.

3.1   Die Nullhypothese besagt, dass R nicht pünktlicher ist als Q.
X sei, wie oben festgelegt, die Anzahl der pünktlich gelieferten Briefe.
Nullhypothese H_0: X ist mit $n = 200$ und $p_0 \le 0,95$ binomialverteilt.
Gegenhypothese H_1: X ist mit $n = 200$ und $p_1 > 0,95$ binomialverteilt.

3.2   Da R behauptet besser als Q zu sein, muss die kritische Zahl größer als der Erwartungswert für pünktlich zugestellte Briefe der Firma Q für 200 Briefe sein.

3.3   Getestet wird die Nullhypothese. Daher wird die Wahrscheinlichkeit bestimmt, dass Ereignisse eintreten, die gegen H_0 sprechen.

$$P(X \ge k) \le 0,05$$
$$\Leftrightarrow \quad 1 - P(X < k) \le 0,05$$
$$\Leftrightarrow \quad 1 - P(X \le k - 1) \le 0,05 \qquad | -1$$
$$\Leftrightarrow \quad -P(X \le k - 1) \le -0,95 \qquad | \cdot (-1)$$
$$\Leftrightarrow \quad P(X \le k - 1) \ge 0,95$$

Konkretisiert:

$$P(X \le k - 1) \ge 0,95 \quad \Rightarrow \quad \sum_{i=0}^{k-1} \binom{200}{i} \cdot 0,95^i \cdot 0,05^{200 - i} \ge 0,95$$

Aus dem Vergleich der Werte für $k - 1 = 195$ mit $P(X \le 195) \approx 0,9736$ und $k - 1 = 194$ mit $P(X \ge 194) \approx 0,9377$ ergibt sich, dass man für die kritische Zahl $k = 196$ wählen muss.

Der Annahmebereich für H_0 ist also das Intervall [0; 195] und der Ablehnungsbereich ist [196; 200]. Wenn 196 oder mehr Briefe pünktlich geliefert werden, kann man H_0 auf dem 5 %-Niveau ablehnen und würde annehmen, dass Firma R tatsächlich besser liefert als Firma Q.

3.4   Einen Fehler 1. Art würde man begehen, wenn man aufgrund eines entsprechenden Versuchsergebnisses – also bei 196 oder mehr pünktlich gelieferten Briefen – die Nullhypothese ablehnen und daraus schließen würde, dass R besser ist als Q, obwohl dies in der Realität nicht so ist. H_0 würde also zu Unrecht verworfen.